華厳・唯識・空海・西田

東洋哲学の精華を読み解く

竹村牧男
Takemura Makio

青土社

唯識・華厳・空海・西田　目次

唯識・華厳・空海・西田　東洋哲学の精華を読み解く

はじめに

唯識から西田まで

シルクロードの終点は、奈良であるという。ではその起点は、どこに見るべきであろうか。インドよりもさらに向こうの西域と呼ばれる地域、今日の中東あたりにも、かつて仏教は相当、広まっていた。ウズベキスタンの国立歴史博物館（タシケント）には、それほど大きくはないが清楚で気品ある仏像が大切に展示されている。アジア中央部にヒマラヤ山脈がどっしりと横たわっているせいで、仏教は中国に直接、入ることはできず、西の方を迂回して中国に到達するのであった。

中でもこのことにきわめて大きな役割を果たしたのが、中国出身の玄奘三蔵《げんじょうさんぞう》（六〇二〜六六四）である。玄奘はカシミールを経てナーランダーに入り、当時、最新の唯識思想を中国に将来した。それは日本にもほぼリアルタイムに、遣唐使とともに大陸に渡った学僧によってもたらされ、南都六宗の一角を占めることになった。まことに奈良はシルクロードの終着駅である。唯識思想の大成者は、ほぼ五世紀の無著《むじゃく》（三九五〜四七〇頃）・世親《せしん》（四〇〇〜四八〇頃）であるが、その内面を豊かに映した無著像・世親像が、奈良の興福寺北円堂に祀られている。

唐の王朝は、高宗（在位六四九〜六八三）の後、則天武后（在位六九〇〜七〇五）が一時、天下を取ることになる。その側近の一人であった賢首大師法蔵《ほうぞう》（六四三〜七一二）は、前の王朝の庇護を受けて翻訳活動に専念した玄奘の思想、すなわち唯識思想を徹底的に研究して、それを乗り超える思想を打ち出そうとした。華厳宗の思想は、玄奘の唯識なしにはありえなかったのである。

インドでは十一、二世紀頃、イスラームの侵入により、仏教は滅んでいく。中国では道教に心酔する皇帝の仏教弾圧により、力をそがれることがままあった。特に唐末の会昌《かいしょう》の破仏（八四五年）によっては、仏教の経論は殲滅されたという。このとき、中国でも教宗の仏教はすべて滅んだと言ってよいであろう。それは、空海が長安で密教を授かって、わずか四十年後の出来事であった。

しかし日本ではそのような仏教弾圧は、ほぼなかった。わずかに幕末・明治期にそれらしきことがあったが、ひどい廃仏毀釈は地方に散見されるだけで、国としては神仏判然の令を出したのみであった。聖徳太子以来、南都の仏教も最澄（七六七〜八二二）・空海（七七四〜八三五）の仏教も後世に脈々と伝えられ、仏教思想の研鑽は営々と積み上げられてきた。あるいは法然・親鸞・一遍、栄西・道元、日蓮らも現れ、日本人自身の仏教が花開き、民衆への浸透も広がった。そういう思想風土の中でこそ、近代日本に流入してきた西洋哲学と対峙し、日本独特の哲学を創造する、西田幾多郎（一八七〇～一九四五）という偉才も出現したのであった。

本書は主に「人間存在の原構造」を明るみにもたらすことを目的に、インドから日本までの深遠な仏教思想と日本近代の西田哲学という、東洋思想の山野においてひときわ高く連なる山脈の稜線を眺めつつ、いわばふもとをうろついてみたものである。それも、それらの思想・哲学の内容は人間存在の深みを照らし出していて、混迷を深める現代の地球社会の行方に、導きの灯を高く掲げる不動の灯台を構築してくれるように思われるからである。

それぞれの思想の簡略な紹介

ここで、本書で扱った思想のおのおのについて、簡単に紹介しておこう、

唯識とは、インドの弥勒（Maitreya, 三五〇～四三〇頃）・無著（Asaṅga）・世親（Vasubandhu）によって大成された唯識思想のことである。唯識思想は、世界は識が現わし出したのみ（いわば映像のみ）であって、実体的存在（常住の本体を持つ存在）は何一つない、ということを説く。自我も物も空であることを唯識という理論により解説して、それらへの執着から解放させ、本来のいのちを十全に実現させようとするのである。その際、意識下の末那識《まなしき》・阿頼耶識《あらやしき》も説き、一方、五位百《ごいひゃっ》

法《ぼう》という、世界の構成要素の比較的詳しい分析も説く。さらに認識と言語と存在の関係を的確に解剖して、我々の日常的な世界観は錯覚にほかならないことを明かしている。実に精緻な哲学的究明を展開している。

前述の弥勒は、弥勒菩薩のこととも、無著の先輩ら複数の論師を託したものとも言われる。少なくとも、『弁中辺論頌《べんちゅうへんろんじゅ》』、『大乗荘厳経論頌《だいじょうしょうごんきょうろんじゅ》』（頌は詩のこと）は、弥勒の著と認定されている。『瑜伽師地論《ゆがしじろん》』も、漢訳では弥勒説となっている。無著は、大乗仏教の綱要書・『摂大乗論《しょうだいじょうろん》』や『大乗阿毘達磨集論《だいじょうあびだつまじゅろん》』を著し、唯識思想の体系化に大きな役割を果たした。その実弟という世親は、『弁中辺論頌』、『大乗荘厳経論頌』、『摂大乗論』に注釈を書いたほか、『唯識二十論《ゆいしきにじゅうろん》』、『唯《ゆい》識三十頌《しきさんじゅうじゅ》』を著した。

のち、唐の時代、西域を経由してインドに入った玄奘は、ナーランダー寺において当時の最新の唯識学を学び、帰朝後、世親の『唯識三十頌』に対する詳細な解説書を、主にインドの護法《ごほう》（五三〇～五六一）—戒賢《かいげん》（五二九～六四五）の立場を中心に編纂した。これが『成唯識論《じょうゆいしきろん》』で、法相宗の根本聖典である。このように、中国・日本の法相宗の仏教は、実質的にインド古代の大乗仏教であると見てよい。

次に華厳とは、『華厳経』に基づき、中国・唐の時代に、智儼《ちごん》（六〇二～六六八）や法蔵がその思想を整理・体系化したもののことである。『華厳経』には、仏の一本の毛先に、多数の仏国土が存在し、それらの国土に住む各仏のそれぞれの毛先でも同様であるといった、神秘的な、目くるめくような光景がさまざまな仕方でしばしば説かれている。それらを基に法蔵らは、一入一切・一切入一、一即一切・一切即一等々の、重重無尽の縁起思想を展開したのであった。その世界をまた、事事無礙法界とも呼んでいる。

この事事無礙法界の前には理事無礙法界がある。理事無礙法界は、諸法（事）と法性《ほっしょう》（理）、現象（事）と真如（理）とが無礙に融け合っているところを言うもので、『般若心経』の「色即是空・空即是色」が相当する。事事無礙法界は、その空性＝法性＝真如を通じて、事物と事物とが無礙に融け合って、しかもそれぞれだというのである。松は竹、竹は松であって、しかも松は松、竹は竹であるということになる。法蔵は『華厳五境章《けごんごきょうしょう》』において、その事事無礙法界の論理構造を十玄門《じゅうげんもん》および六相円融義《りくそうえんにゅうぎ》において詳しく説いている。

智儼は事実上、こうした華厳思想を創成した人で、法蔵はそれらをさらに整理・体系化したのであった。智儼の著作には、『華厳五十要問答《けごんごじゅうようもんどう》』、『華厳経孔目章《けごんきょうくもくしょう》』、『華厳経捜玄記《けごんきょうそうげんき》』などがあり、法蔵は前の『華厳五教章』のほか、『華厳経探玄記《けごんきょうたんげんき》』などを著している。華厳思想は、いわば中国において発現した最も高度な大乗仏教思想である。

空海は、日本の真言宗の宗祖としてよく知られていよう。空海は唐の長安にまで達して、恵果《けいか》阿闍梨《あじゃり》（七四五～八〇五）に金剛界・胎蔵界双方を統合した密教を授かり、帰朝後、高野山を開創したり、東寺に拠ったりして密教を広めた。密教は、インドで七世紀ごろから新たに興った仏教で、大乗仏教の理念を引き継ぎつつその修道論を批判し、即身成仏（この身に即して、この世のうちに成仏する）を唱えた。

その空海の密教の根本には、曼荼羅思想がある。曼荼羅は、大日如来を中心に、そのまわりに諸仏諸尊が配列されている絵図が有名であるが、それは一般に宇宙の様相を描きだしたものと受け止められていよう。しかし空海によれば、それは「自心の源底」の姿なのであり、自己そのものにもほかならない。ここを空海は『即身成仏義《そくしんじょうぶつぎ》』において、「重重帝網《たいもう》のごとくなるを即身と名づく」と謳っている。自己は、あらゆる他者と、重重無尽の関係を結んではじめて存在しているというのである。この曼荼羅思想の可能性を、現代の我々はもう一度、よく吟味すべきである。

空海の主著は、『秘密曼荼羅十住心論《ひみつまんだらじゅうじゅうしんろん》』であり、その簡略版に『秘蔵宝鑰《ひぞうほうやく》』がある。そこに説かれる十住心思想は、インドの唯識（法相宗）や中観（三論宗）、さらには中国の天台宗や華厳宗の思想の上に密教を置くもので、各仏教宗派の思想を組織体系化したスケールの大きな比較哲学を展開している。この点で空海の密教思想は、インド密教にはない要素を豊かに含むものとなっている。また、密教の世界そのものを明かす著作に、『即身成仏義』、『声字実相義《しょうじじっそうぎ》』、『吽字《うんじ》義《ぎ》』の三部作その他がある。というわけで、空海の哲学は、インド・中国の仏教思想のすべてを十分に摂取・咀嚼して、日本人として独自に組織し開演したものである。

西田幾多郎は若い時、禅に打ち込み、その体験等もふまえて、すべてを主客未分の純粋経験から説明しようとする『善の研究』を発表し、時代に大きな影響を与えた。しかし西田は、そのやや心理学的に傾いた説明を超えて、どこまでも事柄の論理を追究し、やがて「場所の哲学」を形成していく。以後、その哲学はさらに深まっていった。西田にとって最後となった論文は、宗教の哲学を「逆対応」と「平常底」によって論じる「場所的論理と宗教的世界観」であった。

その生涯の哲学の営みの中で、西田は真の個物（すなわち真実の自己）の論理を掘り下げている。その中で、「自己は自己を越えるものに於て自己を有つ」との自覚に到るとともに、「個は個に対して個である」との了解を得ることになる。「超個の個」にしてしかも「（他の）個に対して個」であるところの個に、真の自己を見出したのである。「超個の個」は華厳の理事無礙法界に、「個は個に対して個」は、事事無礙法界に照応していよう。その個の自覚は、他の個との協働において歴史を作っていく主体へと展開すべきものでもあった。

西田自身は直接、仏教思想を摂取しながら、自分の哲学を構築したわけでもなかったであろう。たとえば『華厳五教章』などを深く読み込み学んだ形跡は見られない。しかし『大乗《だいじょう》起《き》信論《しんろん》』や華厳の経論等に触れることがあったことも事実である。それらをもどこかで意識しつつ、日本的なものの見方、そこにある論理を汲み出そうとしていたことは間違いない。こうして、西田哲学の骨格は結果的に、実は華厳思想等に深く通底したものとなっているように思われる。仏教思想の連峰から、いくぶん深い谷を介しているかもしれないが、西田の山容もふくめて、唯識思想よりこのかた、全体としては堂々とした連峰を成している風景が東洋の大地にうかがわれるのである。

余談だが、西田は京都において智積院（智山勧学院）に出講していた時代もあり、那須政隆はそこで西田の講義を聴いたという。ゆえに西田にも密教との接点はあったと思われるが、論文において密教の思想に言及していることはまずないであろう。後年、智山勧学院の教授となった高神覚昇は、一時、大谷大学で西田に教えを受けたという。また西田の弟子の柳田謙十郎は高野山大学で非常勤講師を務め、金山穆韶を敬愛してかなり深く密教を学んでいる（金山穆韶・柳田謙十郎『日本真言の哲学——空海『秘蔵宝鑰』と『弁顕密二教論』』、大法輪閣、二〇〇八年参照）。金山も柳田も、空海と西田に通底するものを、何らか嗅ぎ取っていた。

以上、空間的にはインドから日本へ、時間的には古代から近代への、思想・哲学の広大な時空にあって、私なりにその高峰を巡る旅への一歩を踏み出し、人間存在の本質を多少なりとも見究めてみたいと思うのである。

その間の脈絡について

本書において、唯識・華厳・空海・西田のそれぞれは、独立した思想と見ていただいてよいものである。本書の基本には、東洋において創造された高度な思想の概要を紹介し、その多彩な展開を味わっていただければという思いがある。と同時に、それらが並び示されたことによって、おのずからそれらの間に匂いあうもの、響きあうもの等が漂ってもくることであろう。

そこで、その間にあえて脈絡をつけるとしたら、たとえば以下のように言えようか。

唯識思想は、大乗のアビダルマ（世界の構成要素の分析）の一面もあり、大乗仏教全体の世界観の基礎をなすものである。大乗仏教の思想の特質を理解するには、まずは唯識思想を学ばなければならない。そういう意味においても、本書の最初に、唯識思想を解説する段を設けた。

なお、一般に唯識思想は、唯心論の一つの流れかと思われやすい。しかし私はそうは思っていない。唯識の識とは、外の物を映し出す透明な鏡のような主観なのではない。それ自身の中に対象面を有していてそれを見ているようなものなのであり、一つの識の中に対象面と主観面との双方が具わっているものが、識なのである。唯識の術語を用いて言えば、相分と見分とがどの識にも存在しているのである。それはたとえば、色が見えている事実、音が聞こえている事実等を理論化したものというべきで、ゆえに識とは事そのもののことである。したがって唯識とは唯事ということなのであり、そのように唯識思想は事的世界観と見るべきものである。

華厳思想では、事事無礙法界を説くのであった。この事については、唯識思想をふまえたとき、その内容がより十全なものとして理解されることになろう。しかもそのおのおのの事が、重重無尽の関係性を織りなしていることを説くところに、華厳思想の独自の特質がある。唯識思想では比較的、他者の問題を論じることは少ないが、華厳仏教に至って自他の関係性のことについても細密に説かれることになり、自己をめぐる議論は飛躍的に拡充されることになる。その中でも、もちろん唯識思想と華厳思想とが連絡していることは、法蔵に十重唯識説があることによって例証されよう。

密教は他の仏教を顕教と呼んで、自らの思想はどの顕教よりもはるかに優れていると主張する。しかし特に華厳思想の影響を強く受けていることは否定できないことであろう。前にもふれたように、「重重帝網のごとくなるを即身と名づく」とあるのは、まさに華厳思想に拠ったものである。その「即身」すなわち自己は曼荼羅そのものと言えるが、曼荼羅は華厳の重重無尽の縁起をなす事事無礙法界の事を、人《にん》において捉え直したものと言うことができると考える。事とは、刹那刹那の識とも言えて、それは主客相関のただなかであり、ゆえに人でもある。華厳の事事無礙法界は、密教において人人無礙の曼荼羅に立体化されたと見ることは十分、可能であろう。こうして、華厳と密教とは、かなり同質の見方を共有している。空海の思想は、その曼荼羅世界に極まるであろう。

西田は純粋経験の哲学から出発したが、やがて対象論理を超える「場所の論理」を開拓していく。その中で、自己とは何かのことも深く掘り下げられていく。西田には、自ら自らを限定するものであってこそ、真の個物（自己）であるとの考えがあった。その自己について、自己を超えるものにおいて自己を有つと、いわば「超個の個」を自覚している。一方、個物はかけがえのない独自の存在のはずであるが、しかし唯一であっては個の意味も出ないことになる。個の唯一性はむしろ他個との関係に入る時に生まれるのであり、そこに一種、矛盾した事態がある。ここに「個は個に対して個」であることを、西田は明らかにしている。このことは、事事無礙、人人無礙と軌を一にするものである。案外、曼荼羅世界は西田哲学と通底しているのではなかろうか。

こうして、唯識の事的世界観から華厳の事事無礙法界へ、そこから空海の人人無礙の曼荼羅へ、さらにそこから西田の「超個の個」にして「個は個に対して個」であるという「個物の哲学」へと、これらの思想は関連し合い、つながり合っていることを見ることができる。あるいは日本中世の英邁な仏教者・空海と、近代日本の強靭な哲学者・西田幾多郎とは、実はひそかに巨人同士、共鳴しあっていると思われる。私は、こうしたことを本書において多少なりとも明らかにしたいと思ったのであった。

加えて、西田の個物は、自己を限定し、自他の関係を限定する主体である。自己も含めて歴史的に形成され来たった既成の関係を、実に裁《た》ち直す主体のことである。この側面は、残念ながら仏教ではよく発揮されなかったのが実情であろう。大乗仏教、密教には、主体性を発揮するという、そういう思想・立場がないわけではないと思う。菩薩の菩提心、そして善巧《ぜんぎょう》方便等は、現実社会の改革を担う主体を生み出す基盤であってよい。むしろそうあるべきである。しかしこれまでの仏教は、必ずしもその方面をよく展開しては来なかった。そこで西田は、次のような仏教批判を述べている。

その源泉を印度に発した仏教は、宗教的真理としては、深遠なるものがあるが、出離的たるを免れない。大乗仏教といえども、真に現実的に至らなかった。日本仏教に於いては、親鸞聖人の義なきを義とすとか、自然法爾とかいう所に、日本精神的に現実即絶対として、絶対の否定即肯定なるものがあると思うが、従来はそれが積極的に把握せられていない。単に絶対的受働とか、単に非合理的に無分別とかのみ解せられている。私はこれに反し真の絶対的受働からは、真の絶対的能働が出て来なければならないと考えるのである。

（「場所的論理と宗教的世界観」『西田幾多郎全集』〔旧版〕第十一巻、岩波書店、四三七～四三八頁）

また、宗教的救済を得ることは、まさに現実世界においてよみがえることであることを、次のように説いている。

我々の自己が自己自身の根柢に徹して絶対者に帰するということは、この現実を離れることではない。かえって歴史的現実の底に徹することである。絶対現在の自己限定として、どこまでも歴史的個となることである。

（同前、四二三～四二四頁）

こうして、華厳思想や曼荼羅思想をも受け継ぎつつ、我々は西田にならって歴史的現実の世界において他者と協働しつつ新たな世界を形成する自己を見出すべきであろう。このとき、宗教あるいは哲学と現実社会とが結ばれ、そこに通路が見いだされることになる。このことも、本書においておいて私が述べておきたい最重要のことであった。

本書の内容

以下、本書の内容をごく簡単に掲げておく。

Ⅰ　唯識思想（インド古代）

第一章　唯識の哲学（一）　唯識の基本思想　事的世界観　八識説や三性説など。

第二章　唯識の哲学（二）　修行の内実　仏身論など

Ⅱ　華厳思想（中国古代）

第三章　華厳の哲学（一）　華厳思想の真髄　四法界　事事無礙　十玄・六相など

第四章　華厳の哲学（二）　三世間・十身論の仏等　唯識から華厳へ　十重唯識の体系

Ⅲ　空海思想（日本古代）
第五章　空海の哲学（一）　空海の顕密論・十住心思想など
第六章　空海の哲学（二）　言語哲学　即身成仏　曼荼羅即自己の世界へ

Ⅳ　西田哲学（日本近代）
第七章　西田の哲学（一）　西田の宗教哲学　「超個の個」と「逆対応」
第八章　西田の哲学（二）　「平常底」「個は個に対して個」の論理と歴史創造

付篇　大拙の華厳学　大拙と華厳思想　霊性的日本の建設

西田は、第二次世界大戦のまっただなか、その戦争が終わる直前に亡くなったのであった。戦争に無謀に突っ走る日本の行方を深く憂えていた西田は、宗教論の後、「私の論理について」を書き始めるが、それもかなわず倒れてしまったのであった。西田の無二の心友、鈴木大拙は、おそらくは西田の日本に対する遺志をも承け継いで、戦後日本の再興策を、華厳思想を基にしつつ構想し、当時そのことをさかんに語った。借り物ではない、我々自身の伝統の中から、我々の社会のあるべきあり方を訴えたのである。それは華厳思想や西田哲学を現実社会の基盤にすえて、国家至上主義を清算する新たな民主社会を構築しようとする挑戦であった。そこで、本書の末尾に付篇として、大拙の「霊性的日本の建設」をめぐる拙稿も収録しておいた。

以上、本書の「はじめに」として、本書全体のおおざっぱな見取り図を描いてみた次第である。

I　唯識の哲学

第一章　唯識の哲学（一）

事的世界観としての唯識思想

唯識思想の歴史の概要

唯識思想は、インド古代、およそ四～五世紀の頃、弥勒・無著・世親によって大成された思想体系で、非常に精緻な哲学を展開するものである。それは、大乗仏教共通の世界観ともなっており、仏教を理解するためにはこの唯識思想をよく把握しておくことが望ましい。そこで本書のまず初めに、この唯識思想の概要を紹介しておきたいと思う。

前に挙げた弥勒・無著・世親の中、弥勒は兜率天に住する弥勒菩薩であると伝えられている。無著は、兜率天に上っては、弥勒菩薩に教えを受け、地上に下ってはそれを人々に伝えたという。近代合理主義に染まった一昔前の仏教学者、宇井伯寿らは、弥勒とは無著の先輩で、複数の者をまとめて託したものであろうという。

唯識思想を説く文献に関して、弥勒著と伝えられているものがあることは事実である。『弁中辺論頌』、『大乗荘厳経論頌』などである。唯識思想にとって根本的な、大部の『瑜伽師地論』は、漢訳では弥勒菩薩説となっている。

無著・世親は実在した人物であり、平川彰の検討によれば、無著は三九五〜四七〇年、世親は四〇〇〜四八〇年頃の人という。無著の著書に、『摂大乗論』があり、阿頼耶識のことや三性説、仏身論などが詳しく説かれている。世親には、『唯識三十頌』の作品があり、そこには、唯識思想の全体系がきわめてコンパクトに凝縮されて籠められている。この『唯識三十頌』の詳しい注釈書が、玄奘訳『成唯識論』であり、それは中国―日本の法相宗の根本聖典である。

以下には、主にこの『成唯識論』に基づいて、唯識思想の概要とその卓越した視点について、紹介していくことにする。

識とは何か

唯識といえば、唯心と同等と思われやすい。多くの人は唯識思想とは、唯物論に対する唯心論であろうと想像するのではないだろうか。

確かに唯識ということの教証としては、『華厳経』「十地品」の「三界虚妄、但是心作」（大正九巻、五五八頁下。『成唯識論』新導本巻第七、二二頁参照）などが挙げられている。同じく『華厳経』「夜摩天宮菩薩説偈品」の「心如工画師、画種種五陰」（大正九巻、四六五頁下）などもそれに数えてよいと思われる。しかし、この「心」をどのように捉えるかによって、それが必ずしも唯識の識にふさわしいものとはならなくなることには、留意しておくべきであろう。先取りして言えば、唯識の識とは、物でないことはもちろん、物に対する心なのでもなく、いわば事そのものなのである。唯識とは、唯事ということにもほかならず、まさに事的世界観を描いているものなのである。

ではいったい、識とはどのようなものなのであろうか。

唯識思想では、識に、眼識・耳識・鼻識・舌識・身識の前五識、第六意識、第七末那識と、第八阿頼耶識の八識を立てる。この八識が、一箇の人間だという。意識下の第七・第八識については、後に改めて説明するとして、これらの識とはどういうものなのであろうか。

眼識（視覚）について、考えてみよう。我々はふつう、外に物があり、内側に心があって、心は眼（眼根）を通して外の物をそのままに見ている、捉えている、と考えている。では心は、外のものをどのように捉えるのであろうか。鏡が物を映し出すように、心は物を映しだすのであろうか。しかし外の物を心がどのように写すのかを問う時、その説明はなかなかにむずかしくなるし、一方、鏡のような心とはどこにあるのか、確かめることもむずかしいであろう。

今日の科学的な観察によれば、仮に外に物があるとして、その像が眼球の網膜に映り、その情報は信号化されて視神経を通じて脳に伝えられ、脳はその情報を演算・解読して、元の物を視覚上に再現する、ということになるのではないであろうか。この場合、我々が見ているものは、それぞれの脳が再現した映像なのであって、外の物を直接、見ているわけではないことになる。このこと自体は、間違いないところであろう。

人間の脳は、共通の構造を持っているであろうから、我々人間同士は同じものを見たり聞いたりしていると考えている。しかし事実は、各々の脳が再現した映像を見たり聞いたりしているのであるから、その間にどのような差異があるのかはわからない。とはいえおそらくは相似的であって、ゆえに他者との間のコミュニケーションも成り立つのであろう。

もしも人間の脳の視覚情報の再現の仕方が、現在と異なるものになったら、我々は今とはまったく異なる世界を見るに違いない。かつて唯脳論なる説が流行したが、確かにこの世は唯脳論で解明できるに違いない。

そうすると、たとえば視覚においては、脳が現わし出した映像を脳自身が見ているということになる。視覚は、視覚の中に浮かんだ映像を視覚自身が見ているわけである。そのはたらきを心と言えば、心は心の中に映像を浮かべてそれを見ているようなものということになる。けっして外の物を写しとる鏡のようなものなのではない。心は、心の中に対象面を有して、しかもそれを見ているものなのであり、そこに対象面と主観面の双方が存在しているものなのである。それは、種々の色が見えている事実の一つの表現でもあり、すなわち事そのものでもあるわけである。

唯識思想で説く識とは、まさにそのようなもので、一つの識の中に、対象面と主観面とを有したものをいう。術語でいえば、一つの識にはその内部に、相分と見分とが存在しているのである。さらに識の内部構造として、見分が相分を見た内容を確認する自証分が説かれたり、さらにその自証分の自覚内容を確認する証自証分（自証分と相互に確認し合うとされている）が説かれたりするが、今はこのことに立ち入らない。ともかく、識は相分と見分とを持つものなのであり、それ自身、事の理論化にほかならない。その意味で、唯識とは唯心なのではなく、唯事ということなのである。

八識の概要

以上については、ある程度、了解されたことと思う。しかし眼識が相分に色を浮かべてそれを見ているとしても、その色を眼識に送り込む外界の存在はあるのではないか、といぶかしいことであろう。たとえばカントにおいても、感覚はすでに人間の感性に取り込まれたもの（映像）であるが、その内容を感覚に送り込む外界は実在していると強調する。その外界は物自体と言われ、それは人間の感覚を超えたものであり、どのような色や形をしているかは皆目わからないという。わからないけれども物自体は存在しているというのである。それは、しごくまっとうな考え方であろう。

しかし唯識思想では、まさに唯識というのであるから、外界の実在は認めない。では、きわめて常識的、合理的と考えられるカントの言う物自体に関しては、いったいどのように考えているのであろうか。

このことを説明するには、阿頼耶識のことを説明しなければならない。そこで、ここで八識の全体について、一度まとめて説明しておこう。

眼識・耳識・鼻識・舌識・身識は、まとめて前五識と言われ、順に、視覚・聴覚・嗅覚・味覚・触覚の五つの感覚である。意識は知性に相当し、推理や判断などを行う。前五識は現在しか感覚せず、また直接経験のみであり、分別はそこにはありえないが、意識は過去を認識し未来を構想することもでき、さまざまに分別・判断することが出来る。たとえば、説一切有部（小乗仏教）の考え方では、眼識の対象は色（いろ）と形であったが、唯識思想では形の認識は意識によるとして、眼識の対象は色のみとした。

このような五感と意識に関しては我々も自覚しているところであるが、唯識思想ではその奥に、さらに末那識と阿頼耶識とを設定している。末那識は意識の直下にあって、絶えず自我を執着している識である。末那とは、サンスクリット語の manas の音写で、manas は「考えるもの」という意味である。阿頼耶識の特に見分を対象にして、そこに常住・不変の自我があると考え、それに執着するのである。それは、この一生の間、寝ても覚めても常時、働いているという。我々は夜、ぐっすり眠ってしまえば、意識は働かなくなる。それでも末那識は自我を執着し続けているというのである。あるいは日常において修行したり、他者のために良いことをしたりする時でも、実は意識の奥ではこの末那識が働き続けているという。唯識思想は人間の心理を、そのように奥深くまで見通しているのである。

それならば、善行を行うのは偽善にもほかならないからやめるべきだ、という考え方にはならない。むしろその事実があればこそ、積極的に善行を行うべきである、なぜならそのことによって末那識の我執は薄まり、やがては克服されていくからである、と唯識思想は説くのである。

そのさらに奥に、第八阿頼耶識があるという。末那識も無意識の世界であるが、阿頼耶識は不可知とされ、まったくの無意識の世界である。阿頼耶とは、サンスクリットのālayaの音写で、ālayaとは「蔵、倉庫」を意味する言葉である。故に蔵識とも呼ばれたりする。この阿頼耶識は、過去の一切の経験の情報を貯蔵している世界なのである。過去一切の経験とは、この世に生まれて以降のすべてというわけではない。仏教では輪廻を考えているので、無始の過去以来、生死輪廻してきた際の、ありとあらゆる経験の情報を貯蔵していることになる。生物学的に言えば、アメーバ以来の進化の歴史のすべての情報を有しているということである。唯識思想は、この阿頼耶識において、生死輪廻が運ばれていくと説明したのであった。

物自体と阿頼耶識

その輪廻の様相については後にまた説明するとして、この阿頼耶識が、なぜカントのいわゆる物自体と関係するのであろうか。これよりそのことを説明していきたい。

前に識とは、内に少なくとも相分と見分とを有するものであると述べた。眼識はその相分に色を浮かべてそれを見る。耳識はその相分に音（術語的には声《しょう》）を浮かべてそれを聞く。五感の対象は、内なる影像《ようぞう》相分の色《しき》・声《しょう》・香・味・触《そく》ということになる。

意識の対象は法と呼ばれるもので、それにはありとあらゆるものが含まれる。たとえば、言語などは意識の対象である。また前にも言うように、過去や未来のことも含まれるし、世の中には存在しえない、兎角・亀毛、丸い三角、四角い丸などを想定することもできるわけである。意識は、それらを内なる相分に浮かべてそれを考えたり判断したりしているわけである。我々自身、意識のはたらきを顧みたとき、意識のうちに意識の対象を認識している構造を自覚することができるであろう。

末那識は、我執の識であった。前にも言うように、末那識は阿頼耶識の見分を外の対象にして、内なる相分に常住・不変・主宰者のようなものの映像を浮かべて、それに執着する。仏教は釈尊以来、無我を説いてきた。そこで否定される我とは、常・一・主・宰なるものと定義されており、すなわち常住で不変でしかも主体として考えられたものである。そういうものは、諸行無常のこの世において、ありえないにもかかわらず、末那識はそういうものがあると誤認して、かつ常にそれに執着している。この識の活動があるので、意識もしばしばエゴイスティックになってしまう。ともあれ、末那識の相分には、常住の自我の影像が描き出されているわけである。

では、阿頼耶識の世界はどのようなのであろうか。阿頼耶識は不可知の世界だとされている。意識において捉えることは出来ないのが実情である。しかし阿頼耶識も識である以上、そこに相分と見分とを有したものでなければならない。では、阿頼耶識の相分とは何なのであろうか。実はそれは、器世間《きせけん》と有根身《うこんじん》と種子《しゅうじ》と言われている（『瑜伽師地論』、大正三〇、巻五八〇頁上。『成唯識論』、新導本巻第二、二七頁）。有根身とは、五根すなわち眼根・耳根・鼻根・舌根・身根の五つの感覚器官を有する身体という意味である。器世間とは、山川草木等、またビルや住宅、道路や線路等、物質的な環境世界のことである。種子とは、見たり聞いたり考えたりの種（因）になるもののことである。要は、身体と環境をその相分に有しているというのである。前にも言うように、それらがどのようなものであるかは、不可知である。我々が知っているのは、五感に映しだされた姿のみで、その本体がどのようなものなのかはわからない。

ここにはまず、物と心（世界と主観）が対峙していて、その心が物を感覚・知覚するという構図はない。いわば心の中に身体と環境とが維持されていて、そこにおいて見たり聞いたりがなされているというのである。

たとえば眼識は、阿頼耶識の相分の器世間等をその外の対象にして、自身の内に種々の色の影像相分を浮かべ、それを感覚する。耳識以下も同様の仕組みである。各識の外の対象を、本質《ほんぜつ》と言い、内なる対象を影像という。あるいは外の対象を疎所縁縁《そしょえんねん》といい、内なる対象を親所縁縁《しんしょえんねん》という。こうして、カントの物自体に相当するものを、唯識思想では阿頼耶識の相分に見出すのである。そこで、唯識と言えるわけである。

心の中に身体と環境が維持されているとは、なかなか領納しにくいところであろう。この辺をもう少し説明しておきたい。唯識思想では、人人唯識《にんにんゆいしき》と言って、各人が八識の存在である。ゆえに人の数だけ阿頼耶識はあることになる。あるいは衆生の数だけ阿頼耶識はあるということになる。とすると、各自の身体だけでなく、その住する国土としての器世間も衆生の数だけあることになる。人間を主に見ていくとして、人々はそれぞれ各自の阿頼耶識において生きており、その数だけ環境世界があることになる。ただしその環境世界は、人間界なら人間界に共通のものとなっている。それは、この世に人間界に生まれることを決定づけた業が共通である（共業）ことによるのである。その器世間は阿頼耶識の地平では不可知であるが、たとえば自分が庭の木を切ったとしよう。そのことが他者にも影響を及ぼして（増上縁となって）、他者の阿頼耶識の器世間におけるその木も切られるという（本書八七～八八頁参照）。そのように、基本的に同等で、しかも相互に影響を及ぼし合う関係において、共通のものになる。しかし人人各自の阿頼耶識の中に器世間があるのである。

五感は、自己の阿頼耶識の器世間を外の対象にして、内にそれぞれの影像相分を浮かべて感覚する。自己の器世間は、人間界なら人間界同士、共通で、同じ場所にいれば共通の感覚、少なくとも相似の感覚を持つことができ、ゆえにコミュニケーションも成立する。こうして人人唯識で、物自体の説を取ることなく唯識の説が成立し、かつ独我論の陥穽に陥ることは免れているわけである。

以上で、世界は唯識であることの核心を説明しえたかと思う。

八識の相続の世界

先ほど、人間界に生まれた者は、人間界という共通の環境世界を有していると述べた。我々は、過去世の行為（業）の結果として人間に生まれているというのが、仏教の見方なのである。過去世に悪業を多く積めば、来世に地獄・餓鬼・畜生等に生まれることになる。善業を多く積めば、また人間界なり、天界（神々の世界）なり、解脱に向ったりすることになる。世界には、地獄・餓鬼・畜生・修羅・人間・天上・声聞・縁覚・菩薩・仏の十界があって、業（行為）にしたがって生死輪廻するというのである。そこには、「善因楽果・悪因苦果」という行為の法則が厳然として存在しており、自業自得の原則が貫かれているという。

しかし、仏教は無我こそが根本的な立場であった。無我なのに生死輪廻が運ばれ、自業自得の原則が貫かれるとは、いったいどのように可能なのであろうか。

そこを解決したのも、まさに唯識思想の阿頼耶識説なのであった。実は唯識思想では、八識のすべては、刹那刹那、生滅を繰り返しつつ相続されているという。我々には、場所的に移動しない限り、世界の同じ光景が見られ、世界は存在し続けているように見えても、実は刹那刹那、生滅を繰り返しつつつながっているというのである。このことを「刹那滅」という。なぜ世界は刹那滅なのかと言えば、二刹那にわたって自体を持つものを想定すると、そのものは常住の本体とならざるを得ないからである。しかし、世界は諸行無常であることを否定することはできないであろう。そうだとすると、世界はもとより刹那滅であるということにならざるを得ないのである。その根底には、無始の過去から無終の未来まで、刹那刹那、生滅しつつ一瞬の隙間もなく相続されているという阿頼耶識がある。その上に、生死輪廻は運ばれるというのである。

八識あるいは根底の阿頼耶識も、刹那滅のものであるゆえに、常住の本体を持つものではない。それ自身、無自性、空なるものなのであり、ゆえに常住・不変・主宰者の我ではありえない。したがって無我と齟齬はない。もちろん、八識のすべてが刹那滅なので、世界自体も常住の本体を持たず、無自性・空である。無我には、人我の無我（人無我）と諸法の無我（法無我）とがありうるが、こうして大乗唯識では、人無我のみでなく法無我も説明しているのであり、一切法空の立場を明かしている。

それはともかく、我々が過去のある時節（過去の現在）にある行為をしたとしよう。それは善の行為かもしれず、悪の行為かもしれず、善でも悪でもない（無記）かもしれない。その行為そのものは過去に入ると、もちろん消えてしまうことになる。しかしその行為の情報が、阿頼耶識に貯蔵され、阿頼耶識の刹那滅の相続のうちに伝持されていくことになれば、過去自体は消えても過去の情報は現在から現在へとずっと相続されていくことになり、いつの日にかその業の力を発揮することも可能になろう。

唯識説の場合、行為とは結局、七転識（前五識・意識・末那識）の活動である。要は見たり聞いたり考えたりである。その活動は、その刹那に直ちに阿頼耶識にその情報を植え付ける。これを熏習《くんじゅう》するという。阿頼耶識に熏習された気分を習気《じっけ》といい、それはまた未来に同じ経験を呼び起こす。それゆえこの習気をまた、種子という。種子は縁に応じて七転識の活動を生み出し、その活動は同じ刹那に直ちに阿頼耶識に種子を熏習する。七転識が現実に活動したところを現行《げんぎょう》という。ここに、種子《しゅうじ》生《しょう》現行《げんぎょう》・現行《げんぎょう》熏《くん》種子《しゅうじ》という事態が一刹那においてなされることになる。このことを「三法展転《ちんでん》、因果同時」という。そこで新たに熏習された種子は、現行したときに介在する諸縁によって、元の種子と異なる可能性はある。阿頼耶識はその一刹那に有している種子を、次の刹那の阿頼耶識にそっくり送り込む。あくまでも刹那滅の相続の中で、そのことが行われるというのである。ここを種子生種子という。

こうして、八識の刹那滅の相続の中で、種子生現行・現行熏種子・種子生種子のからくりがあり、その中に世界はあるというのである。

このとき、前五識や意識等によって熏習された種子は、同時に善性もしくは悪性を帯びているが、その情報もまた阿頼耶識に蓄積されていき、それが来世にどこに生まれるかを決定づけていくことになる。ゆえに過去の行為自体は消滅しても、行為の善・悪に関する情報は維持されていくのであり、そのもとで生死輪廻が続いていくのである。

この善・悪の情報を業種子《ごっしゅうじ》という。一方、七転識の相分・見分の熏習する種子を名言種子《みょうごんしゅうじ》という。名言種子とはいえ、この名言とは一種の譬えであるのが実情である。心王・心所有法（各識とそれらに相応する個々の心作用。次頁以下詳述）が対象（相分）を感覚・知覚するところを、対象を顕了する言語を譬えとして語るものなのである。ともかく名言種子とは、七識の心王および心所有法の熏習する種子のことであり、特に言語に特化されたものであるわけではない。また、種子には、性決定《しょうけつじょう》・待衆縁《たいしゅうえん》・引自果《いんじか》等々厳格な六義が規定されており、その概念は明確なものである。井筒俊彦はこの名言種子の語から、それに「アラヤ識の暗い深部に流動する「意味」エネルギー」といったことを読み込んでいるが（『意味の深みへ　東洋哲学の水位』、岩波書店、一九八五、あとがき参照）、それは魅力的ではあるものの、自己の意味分節理論を投影して読んでいるのみである。

　それはともかく、人間界に生まれた者同士は、過去世の行為において人間界に生まれるような共通の行為を行っていたからであり、人間として共通の身体と人間界の共通の器世間をそれぞれの阿頼耶識に現じている。不可知ではあるが、阿頼耶識の相分にそれが執持されることになる。そこで、同じ場所にいる者同士は、おそらくは相似的な光景を見ることにもなるのである。

　それにしても、人人唯識で、人の数だけ八識があり、つまり人の数だけ阿頼耶識もあって、ゆえに人の数だけ器世間＝環境世界があるということは、納得できることであろうか。外界の物自体を認めるのでなく、それに相当するものを阿頼耶識（の相分）に求めることで唯識といえるということについては理解できても、そもそも人ごとに器世間があるということには、疑問を抱かざるを得ないかもしれない。いわば、一人ひとりの心の中に身体と環境が維持されていて、その中で見たり聞いたりしているということは、常識的には考えられないことであろう。しかし唯識思想では、そのように我々の姿と世界のありようを説くのであった。すべては識であり影像のみであるので、多数の器世間が重複してあたかも一つのようになることも、特段、問題はないことであろう。

五位百法の分析

ところで、唯識思想を研究する学派を、インドでは瑜伽行派《ゆがぎょうは》と言った。瑜伽行体験において見られた世界を論理的・体系的に究明するからであろう。一方、中国・日本においては、唯識学派を法相宗と言う。いったい、なぜ法相宗と言うのであろうか。唯識思想には、『倶舎論』などに見られるアビダルマの教理を引き継ぐ側面もある。アビダルマとは諸法の分析のことで、つまり世界の構成要素の分析を意味する。この場合の法とは、千変万化する世界の中で、自己自身を保つもの、「任持自性、軌生物解」(自性を任持して、軌となって物の解を生ぜしむ)と定義されるもののことで、したがって世界の構成要素ということになるわけである。

説一切有部ではこれに五位七十五法を立てたが、唯識思想では五位百法を立てる。五位とは、心王・心所有法・色法・心不相応法・無為法である。この中、心王は識のことで、八つある。前に述べた八識である。

心所有法は、心王に所有される法の意味で、心王と一緒にはたらく個々の心のことである。略して心所とも言う。それには、心王といつも必ずともにはたらく心（遍行）、特別の対象に対しはたらく心（別境）、善の心、煩悩の心、随煩悩の心、その他の心（不定）の、全部で五一の心がある。善の心や、煩悩・随煩悩の心などは、縁に応じてしかるべき心王とともにはたらくことになる。なお、阿頼耶識には遍行の心所しか相応しない。

心所有法は、心王と同じように、それ自身に相分と見分とを有するものである。心所は相応する心王の相分と同じ相分を浮かべて、それぞれの心の機能を発揮する。

色法とは、いわば物質的なもので五根（眼根・耳根・鼻根・舌根・身根）、五境（色・声・香・味・触）、法処所摂色《しょしょしょうしき》（意識の対象としての物質的な存在。原子・分子など）が数えられている。すなわち、一一の法がある。

心不相応法は、物とも心とも言えないもので、たとえば言語とか数とかである。全部で二四の法がある。

以上を有為法という。縁起において時間的に変化するものである。

無為法は変化のないもののことで、実際は諸法の本性としての空性＝法性＝真如一つであるが、それに六方面から名前をつけて、あたかも六法があるかのように言っている。

これらを全部合わせて、百のダルマ＝法が分析されているわけである。この五位百法について詳しく研究していることから、唯識学派をまた法相宗と言うのであろう。

では、この五位百法と唯識とはどのような関係になるのであろうか。色法なども説くのに、矛盾はしないのであろうか。実は次のような次第で矛盾しないことになるのである。まず、無為法は他の有為法の本性なので、有為法の中に摂められることになる。心不相応法は、色法・心法（心王と心所有法）の上に、仮に立てられたものなのであり、色・心の法に帰することになる。色法は、結局、五感の識や意識、さらには阿頼耶識の相分に見いだされるべきもので、識（心王）に帰されることになる。色法を現じている心王に相応する心所の相分にも、もちろん同じものが現じている。

しかし心所有法は、世界を構成する実質的なダルマなのであり、これらの諸法は否定することは出来ない。ゆえに実は唯識とは、唯心王なのではなく、唯心王・心所を意味しているのである。こうして、唯識とは唯心王・心所であると了解することによって、それは五位百法と矛盾しないことになる。

唯識というとき、しばしば八識のみで説明してきたが、事実は心王・心所の諸法の総体が、刹那滅の中で相続されているのであり、そこに我々にとっての物質的現象および心理的現象等々の世界が成立しているのである。このことは、注意を要するところであろう。このように、唯識は唯心王・心所なのであるが、その複合した現象も、要は唯事ということに他ならないわけである。

感覚の世界の特質

ではそういう心王・心所の複合体の刹那滅の相続しかないのに、なぜ我々は自我や物などがあると思い、さらにはそれらに執着しているのであろうか。そのことを理解するためには、各識の機能の違いをよく理解しなければならない。

ともかく、あるのは八識の相分・見分の刹那滅の相続のみである（以下、心所は略す）。そこに自我の認識やものの認識が起きているわけである。自我については、第七末那識が、阿頼耶識の見分を外の対象として、内に常・一・主・宰の我の影像を浮かべてそれに執着しているのであった。さらに意識は、それまでの経験の記憶の下に、自我の観念を構成しているであろう。その中で、生まれてから今に至るまで変わらない自分がいるとの思いが定着してしまうのだと思われる。もちろんそのつどそのつど、かけがえのない主体のはたらきがないわけではない。しかし常住・不変でしかも主宰者であると対象的に捉えられたものは、ありえないとしか言えないであろう。

参考までに、『金剛般若経』には、「過去心不可得、現在心不可得、未来心不可得」という言葉がある。過去は存在せず、未来も存在しない。現在もまた対象的に捕まえることはできない。自己もまた、現在においても、実に対象的につかまえることは出来ないのである。しかし見たり聞いたり考えたりする経験の持続とその記憶の中で、変わらない主体というような概念が生み出され、かつその内容が実体化されて、愛着・執着の対象となっていくのであろう。

一方、物の概念等は、八識の相分・見分の相続の中で、どのように形成されるのであろうか。たとえば、りんごやみかん、象やきりん、机や黒板等々はどのように把握されるのであろうか。言うまでもなく、物は、五感の世界に見出されるものである。では、五感、つまり眼識・耳識・鼻識・舌識・身識はどのような特徴を持っているであろうか。前にも少し触れたが、この前五識は、現在にしかはたらかない。眼識が過去の色を見たり未来の色をみたりすることはないことは、自己の経験に照らしても明瞭であろう。また五感は分別のはたらきを持たない。眼識が、これは青い、これは黄色いなどと認識するわけではなく、またこの色は濃い、この色は薄いなどと認識するわけでもない。ただ青なら青を、黄なら黄をそのまま見ているのみである。すなわち五感の世界は、無分別の直覚にほかならない。

仏教では真理の基準に、現量・比量・聖教量《しょうぎょうりょう》という三つの基準を立てている。現量は直接経験のことであり、それは疑いようもない事実であるので真理とされる。比量は推論による正しい認識で、論理的に正しいので真理とされる。聖教量は、仏の説法（仏説）である経典の言葉であって、仏説は真理であるとされるのである。したがって、仏教の論書等において、正しい真理であることを証明しようとする際には、論理的証明と経典に実在するという文献的証明の二つを用いて、その証明を行うことがしばしばである。この現量・比量・聖教量の中では、前五識は現量のみとなる。

その五感の感覚そのものは、時間とともに微妙にあるいは大きく変化していることであろう。

特に刹那滅の相続を説く唯識思想の中では、実は感覚も刹那刹那微妙に変化していることであろう。そこに変わらないものはありえないと思われる。

言語の本質

しかもこの五感は、もとより別々の感覚である。眼識は色《いろ》のみを感覚している、耳識は音のみを感覚している。そのように、五感はそれぞれ別々の感覚である。とすると、五感の世界そのものの中には、りんごとかみかんとかの一つの物の認識は、実はありえない。にもかかわらず我々は、何かある一つの物を認識している。それは実は意識によるのである。意識は三世を認識できるし、分別・判断を行うこともできる。特に言語をあやつるものが意識である。この言語を感覚世界に適用して、ある一つの物を把握していくのである。

本来、五感（前五識）はそれぞれ分かれており、微妙に変化しつつ流れている。それが我々に第一次的に与えられている世界である。その限りは未分節の世界であり、ある意味で混沌の世界である。意識はその五感の流れを束ねて、そこに名詞等を適用する。そうすると、その名詞の概念に見合うものが分節化され、実体視されて、そういうものを認識することになる。要は、我々は混沌の世界に対し、言語に応じて物を認識し、実体視し、執着している。つまり、物は錯覚のもとに成立しているのであり、実際には存在しないものなのである。

たとえば英語では、テーブルとデスクとは異なるものである。しかし日本語なら、両方とも机でよいといえる。オックスとビーフとは異なるもの、ツリーとウッドとは異なるものであるが、日本語の牛や木は、その両者を含んでいる。一方、英語ではブラザーはもともと一つで、そこに上下の区別を見ていくわけであるが、日本語なら兄と弟がまず区別されて存在していて、そのあとに両者をひとまとめにして兄弟と呼ぶ。日本語で水と異なるお湯は、英語では実は同じウォーターで、ホットであるかないかの違いに過ぎない。

ということは、あらかじめ区別された存在が自存していて、それらの名前が作られているのではなく、その国語ごとに、世界をどのように分節するか、その分節の仕方を名前は表しているということである。名前どおりに世界があるのではなく、ある全体世界を、その国語の名前の体系のように受け止めているのみにすぎないのだ、ということなのである。このことは、他の国語との比較によってはっきりするわけであり、特に近代の言語学者、ソシュールが解明したことであった。しかしながら、実は仏教でははるか古代に、以下に説明するように、もとより名前は自存するものを表わすようなものではないと究明していた。

六世紀頃のインドの仏教論理学者であったディグナーガ（陳那）は、この方面に大きな業績を上げている。陳那は、名詞（単語）は「他の否定」（アニヤーポーハ）を表わすにすぎないと、鋭く指摘したのであった。「他の否定」とは、「牛」の場合、牛以外の動物ではない、ということである。「牛」は、たかだか、犬でもないし、馬でもないし、きりんでもないし、象でもないし、……ということのみを意味しているだけだというのである。つまり、なにか牛という自立的な存在がすでにあって、それを「牛」の名前が表わしているのではなく、牛以外の動物たちもいて、その中で牛でないものではないということのみを表わしているに過ぎないというのである。

そんなことを言っても、りんごやみかんはあるではないか、鼻の長い象や首の長いきりんがいるではないか等、種々反論がありえよう。確かにそうした区別を認識させるような現象が五感の世界、もしくは世界そのもの（阿頼耶識内の器世間等）に起きている事実もあるのであろう。しかしたとえば出世魚というものがある。ワカシ・イナダ・ワラサ・ブリ（東京版。関西ではまた異なる）などという名前があり、それに応じた魚があると日本人は思っている。しかしこのような区別は、他の国語にはない可能性がある。とすればやはり、言語はある一定の共同主観における、世界の分節の仕方を表しているにすぎないのである。

ある一群の動物に対し、ある国語では、犬と山犬の分節しか持たず、ある国語では犬と山犬と狼の分節を持つとする。この時、山犬は、前者では犬以外のもの、後者では犬と狼以外のものということになる。こうして、「語の表すものは、あらかじめ、自立的に存在しているものではなく、隣接する他の語によって規定される」ということにならざるを得ない（丸山圭三郎『ソシュールの思想』、岩波書店、一九八一年、九五〜九六頁、一二一〜一二二頁等参照）。結局、語の表わすものは、「他の否定」でしかないのである。

我々はそういう性格を持つ言語、とくに名詞の体系に即して、世界にその名に応じたものがあると考え、それは変わらない本体を持つものと無意識の内にも思い込んでいる。他の否定に過ぎないネガティブな性格の名詞を感覚世界に適用してポジティブな実体的存在を認めてしまうことになる。しかし、常住の本体を持つものなどは、この世にはありえないはずである。にもかかわらず我々は、ありえないものをあると思い込む、顚倒した妄想にからめとられてしまっているのである。

もう一度、整理してこの事態を説明してみよう。まず我々に与えられている感覚は、視覚・聴覚ないし触覚のそれぞれ別々の情報である。しかもそれらは時々刻々、変化している。まさに事の世界である。それらに対して、意識が言語を適用する。言語は、その国語ごとに異なっており、そういう意味では恣意的なものでもある。その言語に応じて、別々の五感の流れの束に対し、一つの物を認識することになる。その際、事の世界は固定化され実体視されることになる。すなわち常住不変のものがあると受け止めることになり、ゆえにそれに対して愛着・執着していくことになる。唯識思想では、このような仕方で、我々の物の実体視（事の物象化）の仕組みを解明している。

ひるがえって人我の実体視についても、私とか僕とか種々の代名詞、固有名詞の言語の使用が、そのことに深く関わっていよう。

三性説の理論

唯識思想は、このような認識と言語と存在にかかる教説として、三性説という教義を用意している。三性とは、遍計所執性《へんげしょしゅうしょう》・依他起性《えたきしょう》・円成実性《えんじょうじっしょう》というものである。

このなかで中心になるのは、依他起性である。依他起性は、八識（および相応する心所有法）の相分・見分の刹那滅の相続の世界のことである。世界の実質と言ってよいであろう。依他起性とは、他に依存して起きるものという意味で、すなわち縁起の世界という意味でもあるが、八識の相分・見分が縁起の世界であるとは、どういうことであろうか。一つは、それは阿頼耶識縁起のうちに成立している世界だからなのであろう。七転識と阿頼耶識とは、種子生現行・現行熏種子・種子生種子のからくりの中で、相続されていく。ここに阿頼耶識に基づく縁起の世界があるわけである。そこでは、過去にりんごとかみかんとかを認識したことが、未来にまた同様の経験を生むということがあり、八識の相分・見分の生起は、過去の感覚・知覚の経験によるところ大である。その意味で、依他起なわけである。

また、そもそも阿頼耶識は、過去世の業にもとづいて、今生において人間界を現出したり、他の世界を現出したりしているわけで、そこにおいてまた業を作り、来世への影響力を蓄積していくことになる。このことは仏教において古来、説かれてきた十二縁起説、すなわち、無明・行・識・名色・六処・触・受・愛・取・有・生・老死という十二項目の縁起の中で生死輪廻が運ばれて行くという教説において説かれてきたことであり、その唯識思想における独特な解釈もある。その意味でも縁起の世界そのものだと見ることができよう。

一方、現行《げんぎょう》においては、他の人々の識活動との関係の中での出来事であることは言うまでもない。他者とは人人唯識ではありながら、相互に関係しあい、影響し合っているであろう。この世界の実質をなす八識の相分・見分の世界が縁起の世界であることは、こうして、特に疑義はないものと思われる。

この八識の相分・見分の刹那滅の相続の上に、主に意識が言語を通じて実体視したものを遍計所執性という。事が物化されたもののことであり、実際はあり得ないもののことである。この遍計所執性には、物だけでなく自我もある。自我については、意識レベルで常住の自我と見なされたものに加え、第七末那識において執着されているものもある。要はいずれも常住の本体を持つと考えられたもので、実体視されたものである。

これに対し円成実性は、真理の世界と言いうるもので、誤解を恐れずに言えば実在の世界である。それは依他起性の本性の世界のことに他ならない。依他起性は、縁起の世界でもあり、刹那滅の世界でもあり、いわば映像の世界でもあって、まったく本体のある世界ではない（無自性）。ある事象に実体（常住の本体）がないことを空という。したがって、依他起性は空なる世界である。無だというのではなく、無自性であり空であり、仮有の世界である。この依他起性の本質・本性は空であることにある。この「空であること」を、空性《くうしょう》という。時々刻々変化していく現象世界にもほかならない依他起性の、その本性は空性である。この空性の面を取り出して、円成実性と言うのである。

この空性は、諸法の本性としての法性《ほっしょう》でもあり、それをまた、迷おうが悟ろうが変わらない、真実・如常なるものとして真如ともいう。それら空性・法性・真如は名前の差異のみであって、同じものである。それを円成実性とも呼ぶのである。

依他起性は、時々刻々変化していく現象世界である。その本質・本性の円成実性は、空性として、もとより変わらない世界である。その真如・法性のことを、完全で（円満）・すでに確立されていて（成就）・変わらない（真実）ということで、円成実性という。円成実性の語を一見すると、将来、修行が果たされて完成するものというイメージで受け取りやすい。しかし事実はそうではない。円成実性は、すでに成就しているものなのである。我々がさまざまな無明・煩悩を起こして、どれほど自我にしがみつき、物に執着しているとしても、あるのは八識の活動のみであって、それは空性を本性としている。ゆえにその執着のただなかに、すでに円成実性が存在しているのである。このことをよく見究めておく必要がある。

現象と本性との関係

したがって、依他起性と円成実性との関係は、現象とその本性ということで、不一不二とされる。たとえば空性は、色受行想識（五蘊。個体や世界を構成している物質的・心理的諸要素）を離れてどこかにそれ自体として存在しているわけではない。あくまでもその五蘊の本性として、「色即是空・空即是色」なのであり、「受想行識、亦復如是」である。諸法の本性が法性なのであり、諸法を離れて法性があるわけではない。真如も、真如だけがどこかにあるわけではなく、あくまでも有為法の本性にほかならない。すなわち、円成実性も依他起性を離れて独自にあるものではない。ゆえに不二である。

しかし依他起性は時々刻々変化していく現象世界であり、円成実性はその世界を時間的にも空間的にも貫いて変わらない世界である。したがって、両者を同一視することは出来ない。すなわち不一である。このように、世界の実質を構成する依他起性とその真性である円成実性の間には、不一不二の関係を見るべきなのである。なお、遍計所執性は、錯覚のうちに有ると見なされたものので、実には無いものであることは前に述べたとおりである。

その依他起性と円成実性との不一不二の関係の論理は、特殊と普遍の間の構造によって説明されている。ここで特殊というのを、たとえば桜の染井吉野であるとすると、普遍とは桜とか、樹木とか植物とかということになる。ここには種差があって、相互に特殊となったり普遍となったりするわけである（樹木の普遍に対し桜は特殊など）が、染井吉野と桜の間の関係を見てみれば、染井吉野は桜ではあるが、他の彼岸桜や大島桜等を含む桜一般ではない。ゆえに不一不二である。どんな特殊と普遍の間にも、一様に同じ関係が内在している。依他起性と円成実性の間の関係も、この論理的関係と同じで、不一不二だというのである。特殊を特殊の方向に追究していくと、その極限に個物に至る。一方、普遍を普遍の方向に追究していくと、究極の普遍に到達する。その両者の間の関係においても、同じ論理的関係としての不一不二の関係はある。依他起性と円成実性との関係は、実はその個物と究極の普遍との関係に相当するであろう。

一般に現象ないし存在の根底、本体は、存在そのもの、有そのもの（有性）と見られるのが常である。古来のインド哲学各派においては、現象の本体を有性《うしょう》（sattā）に見ている。しかし仏教は、アートマンを否定しただけでなく、究極の普遍を空性に見るところに、その独創性、革新性がある。究極の本体が空性であることから、後に見る華厳思想を始め、独自で卓越した哲学が展開されることになるのである。

ともあれ唯識思想では、世界をこのように三性によって見ている。そこでは、本来、無いものが有ると見なされた遍計所執性、世界の内実を構成する八識および相応する心所有法の相分・見分の刹那滅の相続である依他起性、その本質・本性としての空性・法性・真如にもほかならない円成実性、という視点によって世界を見るのである。その円成実性は、修行が成ってのち初めて生まれるものなのではなく、依他起性とともに、もとより存在し、もとより成就しているものであることを、再度、強調しておこう。

以上、唯識思想の基本となる、八識説や三性説について見てきた。それは、前にも述べたように、大乗仏教の基礎的な世界観なのである。次章には、このような世界観を基にして、唯識思想は仏道として、凡夫の認識から覚者の認識にどのように到達しようとするのか、等について見ることにしよう。

第二章　唯識の哲学（二）

仏の本質と仏道の核心

はじめに

前章において、唯識の世界観の概要を見ることが出来た。その意図しているところは、世界には常住の本体を持つ実体としての我もなければ物等もないことを、明らかにすることにあった。遍計所執性としての実体視された我（実我）もなければ法（実法）もないことを、八識心王およびそれに付随する心所有法の刹那滅の相続によって説明したわけである。なぜこのような説明をしているかというと、もちろん我々が知りえていない事実を明らかにするということもあるが、それもこの世界の実相をよく了解させて、その人を我執および法執から解放していくことを目的としているからである。

その場合、我執を断じていくと、生死輪廻を解脱して涅槃を実現することができる。法執を断じていくと、真実を洞察する菩提つまり智慧を実現することができる。唯識思想のみならず、およそ大乗仏教は我執と法執の双方を断じて、大涅槃と大菩提とを実現して、仏に成ることを目指す道なのである。これに対し、小乗仏教（とりわけ説一切有部）では、我執しか断とうとしない。法執はそのままなので、生死輪廻からは解放されて涅槃に入るが、それでおしまい、ということになる。

大乗仏教はそこを根本的に問題としたのであった。はたして寂静で何のはたらきもない涅槃に入ることが、人間のいのちの本当の目的なのであろうか、と。そして、人間には我執だけでなく法執もある、それも問題ではないかと指摘するのである。その背景には、一切法空を洞察した般若の智慧（般若波羅蜜多）の実修・体験があったのであろう。そこで、法執の克服により菩提の実現もめざすべきだとするのであった。仏とは本来、覚った者、覚者のことであるが、大乗仏教においては、この大涅槃と大菩提を実現した者を言うのである。

本章では、大乗仏教がめざしている仏の内容と、そこに至る道について紹介し、仏教という宗教の特質について理解していただくことにする。

涅槃とは何か

そこでまず、大涅槃と大菩提という、その中の涅槃とは何かについて、簡単に説明しておこう。そのあと、菩提とは何かについて説明することにする。

一般に涅槃とは、煩悩の火が吹き消された状態、生死輪廻を越えた寂静な世界、と考えられている。唯識思想では、実はその涅槃を真如（＝法性＝空性）に見出している。説一切有部の五位七十五法の中では、涅槃は無為法の一つである。それは実体的な存在とも考えられている。故に涅槃に入ることは灰身滅智《けしんめっち》する（身智を灰滅する）ことにもほかならず、また無余依涅槃《むよえねはん》と言われて、過去世の業の結果としての身心の依りどころが全く無くなった世界であるという。しかし、唯識思想では真如に涅槃を見出すのであり、それは諸法の法性であり、依他起性と不二の円成実性でもあって、ゆえに修行の果てのみに見いだされるべきものではない。むしろ常に我々の足下にあるものなのである。こうして、自性涅槃・有余依涅槃《うよえねはん》・無余依涅槃・無住処涅槃《むじゅしょねはん》の四種涅槃が説かれることになる。

自性涅槃を詳しく言うと、本来自性清浄涅槃という。それは我々が我執・法執を有している間の真如のことである。八識自身は本来、無自性・空で、そこが自性清浄でもある。その空性＝法性＝真如に涅槃を見出す。我々はどんなに煩悩を起こして迷い苦しんでいるとしても、いつも実は涅槃の中にいるのである。

我執にかかる煩悩のすべてを煩悩障という。それは、煩悩即障という意味の言葉である。一方、法執にかかる煩悩のすべてを所知障という。これは所知への障という意味の言葉である。所知とは、知られるべきもののことで、真如などを意味する。実際はそれ（所知）を知るもの（智慧）に対して障りとなるもののことである。同じ貪りの煩悩でも、自我を貪れば煩悩障、物を貪れば所知障となるわけである。自性涅槃は、真如がその煩悩障・所知障をいまだ脱していない場合の真如について言うのである。

次に、有余依涅槃と無余依涅槃は、真如が煩悩障だけを脱したところを言う。つまり小乗仏教の修行者が修行を完成したところに実現する涅槃である。この両者の区別は、修行が完成した後、まだ身心が残っている場合と、その最後生が終わってそれもなくなってしまった場合との区別である。

無住処涅槃とは、真如が煩悩障と所知障との双方をすっかり離れた真如について言うものである。二障を脱したということは、次に述べるように、八識が転じて四智が実現したことを意味する。智慧が実現すると、一切法空ということを明らかに了解することになるので、どんなものにもとらわれず、煩わされることがなくなる。そこで地獄でも餓鬼でもどこにでも自由自在に入って行って、衆生救済の活動に励むことが出来るようになる。智慧は有為法であって、その活動のただなかにある法性・真如に涅槃を見る。これが無住処涅槃である。要するに、衆生救済のための活動のただなかに涅槃を見出すものである。それは、小乗仏教の涅槃観とは、まったく異なるものであることが知られるであろう。

【参考】涅槃

一には本来自性清浄涅槃。謂く、一切法の相たる真如の理ぞ。客染有りと雖も而も本より性浄し。

無數量の微妙の功徳を具せり。生も無く滅も無く湛《す》めること虚空の若し。一切の有情に平等に共有なり。一切の法と一にもあらず異にもあらず。一切の相と一切の分別とを離れたり。尋思の路絶えたり、名言の道断ちたり。唯だ真の聖者のみ自ら内に証《かな》う所なり。其の性、本より寂なり。故に涅槃と名づく。

二には有余依涅槃。謂く、即ち真如が煩悩障を出でぬるぞ。微苦の所依有りて未だ滅せずと雖も、而も障りを永に寂したり。故に涅槃と名づく。

三には無余依涅槃。謂く、即ち真如が生死の苦を出でぬるぞ。煩悩を既に尽くしつ。余依をも亦た滅して衆苦を永に寂したり。故に涅槃と名づく。

四には無住処涅槃。謂く、即ち真如が所知障を出でぬるぞ。大悲と般若とに常に輔翼せらる。斯れに由りて生死にも涅槃にも住せずして、有情を利楽《りらく》すること、未来際を窮めて用うれども而も常に寂なり。故に涅槃と名づく。

（『成唯識論』、新導本巻第十、九〜一〇頁）

菩提とは何か

以上の涅槃のこと、とりわけ無住処涅槃のことをよく理解するためにも、菩提すなわち智慧についての理解を深める必要がある。大乗唯識の仏道の修行が完成すると、我々の八識は転じて四智になるという。阿頼耶識は大円鏡智に、末那識は平等性智に、意識は妙観察智に、前五識は成《じょう》所作智《しょさち》に成るというのである。これが法執ないし所知障を断滅して実現するという大菩提の内容である。

この中、大円鏡智は、大きな丸い鏡のような智慧ということで、宇宙の森羅万象をそこに映し出しているような智慧である。

平等性智の平等性とは、詳しくは自他平等性のことで、実際は究極の普遍である真如のことである。末那識は、常に自我にしがみついている我執の働きであった。それが、修行が成って智慧に転じると、自己と他者とがその本性においてまったく平等であるということを了知するわけである。したがって、他者の苦しみは自己の苦しみとなる。そのように他者に何らか関与していくはたらきがでてくる、その大悲の根源ともなるのが、この平等性智である。なお、この自他平等性は真如のことであるから、もちろん一切法の平等性である諸法の本性のことでもある。

妙観察智は、無分別智のあとに発生する後得智によって、世界を公正・的確に知るはたらきに特徴がある。また、言語をつかさどる機能であることから、説法の活動をなすものでもある。

成所作智とは、所作を成就する智慧という意味であり、その所作とは、作《な》すべき所、つまり他者を救済する活動のことである。この智慧は、凡夫の感覚に仏の影像などを描き出して、仏道へと導いていくのである。

大菩提（四智）を成就するということは、そのようにさまざまな対象に対する利他の活動を自在になしていけるようになるということである。したがって仏と成るということは、自利利他円満の存在になることだと言えよう。その他者への利益の内容の核心は、その者を仏に成るように導いていくことであり、すなわち覚りを実現させていくことである。ゆえに自利利他円満とは、自覚覚他円満とも言えるわけである。

以上が四智の内容であり、すなわち仏の内容である。智慧は有為法であり、八識と同じように刹那刹那、生滅しながら相続されていく。大円鏡智となった第八識は、終わりのない未来まで続いていく。もちろん四智全体が同様である。その本性は真如であって、真如そのものは無明・煩悩にまみれている時期から、菩提を完成して仏と成った後でも変わらない、まさに真実・如常である。その四智の活動そのものの本性である真如に、あの無住処涅槃を見出すわけである。無住処とは、生死にも住さないが涅槃にも住さないということであり、むしろ生死の世界に自在に入って行って、衆生救済のために活動してやまない、その活動のただなかに涅槃を見るのである。

【参考】菩提

一には大円鏡智相応の心品。謂く、此の心品は、諸の分別を離れたり。所縁も行相も微細にして知り難し。一切の境相に忘ならず愚ならず。性も相も清浄なり、諸の雑染を離れたり、純と浄と円との徳あり。現と種との依持たり。身と土と智との影を能く現じ能く生ず。間無く断無くして未来際を窮む。大円鏡に衆色の像を現ずるが如し。

二には平等性智相応の心品。謂く、此の心品は、一切の法と自他の有情とは悉く皆な平等なりと観じて、大慈悲の等《ごと》きと恒に共に相応す。諸の有情の所楽に随って、受用の身と土との影像の差別を示現す。妙観察智の不共の所依なり。無住涅槃の建立する所たり。一味に相続して未来際を窮めん。

三には妙観察智相応の心品。謂く、此の心品は、善く諸法の自相・共相を観ずるに、無礙にして転ず。無量の総持と定門と及び発生する所の功徳の珍宝とを摂観す。大衆の会に於いて能く無辺の作用の差別を現ずるに、皆な自在を得たり。大法の雨を雨《あめふら》し一切の疑を断ず。諸の有情をして皆な利楽を獲せしむ。

四には成所作智相応の心品。謂く、此の心品は、諸の有情を利楽せんと欲するが為の故に、普く十方に於いて種々の変化の三業を示現し、本願力の所応作の事を成ず。

（『成唯識論』、新導本巻第十、一四～一五頁）

三身の仏について

こうして、大菩提と大涅槃を実現した人が仏と呼ばれるわけであったが、大乗仏教では、この仏という存在の捉え方にも独自の視点を有している。特に唯識思想では、三身論の仏身論を主唱した。それは、自性身《じしょうしん》・受用身《じゅゆうしん》・変化身《へんげしん》というもので、その全体を法身《ほっしん》と呼ぶ。ただし、この三身の別の呼称として、法身・報身《ほうじん》・化身《けしん》というものもある。前の自性身・受用身・変化身に、順に対応するものであることは言うまでもない。この三身論は大乗仏教の仏の見方の基本となるものでもあり、その概要を把握しておくことも、仏教思想のより深い了解のためには必要なことである。

自性身（法身）は、仏の本体に仏の身体を見るもので、仏の本体とは有為法である智慧の本性、つまり真如（＝法性＝空性）である。真如そのものを仏身論で見たときには、自性身と言うのである。唯識思想の場合、有為法と無為法とは厳然として区別される。したがって、この自性身に智慧は含まれない。この立場を理智隔別（各別）と言う。如来蔵思想（衆生は本来、仏の智慧を有していると見る思想）などでは、真如と智慧とは融合していると見て、理智不二の立場を取る。いずれにしても、自性身は究極の普遍でもある真如そのものであるので、それはまた我々凡夫の本性でもあるのである。

受用身は、修行の結果成就した四智において仏の身体を見るものである。報身の語は、修行の報いとしての身を意味する。受用身は、修行の結果、成就した多くの功徳を受用する身という意味である。その功徳を自分において受用するのが自受用身、その功徳を他者に受用せしめるのが他受用身である。なお、他受用身は、十地《じゅっじ》という修行の段階に入った菩薩らのみに対して説法するなどの利他の活動を行う。したがって受用身の国土には、十地以上の菩薩しかいないというのが唯識思想における原則である。

変化身は、主に成所作智が凡夫の五感に仏身等を描き出して、衆生を救済する活動をなすものである。したがってこの変化身は、凡夫の前五識に現れた影像相分としての身ということになる。もっとも歴史上、インドに現れた釈尊も、本来の釈尊、『法華経』でいえば久遠実成の釈迦牟尼仏が姿・形を現し出したもので、変化身とされている。

今も述べたように、唯識思想においては自性身に智慧はない。受用身は智慧（四智）そのものである。変化身はその智慧の中の成所作智のはたらき、ということになる。このような三身において仏をとらえるのが大乗唯識の立場なのである。

なお、人間は人間界の環境に住み、地獄の生き物は地獄界の環境に住むように、仏は仏界の環境、つまり仏国土に住んでいる。その仏国土が、浄土でもある。実はその仏国土は、三身のそれぞれに対応してあると考えられている。自性身の国土は、法性土である。これもまた実は真如そのもので、真如を仏土論から見た時には、法性土と呼ぶのみである。したがって自性身と法性土とは、同じものということになる。

受用身の国土は、報身にとっての報土である。自受用身に対しては自受用土、他受用身に対しては他受用土となるわけだが、ともに報土と見てよいかと思われる。人間界の器世間（国土）は、阿頼耶識に維持されているのであった。同様に報土は仏の大円鏡智において維持されているものであり、これが真の浄土である。ちなみに、報身は妙なる色身（凡夫の有根身に相当する仏のいわば微細な物質的身体）を有しており、それも大円鏡智において維持されている。それは人間の想像を超えた妙色身なのであろう。

変化身も、変化土にいるとされる。それは、実在しない、影像のみの国土になるであろう。ともあれ、唯識思想ではこのような仕方で、仏身・仏土を論じている。ちなみに、仏の実質的な内容は、前述のように、真如と四智である。そこをまた、清浄法界と四智という仕方で表わす場合も多いことを添えておこう。

いずれにしても、仏になるということは、無住処涅槃と四智を実現して、自利利他円満、自覚覚他円満の存在になるということである。未来永劫、自在に他者を救済してやまない自己となるということなのである。

修行の階梯について

唯識思想においては、我執と法執、もしくは煩悩障と所知障を退治・滅尽して、大涅槃（無住処涅槃）と大菩提（四智）を完成させ、自利利他円満、自覚覚他円満の自己を実現することを究極の目標とするのであった。そのために、まずは唯識の教理を学んで、我々が執着している実体としての我・法（物等）は存在しないことを教わり、それらへの執着はいわれのないことであることを知的に了解すること（信解《しんげ》）が出発点になる。その後、その我執・法執を断っていく修行を行なっていくことが必要となる。我々の無明・煩悩のはたらきは、ただ知的了解のみではなかなかに断たれないのが実情で、やはり具体的な仏道の実践が必要となるのである。そのことは、修道論《しゅどうろん》として体系化されて我々に示されている。

本書に哲学的な内容を求めている方々にとって、もはや唯識思想の修道論などにはあまり興味を持てないかもしれない。しかしこの唯識思想の修道論の焦点は、言語と存在の関係の明晰な了解を深める観法にあると思われ、以下には主にそのことについて解説したいと考えているので、今、しばらく付き合っていただけたら幸甚である。その観法の、仏への道のりにおける位置づけを理解していただくためにも、先にその修道論の全体像について、簡単に説明しておきたい。

唯識思想では、修行の階梯を、四十一位において考えている。十住・十行・十回向・十地・仏の四十一位である。伝統的に、十信・十住・十行・十回向・十地・等覚・妙覚という五十二位の階梯が用いられることが多いが、唯識思想では十信を位から除く四十一位を唱えている。

この中、十住の最初の段階が初発心住であり、ここから正式に菩薩（大乗仏教徒）としての修行が始まる。菩薩というのは、文殊や普賢等々の仏ともそう変わらない高位の者たちだけでなく、大乗仏教の道を歩もうと覚悟を定めた者は、みんな菩薩なのである（凡夫の菩薩）。その修行に入るためには信の確立が必要であり、ゆえにその前に十信の修行が用意されているわけである。信が成就し、決定《けつじょう》することによって、菩提心を発することが可能となる。

初発心住の後、十住・十行・十回向と、さまざまな修行をしていくが、十地の最初において無分別智を発起し、まもなく後得智も起きる。つまり一つの覚りを実現するわけである。しかし無始以来、生死輪廻しきたった中で、数えきれないほど無明・煩悩を起こしてきたその熏習が阿頼耶識の中に溜め込まれているので、それらを浄化していく必要がある。そこでさらに十地の修行を積んでいく。この十地の修行の期間は、初発心住から十地の初段階までの時間の倍かかるとされている。つまり悟後の修行のほうが、長いことになる。そうして、やがて仏となるのである。

　実は初発心住から仏になるまでに要する時間は、誰であれ必ず三大阿僧祇劫かかるとされている。したがって、初発心住から十地の初段階までが、一大阿僧祇劫、十地の初地から仏までが二大阿僧祇劫ということになるわけである。この一大阿僧祇劫という時間は、八百里立方の岩を、天女が着ている衣のような柔らかい布で、天の時間で三年に一度、撫でて、その岩が磨滅する時間であると言われている。要は、実に測り知れない時間である。いずれにせよ、無分別智を起こしてのち、さらにそれまでの時間の二倍かけて心の浄化に努めることが要請されているのである。

　一方、この修行の道すじの全体を五つに分けて見る場合もある。資糧位《しりょうい》・加行位《けぎょうい》・通達位《つうだつい》・修習位《しゅじゅうい》・究竟位《くきょうい》の五位である。資糧位は、その後の長い修行の道のりを歩むに足る力を蓄えていく段階である。これには、十住・十行・十回向の修行が包摂される。それぞれの段階の意味合い等も細かく考えられているわけであるが、もっとも基本となる修行は、六波羅蜜であろう。それが布施（法施・財施・無畏施）の修行から始まることには、深い意味があるであろう。しかし、今はその詳細には立ち入らないでおく。

　加行位は、十回向の最終段階に、無分別智を発起するために集中的に観法の行を修する段階を言う。その行は、簡単に言えば唯識観にほかならないが、術語的には、四尋思《しじんし》・四如実智《しにょじっち》と呼ばれる観法である。のちに、このことについて多少、詳しく説明したい。

この観法が成熟して、無分別智が起こる。そこが通達位であり、伝統的には見道とも言われている。十地のおのおのに入心・住心・出心の三心の区別があるが、この通達位＝見道は初地（極喜地）の入心の段階を言うものである。無分別智は真如を証するもので、この真如を証することによって、現象世界が無自性・空なる世界であることを初めて実際に体得することができることに留意すべきである。『唯識三十頌』にも、依他起性と円成実性との関係に関して、「此れ（円成実性）を見ずして彼れ（依他起性）をみるものには非ず」（新導本巻第八、二七頁。三三頁参照）と説かれている。

その後の、初地から第十地までの修行は、十地の修行であり、ここを修道とも言う。十地では、それぞれの段階（地）に対応する主要な修行として、十波羅蜜が設定されている。それは、布施・持戒・忍辱・精進・禅定・智慧の六波羅蜜に、方便・願・力・智の四波羅蜜を加えたものである。

これらの修行を全うすると、仏となると言う。そこが究竟位で、無学道（これ以上、学ぶべきことがない位）とも言う。すなわち、大円鏡智・平等性智・妙観察智・成所作智の四智を完成するのである。実は、平等性智と妙観察智は、通達位、十地の最初に起きるとされている。しかしその段階では、日常いつも第七末那識や第六意識が智慧として働くわけではない。修行中（禅観を修している時など）には智慧としてはたらいても、日常においては従来とさほど変わらない識活動にもどってしまうことになる。それが十地の修行をしていく中で、次第に智慧としてはたらく時間が多くなっていくのであろう。一方、大円鏡智と成所作智は、究竟位に達して仏となったとき、初めて実現することになる。このとき、四智が完成するのである。

加行位の唯識観

以上で、唯識思想が説く修行の体系の大体が知られたであろう。この中でも、長い基礎的な修行を経て、無分別智を起こすために集中的に修行する加行位の観法について、これより見ていくことにしたい。前にも言うように、ここでは、認識・言語・存在の絡まり合ったあり方を解きほぐして、自己と世界の真実に迫る道筋がていねいに示されているからである。この位での観法は、四尋思・四如実智というものであり、この行がここで集中的に修されるのである。この四尋思・四如実智について、『成唯識論』は、以下のように説いている（新導本巻第九、一〇〜一二頁）。少しずつ小分けして見ていくことにする。

煖《なん》等の四法をば、四尋思と四如実智との初と後との位に依りて立つ。

四尋思とは、名《みょう》と義と自性《じしょう》と差別《しゃべつ》とは、仮《け》のは有りて実のは無しと尋思するぞ。実の如く遍く此の四も識に離れて及び識も有に非ずと知るを如実智と名づく。名と義とは相異《こと》なり。故に別に尋求す。二が二は相同なり。故に合して思察す。（新導本巻第九、一〇頁）

初めに、四尋思（catuṣ-paryeṣaṇā）と四如実智（catur-yathābhūta-parijñāna）のそれぞれに前半と後半とがあり、その四つの行が煖等の四法すなわち煖・頂・忍・世第一法という四段階に配当される、という。

その中、四尋思とは、①名《みょう》（意味を表わすもの）と、②義（表わされる意味）と、③名と義の自性（主語的に見られた場合）と、④名と義の差別（主語―述語の中で見られた場合）、の四者（観察の対象は以上のように本来、六つになるが、自性と差別とは、名と義と合して観察するので、四つになる）が、識のみにおいてあり、実在するものではないと観察するものであり、一方、四如実智とは、それら（所取）が有るものでないので、それらに対応してあると考えられた識（能取）もないと、如実に知るものである。

では、四尋思とはどのような観察行であろうか。以下はその最初の段階である。

明得定《みょうとくじょう》に依りて下の尋思を発して、所取無なりと観ずるを立てて煖の位と為す。謂く、此の位の中には創《はじ》めて所取の名等の四の法は皆な自心の変ぜるなり、仮て施設して有り、実のは得べからずと観ず。初に慧の日の前行の相を獲るが故に、明得という名を立つ。即ち此こに獲た

る所の道の火が前相なり、故に亦た煖と名づく。（新導本巻第九、一〇頁）

まず、明得定という禅定によって、最初の観察を行なう。禅定に基づいて観察することは、この観法が止観行であることを示している。ここでは、かの四法（名・義・名と義の自性・名と義の差別）が、いずれも識の相分に現われたかぎりのものであり、実体的存在ではないことを観じるのである。なるほど言葉とその意味対象とは、意識の中のみであろう。それは、主語的であれ、句や文章的であれ、同様である。

明増定に依りて上の尋思を発して所取無なりと観ずるを、立てて頂《ちょう》の位と為す。謂く、此の位の中には重ねて所取の名等の四の法は皆な自心が変なり、仮て施設して有り、実のは得べからずと観ず。明の相いい転《うた》た盛んなるが故に明増と名づく。尋思の位の極なり、故に復た頂と名づく。〔いいとは、主格を表わす。～は、～が、の意である〕（新導本巻第九、一〇頁）

次に明増定という禅定によって、同じことの観察をさらに進める。前の四法が、意識の上のものに過ぎず、実体的存在ではないことを、より十分に了解していくのである。

このあと、四如実智に向かうことになる。

印順定に依りて、下の如実智を発して、所取を無《なみ》するが於《うえ》に、決定して印持す。能取を無するが中には、亦た順じて楽忍す。既に実境として能取の識に離れたること無し。寧ぞ実識として所取の境に離れたること有らんや。所取と能取と相待って立つるが故に。印と順との忍の時を総じて立てて忍と為す。前のを印し、後のに順ず、印順という名を立つ。境も識も空なりと忍ず、故に亦た忍と名づく。（新導本巻第九、一〇～一一頁）

次に印順定という禅定によって、如実智の初めの段階の修行を行う。ここでは、もはや所取としての四法に実体はないことについて、はっきりと認識し、そうだとすれば、それに見合うかたちで想定されている能取としての識もないことを観察していく。我々は、言葉の対象として、なんらか外にあるものを想定しているであろう。このとき、それに見合うかたちで実体的に捉えられた主観を無意識のうちにも想定していることが推察される。しかし、そのような、分裂し対象化された客観・主観はそれぞれ存在しないことを見究めていくのである。

さらに次の段階に進む。

無間定に依りて上の如実智を発して、二取の空を印するを世第一法と立つ。謂く、前の上忍には唯だ能取の空のみを印す。今の世第一法には、二空を双《なら》べて印す。此れ従り無間に必ず見道に入るが故に無間という名を立つ。異生（＝凡夫）の法の中に此れいい最勝なる故に、世第

一法と名づく。（新導本巻第九、一一頁）

さらに無間定という定によって所取・能取の二がともに空であることを完全に認識し、了解するのである。ここに到って、無間に（一刹那の間もなく）無分別智の悟りの智慧が発するのである。

以下、ここまでのまとめである。

是《かく》の如く煖と頂とには、能取の識に依りて所取空なりと観ず。（忍の中、）下忍の起こる時には境の空の相を印す。中忍の転ずる位には、能取の識の於《うえ》に境の如く是れ空なりとして順じて忍可を楽《ねが》い、上忍の起こる位には能取の空を印す。世第一法には双べて空の相を印す。皆な相を帯せるが故に、未だ実を証することあたわず。（新導本巻第九、一一頁）

ここの説明は、前の解説を参考にすれば、解りやすいであろう。ただし、最終段階の如実智においてもなお、このこと（能取・所取の二空）を相（意識内の対象）において了解しているのが実情である。そこで「未だ実を証することあたわず」なのであり、続いて以下のことが言われている。

故に説く、菩薩いい、此の四の位の中にして、猶お現前に於いて少物《しょうもつ》を安立《あんりゅう》して是れ唯識の真勝義の性と謂えり。彼の空と有と二の相を未だ除かざるを以って、相を帯せる観心いい所得有るが故に、実に真唯識の理に安住するに非ず。彼の相を滅し已りて方《まさ》に実に安住すといわんとぞ。是《かく》の如き義に依りて故に有る頌に言《いわ》く、

菩薩は定の位に於いて、影《よう》は唯だ是れ心のみなりと観じて、
義の想を既に滅除し、審かに唯だ自の想のみなりと観ず。
是の如く内心に住して、所取は有に非ずと知る、
次に能取も亦た無なりとし、後に無所得に触すという。

（新導本巻第九、一一～一二頁）

主客の実体は存在せず、唯識のみと如実に智を得ても、そこにはまだなんらか唯識であるとの了解の相が残存している。その限り、真の唯識の世界そのものに住したことにはならないというのである。それにしても、所取の無を観じて、能取の無も観じていくとき、主—客二元対立を超えることになり、どんなものであれ対象的に把握するものを手放すしかないことになろう。唯識観においては、この急所に追い込まれていくことになる。こうして、観察の対象としての相も滅し終わるとき、唯識の理に安住するのであるが、それは真如そのものを体証するということである。

見道の覚り――無分別智

こうして、十地の初地に上って無分別智が発動して通達位・見道を実現することになる。ついでに、この無分別智について言われていることも、ここに見ておこう。

その無分別智の世界については、『唯識三十頌』の第二十八頌に、「識が対象を得ないとき、そのとき唯識性に住す。所取がなければ、その能取もないからである」と示されるのであるが、『成唯識論』はそれについて次のように訳し、解説している。まず、頌の漢訳である。

次の通達の位の其の相云何ぞ。頌に曰く、
若し時に所縁の於《うえ》に、智いい都《すべ》て所得無くなんぬ。
爾《そ》の時に唯識に住す。二取の相を離れたるが故に。

（新導本巻第九、一三頁。いいは、主格を表わす）

この通達位の前の段階の加行位では、四尋思・四如実智によって唯識の究極の本性が何なのかを極め、それを洞察しようとしていたわけだが、その究明の中で、対象的にとらえられたものがすべて無くなったという。その時に、この世界の究極の本質・本性そのもの、唯識性、言い換えれば真如（＝法性＝空性）に住する、つまりいわば一体化するのである。それは、「二取の相」、すなわち所取・能取のあり方、主体・客体、主観・客観の二元分裂を一切離れるからである。主客の分裂を超え、対象的に捉えるものが何一つなくなり、一真実そのものに一体となったとき、覚りの智慧が実現して本当の意味で唯識に住したということになる。

この頌に対する『成唯識論』の解説は、以下のようである。

論に曰く、若し時に菩薩いい、所縁の境の於《うえ》に無分別智いい都て所得無くなんぬ。種種の戯《け》論《ろん》の相を取らざるが故に。爾の時に乃《いま》し実に唯識の真勝義性に住すと名づく。即ち真如を証する智と真如と平等平等にして、倶《とも》に能取と所取との相を離れたるが故に。能・所取の相は倶に是れ分別なり。有所得の心のみに戯論は現ずるが故に。（同前）

そこでは、真如を証する智慧（能縁）と真如（所縁）とが、平等平等になるという。その無分別智を理論的に表現するとどうなるのであろうか。

有る義（正義）は、此の智には、見は有りて相は無し。相無くして取る、相をば取らずと説けるが故に。見分は有りと雖も、而も無分別なるをもって、能取に非ずと説けり。取ること全無には非ず。相分は無しと雖も、而も此れいい如の相を帯して起こると説くべし。如に離れざるが故に。……故に応に此れには見のみ有りて相は無しと許すべし。（同前、一三～一四頁）

要は、この無分別智には、見分はあるが、相分はないというのである。しかし真如を証するのであった。では、それをどのように証するのであろうか。ここには、真如の「相を帯して起こる」とあった。註釈はここを、真如を「挟帯する」のだという。いわば、直接それと一体化すると言ってよいであろう。『唯識三十頌』の『安慧釈《あんねしゃく》』には、「自心の法性に心そのものが住する」とある。

こうして、次の言葉も見られる。

加行の無間に此の智の生ずる時に、真如に体会《たいえ》す、通達位と名づく。初めて理を照らすが故に、亦た見道と名づく。（同前、一四頁）

すなわち、無分別智は真如を「体会」するのである。

以上、覚りの智慧は、真如を直《じか》に証するのであった。真如はまさに八不の世界であるが、それと無分別智とはいわば一体化するというのである。さらにこれに続く修道（十地の修行）を通じて、まさにこの無分別智をしばしば修習していく。それでなければ、二障（煩悩障・所知障）の種子を断滅していくことができないからである。なお、真見道に対する相見道は、後得智によって実修される。私は、無分別智から後得智へは、釈尊の不生・不滅の涅槃の悟りから十二縁起の分析の遂行への道筋を、なぞるもののように思えるのである。

無明・煩悩の浄化ということ

以上、修行の道程における言語・認識・存在の関係の解明がいわゆる覚りにつながっていることを見てきた。しかし実際には、こうした知的な了解のみで、事態が解決するわけではない。無始以来の無明・煩悩の熏習は、そう簡単に浄化されるわけではない。では、その心の浄化は、どのような仕組みでなされていくのであろうか。最後にそのことに触れておきたい。

その前に、無明・煩悩にはどのようなものがあるのか、紹介しておこう。煩悩とは「身心を煩擾悩乱するもの」（内心を擾濁し、外の転識を恒に雑染に成らしむ。有情いい、此れに由りて生死輪廻しつつ出離すること能わず。故に煩悩と名づく。『成唯識論』新導本巻第四、三一頁）のことである。その煩悩には、実は根本煩悩と随煩悩とがある。

唯識思想には、五位百法の分析もあるのであったが、その中の、煩悩・随煩悩とは、以下のような心である。参考までに、それと対照的な善の心をも並べてあげておく。

【善】の心所有法

信（理解・憧れ・意欲）　　慚（善の尊重）

愧（悪の排斥）　無貪（貪らず）
無瞋（怒らず）　無癡（無明のないこと）
勤（努力すること）　軽安（身心の快調なること）
不放逸（したい放題に振舞わず）　行捨（常に平静）
不害（思いやり）

【煩悩】

貪（生活のための貪り）
瞋（苦しみへの憎しみと怒り）
癡（世界の現象と本性に対する根本的無知）
慢（他者と自己を比べて自己を守る）
疑（仏教への不信）
悪見（間違った見解。以下の五種がある）

①　薩伽耶見（我見・我所見）
②　辺　見（自己が死後も存在すると見る常見、滅無となると見る断見など。二元対立の一方を取る極端な見解。辺執見《へんじっけん》とも言う）
③　邪　見（因果と作用と実事とを否定する見解、及び他の四の見以外の邪執）

④ 見　取（自己の見解を最勝と執する）

⑤ 戒禁取（他学派の戒律を最勝と見なし、それで解脱できるとする見解）。

【随煩悩】

忿（いきどおり）　恨（うらみ）

覆（しらばっくれ）　悩（きつい口撃）

嫉（しっと）　慳（ものおしみ）

誑（たぶらかし）　諂（言いくるめ）

害（攻撃心）　憍（うぬぼれ）　以上、小随煩悩

無慚（慚の念のないこと）　無愧（愧の念のないこと）　以上、中随煩悩

掉挙（そう状態）　惛沈（うつ状態）

不信（信のないこと）　懈怠（なまけ）

放逸（したい放題）　失念（記憶の喪失）

散乱（心のうわつき）　不正知（誤まった認識）　以上、大随煩悩

これらの中には、意識とのみ相応して起きるものもあれば、前五識とも相応して起きるものもある。その分類も細かくなされているので、ご関心のある方は他の参考書等を参照されたい。と

もかく我々はこれらの煩悩・随煩悩を、縁に応じて起こしているわけである。それらが現行すると、ただちにその印象を阿頼耶識に植え付けることになる。これを熏習というのであった。阿頼耶識に熏習されたものを、習気《じっけ》という。熏習された気分ということである。それは、未来に同様の経験を起こす要因となるので、種子《しゅうじ》という。我々の阿頼耶識の中には、無明・煩悩の種子を、おそらくは数えきれないほど有しているわけである。ここを、我執・法執、あるいは煩悩障・所知障という観点から言えば、二執の種子あるいは二障の種子を、おそらくは数えきれないほど有しているはずである。

大乗唯識における仏道修行とは、ある意味では、この二障の種子を阿頼耶識の中からどのように除滅し、浄化していくか、その過程のことであるということができよう。ゆえにただ知的了解だけで問題が解決するわけでもないのが実情である。だからこそ、唯識観の観法を修行する（加行位）前提に、六波羅蜜等を長らく修する（資糧位）期間があるわけである。

その仏と成っていく修行の中で、二障種子等を対治していく様子は、深浦正文『唯識学研究』下には、次のように説かれている。「まず、初めにその現行を制伏して用を起らざらしめ、次にその種子を断尽して迹を止《とど》めず、而して後、その気分の習気を棄捨して事を完からしめる」（六六九頁）。なお、ここに説かれた習気は種子と同じ習気のことではなく、「煩悩の残臭の微細なるもの」のことである。

実は煩悩（二執・二障）には、先天的なものと後天的なものとがあるという。前者を倶生《くしょう》の二障、後者を分別の二障という。倶生とは、この世に生まれるとともにはたらいているという意味であろう。分別とは、この世でさまざまなことを学修する中で形成されるものである。言うまでもなく、倶生の二障は断ちがたく、分別の二障は断ちやすい。これを修道の過程と照らしあわせると、以下、前掲深浦正文『唯識学研究』下の詳しい説明である（解りやすくするため少し改変してある）。

まず、分別起の二障は、ただ第六意識とのみ相応し、断じやすく、見道以前において現行を伏し、見道に至って種子および習気を断・捨する。見道で断じられるので、これを見惑という。一方、倶生起の二障は、無始より阿頼耶識に存在し、前五識・意識・末那識の七識と相応し、その体相は微細であって断じがたいものである。その中、前六識と倶なる二障の現行のみは、見道以前において伏すが、その他は、現行・種子・習気ともに見道以後、修道（修習位。十地）の各地において伏・断・捨する。このように、修道において断じられるので、修惑という。

この修惑の中、煩悩障は菩提を障えないので、地地に漸断せず、金剛心（成仏の一歩手前の位）に至って一時に頓断する。というのも、菩薩が求めるところは菩提の智果にあり、ゆえに所知障をば地地に断ずれど、煩悩障は、これを措いて顧みないのである。

また、悲増の菩薩は、七地以前にあって煩悩障を故起せしめ（わざと起こし）、それを受生の縁として、もって一切衆生を度する、いわゆる故留潤生《こるにんじょう》するのである。このように不障と故留との二つの理由によって、煩悩障をば地地に断ぜず、金剛心に至って一時に頓断する。これ二乗が、速やかに煩悩を断じて生死を出で、涅槃を求めんとするのと異なるところである。

（六六九～六七〇頁）

なお、倶生の所知障の現行・種子・習気の伏・断・捨については、前六識相応のものと、第七末那識相応のものとで、その位次が多少異なっている。詳しくは同書を参照されたい。

それにしても、初発心から仏になるまで、三大阿僧祇劫の時間がかかるということには、ちょっとたじろがざるをえないのではないであろうか。その点、次に見る華厳思想の根本の『華厳経』には、「初発心時、便成正覚」（初発心の時に便ち正覚を成ず）とある。その『華厳経』に基づく華厳宗では、三生成仏を唱えている。「見聞位・解行位・証果海位」の三生（三回の人生）であり、まず前生において華厳の教えを学び、次に今生において華厳の教えに基づく修行をすると、その次の世には仏と成る、と言うのである。こうした説から見た時、唯識思想の三大阿僧祇劫もかかる修行は、あまりにも長すぎると言いたいことであろう。ただしいずれにしても、その修道の教え全体から何を汲み取るか、そのことを考えることが重要であると思う。

以上、本章では、唯識思想における修行にかかる教説を、むしろ仏の方から降りて来る方向において概観した。その焦点に、言語と認識と存在の関係の明らかな洞察が置かれているところは、唯識思想ならではであろう。また仏身・仏土論も、唯識思想の説くところ（三身論）がその後の大乗仏教全体の標準となるものなのである。

他者の問題

唯識思想の解説の最後に、唯識ということにおける他者の問題についてふれておきたい。唯識思想は、見るもの聞くもののすべては、自己の心の内以外ではないと説くのであった。そうすると、結局、独我論に陥るのではないかとの疑問をいだく者も出てこよう。しかし唯識思想では、人人唯識で各人が八識なのであり、他者を認めていないわけではない。このことについて、『成唯識論』では「九難義《くなんぎ》」と呼ばれる箇所の第八・外取他心難と第九・異境非唯難あたりで、唯識思想の立場が明かされている。外取他心難では、唯識以外の思想に立つ者が、他者の心を認識することもあるので、外界を認めているのではないかと問う。これに対し唯識側では、他者の心も外の対象(疎所縁)としつつ自己の心にその影像である相分を現じて(親所縁)これを縁ずるのみである、と答える。この答えに対し、他者の存在を外に認めるなら、唯識と言えないのではないかとの問いがなされる。これに対しては、唯識とはただ一人の識のみということではなく、十方の凡夫も菩薩も仏もみなそれぞれ唯識であって、唯識ということに何ら問題ないと答える。唯識とは、そのことも含んでのことなのであった。『成唯識論』はこのことについて、次のように説いている。

奇なるかな、固く執して触るる処《ごと》に疑を生ずらく、豈に唯識の教いい但だ一識のみと説かんや。爾《しか》らずんば如何。汝、応に諦《あきらか》に聴くべし。若し唯だ一りが識のみならば、寧ぞ十方の凡・聖と尊・卑と因・果との等き別なること有るや。誰か誰が為に説く、何《いか》なる法を何《いか》んが求めん。

（新導本巻第七、二六～二七）

仏が衆生のために説法するのは、他者がいればこそである。そこに他者の存在が認められなければならない。しかしその他者の各人も八識（及びそれらに相応する心所有法）なのであって、故に唯識ということに何ら問題はなく、しかも決して独我論にはならないのである。

前に自分の庭の木を切り倒すことについて少々ふれたが（本書三六頁）、この辺について、深浦正文『唯識学研究』下は、次のように解説している。

例えば一の樹木について見るに、そはもとより多有情各別の所変なるも、これ共変《ぐうへん》なれば、同時・同処に無礙渉入して一本と見えるのみ。然るに、甲がこれを伐採して用いし場合、……これを如何というに、およそ樹木の如きは、もとより共相種子所生の物柄なれば、自他よく随順し相互に増益し得る。就中、甲は自変を直接所縁として親用し、他変も自変のための増上縁として疎用する。よって自変が伐採されて無くなる以上、よく随順せる他変もおのずから滅することは当然である。けだし、この場合、甲にあっては樹木受用の業力勝れ、他人はその業力尽きるから、他人の所変は甲の所変に随って滅してしまうのである。ここを以て自変の無の時、他変も無となればとて、心外受用の唯識破壊とはならないのである。

（『唯識学研究』下、四三九頁）

ここに人人唯識において自他渉入している姿が、ぬかりなく描かれているであろう。『成唯識論』は、この「九難義」への応答の最後に、唯識ということについて、次のように結論づけている。

故に唯識という言《ごん》は、深き意趣有り。識という言は、総じて一切の有情に、各々八識と六位の心所と所変の相・見と分位の差別と及び彼の空理に顕さるる真如と有りということを顕す。識の自相なるが故に、識と相応するが故に、二が所変なるが故に、三が分位なるが故に、四が実性なるが故に。是の如くの諸法は皆な識に離れず、総じて識という名を立つ。唯という言は、但だ愚夫の所執の定めて諸識に離れて実に色等有りというを遮す。（新導本巻第七、二六〜二七頁）

前にも述べたが、唯識思想は大乗仏教全体の世界観の基礎をなしているものである。それ故、まず初めに、前章と本章とによって、その唯識思想の概要について解説したのであった。以上によって、仏教思想の全体像の見取り図を得ることができたかと思う。この基本的な枠組みは、後の華厳仏教、密教を見ていくときの一つの基準となることであろう。

とともに唯識思想は、我々のあらゆる実体視の虚妄性を明らかにし、真のリアリティのありかを指し示すものでもある。そのリアリティとは、一言で言えば、事ということができよう。依他起性（八識の相分・見分）を事と言えば、円成実性は理である。その間には不一不二（もしくは不一不異）の関係があるのであった。そのことをふまえつつ人人唯識における他者との関係性を展望するとき、華厳の事事無礙法界の光景が立ち現れてくるに違いない。こうして、唯識思想はやがて華厳思想にもどこかでつながっているのである。次には華厳思想の理路を探索していくことにしよう。

Ⅱ　華厳の哲学

第三章　華厳の哲学（一）

事事無礙法界の理路

『華厳経』の概要

　これから、唯識思想とならぶ哲学的な仏教である華厳思想の世界を尋ねていくこととしたい。あらゆる事象の重重無尽の関係性（縁起）を精細に解明し、華麗な論理を展開するこの華厳思想を学ぶことによって、我々の人間観・世界観はさらに広く深いものとなることであろう。第三章には『華厳経』の内容をごく簡単に紹介するとともに、『華厳五教章』に説かれる十玄・六相といった華厳の論理の核心となるものを一覧し、第四章には華厳宗の修道論や十身論という独自の仏身論、さらには十重唯識の哲学を学んで、自己という人間存在の原構造への自覚を深めていきたいと思う。

　ここに華厳思想と呼ぶのは、主に唐の時代、智儼や法蔵によって大成された華厳宗の教理が中心となるが、その背景に大乗仏教初期の経典、『華厳経』があることは言うまでもない。そこでまずは『華厳経』の概要を紹介しておこう。

大乗仏教の代表的な経典の一つに、『華厳経』がある。詳しくは、『大方広仏華厳経《だいほうこうぶつけごんきょう》』（マハー・ヴァイプルヤ・ブッダ・ガンダヴューハ・スートラ）という。およそ二〜三世紀頃の成立であろうか。その成立場所として、ホータン（于闐）が有力視されている。中国には、五世紀初、東晋・仏駄《ぶつだ》跋陀羅《ばつだら》（三五三〜四二九）によって漢訳され（六十巻本）、また七世紀末、唐・実叉難陀《じっしゃなんだ》（六五二〜七一〇）によっても漢訳された（八十巻本）。さらに八世紀末、唐・般若（八〜九世紀）によっても漢訳されたが、それは「入法界品」のみのものである（四十巻本）。般若三蔵は、当時、長安に来ていた空海にこれを授け、日本で広めるよう要請したのであった。

この『華厳経』は大部の経典ではあるが、そこに空の思想はもちろん、唯心思想、如来蔵思想等が説かれ、さらに華厳思想の特徴である一即一切・一切即一といった重重無尽の縁起思想を譬喩等によってしばしば説いている。また、最初に釈尊＝毘盧遮那仏の自内証の世界を描くとともに、全体として、信を確立し、初発心から仏になるまでの菩薩道のあり方を説くことがその主題の柱になっている。すなわち、信―十住―十行―十回向―十地―仏と修行が進んでいくことを読み取ることができるものとなっている。後半三分の一ほどを占める「入法界品」は、善財童子が五十三人の善知識を訪問して教えを受け、成長して仏となる求道遍歴物語が説かれている。なお、『華厳経』の中、重要な品《ほん》（品はいわば章）は、「十地品」・「性起品」・「入法界品」と言われている。

これらのことを説く『華厳経』の根本的な立場は、「因分可説・果分不可説」と言われている。

仏果の世界は説けないが、修行の世界は説けるという意味である。

『華厳経』の唯心思想

以下、『華厳経』の唯心説と如来蔵説の一端を紹介しておこう。

『華厳経』にはいくつか唯心思想が説かれており、唯識思想はそれを自らの根拠としている。たとえば「十地品」第六現前地に、「三界虚妄、但是（一）心作、十二縁分、是皆依心」（大正九巻、五五八頁下）とあるのをもって、唯識思想の教証の一つとしている。また、「夜摩天宮菩薩説偈品」にも、次のようにある。

心は工《たく》みなる画師《えし》の如く、種々の五陰を画き、
一切世界の中に、法として造らざる無し。
心の如く仏も亦た爾なり、仏の如く衆生も然なり、
心と仏と及び衆生とは、是の三、差別無し。
諸仏は悉く、一切は心従《よ》り転ずと了知したもう、
若し能《よ》く是《かく》の如く解せば、彼の人は真の仏を見たてまつらん。
心も亦た是の身に非ず、身も亦た是の心に非ずして、

一切の仏事を作《な》し、自在なること未だ曽て有らず。
若し人、三世一切の仏を知らんと欲求《ほつぐ》せば、
応当《まさ》に是の如く観ずべし、心は諸の如来を造ると。

（大正九巻、四六五頁下〜四六六頁上）

ここに、心が世界を描き、あるいは造ると明瞭に説かれている。その思想は確かに唯識思想に直結しているであろう。ただし、心と識とまったく同じかと言えば、微妙な問題がないわけでもない。第一章に述べたように、識とは一般に考えられるような心でもないからである。しかもこの心は、妄心か浄心か等、さまざまな解釈が議論される余地もある。しかしこの心を識と同等のものとして解釈・会通することも十分可能であると考える。また、次章に紹介するように、法蔵は『華厳経探玄記』において、「十地品」の「三界虚妄、但是（一）心作」の心をめぐって、「十重唯識説」を展開している。『華厳経』の唯心思想が唯識思想の根源となっていると見ることは、けっして不当ではないに違いない。

『華厳経』の如来蔵思想

また、如来蔵思想に関しては、「性起品」にその淵源となった次の句がある。

仏子よ、如来の智慧・無相の智慧・無礙の智慧は、具足して衆生の身中に在るも、但だ愚痴の衆生は、顛倒の想に覆われて、知らず、見ず、信心を生ぜず。爾の時、如来は無障礙・清浄の天眼を以って一切の衆生を観察す。観じ已って、是の如きの言を作せり。奇なるかな、奇なるかな、云何んが如来具足の智慧の、身中に在りて而も知見せざる。我れ当《まさ》に彼の衆生をして、聖道《しょうどう》を覚悟せしめ、悉く永《よう》に妄想顛倒の垢縛を離れしめ、具《つぶさ》に如来の智慧の其の身内に在りて、仏と異なること無きを見せしめん。如来は即時に彼の衆生をして八聖道を修せしめ、虚妄顛倒を捨離せしむ。顛倒を離れ已れば如来智を具え、如来と等しく、衆生を饒益《にょうやく》す。

（大正九巻、六二四頁上）

このように、如来の智慧の眼から見て、我々凡夫にも仏の智慧とまったく変わらないものが存在していると明かしている。この教説が淵源となって、一切衆生は如来の胎児を有しているという、如来蔵思想が展開していくことになる。その一つの表現が、『大乗起信論』の本覚であって、その思想は密教の論書の『釈摩訶衍論《しゃくまかえんろん》』を通じて空海にも大きな影響を与えた。

ただし「性起品」のこの箇所の主題は、凡夫もすでに仏智を有しているということだけではない。衆生は自ら内なる仏を開発することが全くできないでいる、どうしようもない存在であることと、それを憐れむ仏の側から衆生に強力にはたらきかけ、衆生を育成し、仏にならしめるという、仏の大悲の深さこそが、この箇所の主題であることを思うべきである。一言で言えば仏の深い大悲ということが、ここの主題であると見るべきなのである。

この主題は、『如来蔵経』にもそっくり受け継がれている。この経典には、如来蔵ということについて、次の九つの譬喩が説かれている。

①枯れ萎んだ蓮華のなかの如来
②蜜蜂の群れに守られた蜂の巣のなかの蜜
③固い皮殻に包まれた穀物
④ゴミ捨て場に落ちた金塊
⑤貧家の地下の大宝蔵
⑥樹木の種子
⑦ぼろ布に包まれた仏像
⑧身寄りのない女性が懐胎した転輪聖王の子
⑨鋳型のなかの金仏

今、これらの内容の詳細は省くが、すべて衆生において如来の本質＝如来の智慧が、煩悩のなかに埋もれたままになっていることを憐れんで、如来がそれを取り出し発揮させるために、説法するなどさまざまな手だてを講じてやまないということである。一例をあげれば、③は、「我々の大切な食物である穀物は、固い外皮に覆われており、それを取り除いてこそ食用に供せる。そのように如来は我々の煩悩の皮殻を取り除いて、中にある如来の本質を取り出し用に立つようにしてくれる」というものである。九つの譬喩の趣旨は、みなこれと同一である。したがってこの、衆生自身の無力と如来の大悲こそが、如来蔵思想のもっとも中心的な主題であると見るべきであろう。

『華厳経』の無尽縁起説

このほか、『華厳経』の教説が一切法空を根本としていることは、間違いないところである。空ということは、『般若経』などで「縁起の故に無自性、無自性の故に空」と説明されたが、この縁起ということについて、『華厳経』はあたかも複雑系ともいうべき無限にからみあうありかたを描いている。このことは『華厳経』の一大特徴であるといってよいであろう。たとえば釈尊、実は毘盧遮那仏の菩提樹下の覚りの光景、すなわち自内証の世界を、「世間浄眼品」に次のように説いている。

是くの如く我れ聞けり。一時、仏、摩竭提国《まかだこく》の寂滅道場に在《いま》しき。始めて正覚を成じたもう。其の地は金剛にして、厳浄《ごんじょう》を具足せり。……

如来は此の宝師子の座に処《いま》して、一切法に於て最正覚を成じたまい、三世の法の平等なることを了《さと》り、智身普く一切世間の身に入り、妙音遍く一切の世界に至り、窮尽《ぐうじん》すべからざること猶お虚空の如く、平等の法相、智慧の行処も猶お虚空の如く、等心もて一切衆生に随順したもう。其の身は遍く一切の道場に坐したまいて、悉く一切衆生の所行を知る。……

（大正九巻、三九五頁上〜中）

ここにもすでに、一入一切・一切入一のありかたが示されていよう。他にもそうした重重無尽の縁起の思想を説くものとして、一例に「普賢菩薩行品」の次のものがある。

仏子よ、菩薩摩訶薩は、是の如き十種の正智に安住すれば、則ち十種の巧随順入《ぎょうずいじゅんにゅう》に入る。何等をか十と為す。所謂、

一切の世界は一毛道に入り、一毛道は不可思議の刹《せつ》を出だす。（刹は国土のこと）

一切衆生の身は悉く一身に入り、一身に於いて無量の諸身を出だす。

不可説の劫は悉く一念に入り、一念をして不可説劫に入らしむ。

一切の仏法は悉く一法に入り、一法をして一切の仏法に入らしむ。

一切の諸入は一入に入り、一入をして一切の諸入に入らしむ。

一切の諸根は一根に入り、一根をして一切の諸根に入らしむ。

一切の諸根は非根の法に入り、非根の法は一切の諸根に入る。

一切の諸相は悉く一相に入り、一相は一切の諸相に入る。

一切の語音は一語音に入り、一語音は一切の語音に入る。

一切の三世は悉く一世に入り、一世をして一切の三世に入らしむ。（同前、六〇七頁下）

これらの教説に基づいて、智儼・法蔵は一入一切・一切入一、一即一切・一切即一といった、華厳独自の論理を展開していくのであった。

以上のように、『華厳経』は、多彩な思想を華麗な譬喩や巧みな物語等によって描いており、なかなかに魅力的な経典である。

華厳宗の教相判釈

以上は、大部な『華厳経』のまったくの一部にすぎなかったが、このような内容の『華厳経』に基づき、唐の智儼・法蔵はそこに含まれている思想を論理的・体系的に整理して華厳宗の教理を確立したのであった。華厳思想というとき、これら『華厳経』および華厳宗の論書等に含まれる思想を総称したものと言ってよい。以下、華厳宗の教理の思想について尋ねていくが、その際、主に法蔵の『華厳五教章』を中心に見ていくことにする。

初めに、華厳宗で、『華厳経』の思想を仏教全体の中にどのように位置づけているのかについて確認しておこう。それは、「五教十宗判」として説かれている。五教判は経論（能詮）の分類であり、十宗判はそこに説かれた内容（所詮）の分類と言えよう。初めに、五教判とは以下のようなものである。

小乗教　『阿含経』『婆沙論』『倶舎論』等　人空のみ説く
大乗始教　相始教　『解深密経』『瑜伽師地論』『摂大乗論』『成唯識論』等（唯識思想）
　　　　　空始教　『般若経』『中論』『十二門論』『百論』等（般若・中観思想）
終教　『涅槃経』『楞伽経』『大乗起信論』『宝性論』等（如来蔵思想）
頓教　『維摩経』の無言の黙理　『起信論』の離言真如等
　　（教理行果の四法頓速の故に頓教という。すなわち、言説頓に絶し、理性《りしょう》頓に顕われ、階位を立てずして解行頓に成じて、一念不生即仏なりとするもの）
円教　同教一乗と別教一乗とあるが、特に別教一乗の『華厳経』を究極とする。

この五教判で特徴的なことは、如来蔵思想を唯識・中観の上におくも、全体の中では中ほどに位置づけられており、さらに克服されるべきものとされていることである。それにはまず、徹底的に分別・言語を離れた立場（頓教）に入るのでなければならない。しかもそこから現実世界の真実によみがえるところに、『法華経』（天台）や『華厳経』（華厳）があるとしている。
次に、十宗判は、以下のようである。

我法倶有宗　犢子部等
法有無我宗　説一切有部等
法無去来宗　大衆部等
現通仮実宗　説仮部等　『成実論』等の経部の別師
俗妄真実宗　説出世部等
諸法但名宗　一説部
一切皆空宗　『般若経』『中論』等　（相始教は略す）
真徳不空宗　終教の諸経等
相想倶絶宗　頓教の中の絶言の理を顕わす等
円明具徳宗　別教一乗の主伴具足無尽自在を顕わす所の法門の如き是れなり。

五教判とほぼ並行していて、最初の六つは、小乗の部派仏教の立場である。『異部宗輪論《いぶしゅうりんろん》』によれば、部派には根本（上座部・大衆部）・枝末あわせて二〇部ほどあると伝えるが、その思想内容はけっこう多彩であった。後の大乗仏教の立場からは、小乗仏教の代表として常に説一切有部がとりあげられるものの、実際には大衆部など、意外と大乗仏教に近い教義を唱える部派もあった。最初の犢子部は、仏教ではあるものの輪廻の主体として、非即非離蘊の我あるいは不可説の我を認めた部派である。説一切有部は、常・一・主・宰のアートマン（我）は存在しないが、世界の構成要素のもろもろのダルマ（諸法。五位七十五法）は、三世（過去・現在・未来）に実有でありその法体は恒有であると説いたのであった。大衆部が配当されている法無去来宗とは、過去や未来の法は無い、現在の法しかない、ということである。その他はほぼ知られるであろう。

四法界の説

さて、いよいよ華厳宗の思想（教理）内容に入っていくが、まず、華厳宗では世界の見方の深まりに関して、事法界・理法界・理事無礙法界・事事無礙法界の四法界の見方を提示していることを採り上げよう。実はこの四法界の説は、智儼や法蔵が説いたものではなく、法蔵の思想を継いだと主張する澄観《ちょうかん》（七三八〜八三九）が唱えたものである。澄観は法蔵の没後の人で、直接、法蔵に就いたわけではないが、華厳宗第三祖法蔵を継いで、第四祖とされている。それはともかく、この四法界として整理された説は、智儼・法蔵には表面的には見られないとしても、そこに潜在的には存在していたと見て問題ないであろう。この四法界の説は、華厳宗の世界観の根本をなすものである。

初めの事法界であるが、この事とは事象と見てよく、あるいは個々の事物のことと見てよい。一方、理法界の理とはけっして論理・道理・摂理等のことではなく、いわば究極の普遍を理という語によって表わすのである。この理とは理性《りしょう》のことであり、すなわち空性＝法性＝真如のことなのである。

その事と理とが融け合っていると見るのが、理事無礙法界である。『般若心経』における、「色即是空・空即是色、受想行識、亦復如是」は、色・受・想・行・識という物質的・心理的諸要素は事、空性は理として、理事無礙の世界のことと見てよいであろう。理はあくまでも事の本性なのであるから、事と離れて単独にあるわけでない。あらゆる個々の事は空性を本性としているのであり、理と一つなのである。しかし事と理とは同じとは言えないので、一つとも言い切れない。ここを唯識思想では不一不二と言っていた。華厳ではむしろその間の融合的あり方を重視して無礙と言うのであった。

理は空性であるがゆえに自己を守らず、どこまでも自らを空化し、むしろ現象によみがえる。華厳宗ではここを、「真如は自性を守らず、随縁して而も諸法と作る」（真如不守自性、随縁而作諸法。私の句）と説明する。『華厳経探玄記』には、「如来蔵は自性を守らず、随縁して八識王・数の相・見の種と現とを顕現す」（如来蔵不守自性、随縁顕現八識王数相見種現）とある（大正三五巻、三四七頁上）。これを受けていると思われるが、凝然《ぎょうねん》の『五教章通路記』では、たとえば「本覚真如は自性を守らず、染浄の縁に随って、染浄の法を成ず」（本覚真如、不守自性、随染浄縁、成染浄法。大正七二巻、四六五頁上）とある。ちなみに、空海の『秘蔵宝鑰』にも、善無畏三蔵が華厳の立場だとした「極無自性心」の語をめぐって、「華厳の大意は始めを原《たず》ね終りを要《もと》むるに、真如法界不守自性随縁の義を明かす」と述べている（『定本弘法大師全集』第三巻、一六三頁）。これらをまとめて私としては、「真如不守自性、随縁而作諸法」と言っているわけである。

ともあれ、真如（理）は自性を守ることなく、それゆえ理は消えて、各事の相互に融け合う世界のみが残ることになる。ここに、理事無礙法界をさらに超えて、事事無礙法界が説かれることになるのである。ここでは、空性を根本の原理として、個々の事物が互いに融け合うことになる。松は竹であり、竹は梅である、ということになる。しかも松は松であり、竹は竹である。あるいはまた、私は汝であり、汝は彼・彼女ということになり、しかも私は私、汝は汝、彼・彼女は彼・彼女である。その関係性は、一入一切・一切入一、一即一切・一切即一というように、すべてに行き渡っているのであり、その間に実は重重無尽の関係性が存在しているとする。

このことを、華厳宗ではしばしば因陀羅網（帝釈網）の喩えによって語っている。帝釈天の宮殿の天井にかかっている飾りの網にあっては、網の目の一つ一つに宝石がくくりつけられている。その宝石は互いに映し合う。たとえば、AはB、C、D等々に映っている。BはA、C、D等々に映っている。以下、同様である。この時、B、C、D等々が映っているAがB、C、D等々に映るのであり、しかもそういうB、C、D等々がまたAに映り、そのAがさらにB、C、D等々に映る……ということになる。あたかも二枚の鏡を照らし合わせると無限に映し合うように、その状態が多数の宝石の間で多重に成立することになる。ここに、まさに重重無尽の関係が現れることになるが、そのことをもってこの世のあらゆる存在を貫いている関係性の譬喩とするのである。こうして華厳の見方においては、かの空性という理は、一転して重重無尽の関係性という事の世界に翻転するのである。

この事事無礙法界こそ、華厳宗が説く華厳思想の核心である。智儼の『華厳経捜玄記』、法蔵の『華厳経探玄記』の「玄」は、何やら道教的で、『老子』の「玄の又た玄」等を想起させよう。しかし事実は、この「玄」の内実は事事無礙法界のことなのである。

以上の四法界の内容を、図表的にまとめておこう。

事法界＝諸法　個々の事物　個物　特殊　現象界　相対　人間
理法界＝法性　事物の本性　一般　普遍　実在界　絶対　神
理事無礙法界＝理と事とが無礙に融けあう
事事無礙法界＝事と事とが無礙に融けあう

参考までに、鈴木大拙は『華厳経』を重視し、かつ事事無礙法界の思想を高く評価した。本書付篇にそのことについて多少ふれているが、人と神、現象と実在、相対と絶対の相即等の思想は、西洋の神学、哲学においても見られないことはない。それは華厳思想で言えば、理事無礙法界の立場である。しかしそこをふまえて、事と事とが無礙に融即するという思想は、西洋には見られない、華厳思想にしか見られない。それは東洋思想の精華である、と言うのである。

関係性の論理構造

この事事無礙法界の論理構造について、華厳宗第三祖とされる賢首大師法蔵は、その著作・『華厳五教章』において、「第九章　義理分斉」の中の、「十玄縁起無礙法門義」および「六相円融義」等に詳しく論じている。それは仏教思想の核心とも言うべき縁起の思想の、究極的な理路を明かすものと言えよう。以下、この華厳宗の事事無礙法界に関わる縁起思想について、見ていくことにしたい（以下のテキストについては、鎌田茂雄『華厳五教章』、仏典講座二八、大蔵出版、一九七九年に拠った。以下、『五教章』。なお、『冠註』本、『仏教大系』本を参照し、一部変更している）。

華厳宗における縁起の論理構造を学ぶ際に、その基本的な用語の概念について知っておく必要がある。まず異なるもの同士（異体）の間で、作用（用）が相互に浸透しあっていることを、相入という。一方、それら異なるもの同士（異体）の間で、おのおの存在そのもの（体）が一体化しているところを相即という。作用（用）における関係を「入」の語で表わし、存在そのもの（体）における関係を「即」の語で表わすのである。このように、作用の視点と、存在の視点とから縁起の関係を見ている。

たとえばAとBとが関係の中で成立しているとき、AもBもそれぞれ固有の本体を持つもの、実体的存在であれば、関係に入ることもできないであろう。それらは無自性・空のものであればこそ、関係の中に入り、関係し合えると言える。このとき、Bが無自性であればこそ、Aが成立していると見ることができ、その逆も同様である。Aの無自性・空によってこそ、BのBとしての有（仮有、現象）が成立し、またBの無自性・空によってこそ、AはAとしての有（仮有、現象）が成立している。こうして、関係の中で成立しているAとBにあっては、Bの空によってAの有が成立し、同時にAの空によってBの有が成立しているということになる。

このとき、Bは空となってまったくAの有を支えAに入り込み、Aは空となってBの有を支えBに入り込んでいるという関係を見ることができる（相入）。また、このとき、Aは空において全体Bになりつくし、Bは空において全体Aになりつくしていると見ることができる（相即）。こうして、用と体において相入・相即という関係が存在しているというのである。以上は、異体（異なるもの同士）における関係を見ているものである。ここで見るといっても、なかなかこの関係を五感の上に確かめるわけにはいかないであろう。しかし実はこういう論理的関係が厳然として存在しているというのである。

次に、この異体の関係に対し、同体の関係というものもあるという。その前提に、ある一つのものの中において、それ自身と他のものの要素との関係が存在しているという。ある一つのものに、他のものの要素が含まれているとは考えにくいところであろうが、たとえばAがBと関係するとき、その関係が成立するのは、Aの中にBの要素があるからだと見るべきであろう。ゆえにあるものが他の多くのものと関係するとき、すでにあるものは他の多くのものの要素をもともと具えていると見るべきなのである。

このとき、ある一つのものの中において、それ自身と他のものの要素とが、作用（用）において融け合い、存在そのもの（体）において融け合っているという、これが同体の関係というものである。

こうして、「十玄門」では、「異体・同体の体・用」という視点から関係のあり方を分析・解明して示し、華厳の事事無礙という関係、重重無尽の関係の論理構造を示していく。華厳では、縁起ということの内容を、ここまで掘り下げているのである。

もう一度言えば、「異体」の「用」の関係は、「相入」と言われ、「異体」の「体」の関係は「相即」と言われる。同様に細かくいえば、「同体」の「用」の関係は、「一中多・多中一」と言われ、「同体」の「体」の関係は「一即多・多即一」と言われるのだが、ともかく用の関係は相入、体の関係は相即と覚えておけばよいであろう。

こうして、およそ関係（縁起）が成立している時、そこに異体（異なるもの同士）における相入（用の関係）・相即（体の関係）と、同体（ある一つのものに自と他の要素が存在している）における一中多・多中一（用の関係）・一即多・多即一（体の関係）とのすべてが、実に同時に成立していることを見るべきなのである。

十銭を数える

さて、「十玄縁起無礙法門義」（以下、「十玄門」）では、まず、この異体・同体の相入・相即等の関係の論理を、十銭を数える仕方を例に説明する。そこに向上門と向下門という二つの観点が出てくるのであるが、向上門は、一から十へと上っていく方向で考察し、向下門とは、十から一へと下っていく方向で考察することを意味している。

今、一例として、「異体」の「用」の関係についての説明を見ていこう。


初に向上数に十門あり。

一には、一は是れ本数なり。何を以っての故に。縁成《えんじょう》の故に。

乃至十には、一が中の十なり。何を以っての故に。若し一無ければ即ち十成《じょう》ぜざるが故に。

即ち一に全力有り、故に十を摂するなり。仍って十にして一に非ず。

余の九門も亦た是の如く、一一に皆な十有り。準例して知りぬべし。

（『五教章』、二五五頁）


初めに、他の数を成立せしめる数として一を取り上げ、これを基本の数（本数）とする。それが可能なのも、一は常住不変の実体ではなく、縁起所成、つまり関係の中で初めて成立しているものだからである。それで他の数と関係できるのである。

この一に、二が入り込んでいる、三が入り込んでいる、ないし十が入り込んでいることを見てとらなければならない。なぜなら、一がなければ二は成立しないし、三も成立しないし、ないし十も成立しないからである。このとき、一に全力があり、二、三、ないし十は無力ということになって、一は二、三ないし十を摂することになるわけである。このような関係性があればこそ、二は二、三は三、ないし十は十でありえるのである。

こうして、一には二、三ないし十が摂められているのであり、つまり一の中に二も三も、ないし十も入り込んでいるのである。

次に、他の数を成立せしめる数として二を取り上げ、これを基本の数とする。この二と他の数との関係をまた前と同様に見ていく。二があってこそ、三もありえ、四もありえ、ないし十もありえることは、ほぼ了解されるであろう。二がなければ一も成立しえないとは、どのように受け止めるべきであろうか。おそらく、二があればこそ、そこから一を引くことによって、一が成立するから、というわけなのであろう。こうして、二が基本の数であって、それに基づき他の数が成立すると見ることは十分、可能である。先入観にとらわれなければ、一から十までの間で、どの数を中心（本数）とみることも自在でありえてよい。

この後、基本の数を三、四、五と、十まで上がっていきつつ、それと他の数の関係を前述と同様に見ていくのである。

次に向下門となる。

一には、十に即ち一を摂す。何を以っての故に。縁成の故に。謂く、若し十無ければ、即ち一成ぜざるが故に。即ち一、全力無うして十に帰するが故に。仍って一にして十に非ず。余も例して亦た然なり。

（『五教章』、二五五頁）

今度は、基本の数（本数）を十から始め、次第に九、八、七と降りて行って一までいく。それぞれの基本の数に関して、前と同様の観察を行っていくのである。

以上によって、一から十までのどの数にも、他の数が入り込んでいてしかも一でありないし十である。のみならず、一の中の二、三等もまた他の数を摂めているはずである。そこに摂められた一から十までが、また他を摂めたものである。こうして、一から十までの数においても、そこにすでに重重無尽の関係が畳み込まれていることを見ることができる。しかもこのことは一から十までに限られるものではないであろう。要はあらゆる個々の事物には、他の一切の事物が、重重無尽の関係の中で入り込んでいることを想うべきである。

このあと、実際には異体の体の関係が、さらに同体の用の関係・体の関係が、同じく十銭を数えることを例に説明されるのであるが、今の観察の論理が理解できれば、あとはその応用であるから、以下、省略する。

「十玄門」の内容

これらの関係の論理構造の分析をふまえて、いわゆる十玄門が説かれていく。この十玄門の名称と内容を簡略に示すと、次のようである（『五教章』、二六九〜三〇三頁参照）。

一、同時具足相応門《どうじぐそくそうおうもん》　総門。異体・同体における相入・相即のすべてに通じたものである。また、他の九門もすべてここに具足している。「此は海印三昧に依りて、炳然として（明らかに）同時に顕現して成ず」ともある。

二、一多相容不同門《いったそうようふどうもん》　一の中に多が入り、多の中に一が入って無礙ならざるなく、しかも一は一、多は多であると言う。多は無尽のものにまで展開すること、前述のとおりである。『華厳経』「盧舎那仏品」の、「一仏土を以て十方に満ち、十方を一に入るるに亦た余なし。世界の本相も亦た壊せず。無比の功徳の故に能く爾なり」（大正九巻、四一四頁中）がそのことを表しているという。

三、諸法相即自在門《しょほうそうそくじざいもん》　一切諸法が、一即一切・一切即一であって、円融自在無礙であることを言う。ここでは、特に初発心の菩薩が仏と変らないことに焦点があてられている。『華厳経』「賢首菩薩品」の「菩薩、生死に於いて最初に発心せし時、一向に菩提を求めて堅固にして動ずべからず。彼の一念の功徳、深広にして辺際無し。如来分別して説かんに劫を窮むとも尽くすことあたわず。何《いか》に況や無辺無数無量劫に於いて具足して諸度諸地功徳の行を修せんをや」（大正九巻、四三三頁上）が引かれ、「彼の同体門の中の一銭即ち重重無尽の義を得るが如きは、即ち其の事なり。何に況や無辺劫とは、即ち余の一一の門の中に各々無尽の義を顕す是れなり」（『五教章』、二八一頁）と説明されている。

また同「初発心菩薩功徳品」にある、「此の初発心菩薩、即ち是れ仏なるが故に」（大正九巻、四五二頁下）も引用され、「此の縁起の妙理、始終皆な斉《ひと》しきに由りて、始めを得れば即ち終りを得、終りを窮むれば方《まさ》に始めを原《きわ》む。上の同時具足の如きなるが故に然ることを得るなり」（『五教章』、同前）と説明されている。なお、この引用句の後には、「悉く三世の諸の如来と等しく、亦た三世の仏の境界と等しく、悉く三世の仏の正法と等し。如来の一身無量身、三世の諸仏平等の智慧を得、所化の衆生も皆悉く同等なり」とある。

さらに、同「世間浄眼品」の「一地に住して、普く一切諸地の功徳を摂す」（大正九巻、三九五頁中）を引いて、「是の故に、一を得るに即ち一切を得」（『五教章』、同前）と示し、また、同「十住品」の「一即多、多即一」（大正九巻、四四八頁中）を引いて、「十信の終心に即ち作仏すとは、即ち其の事なり」（『五教章』、同前）と説いている。

なお、『十地経論』の所説によれば、「信地の菩薩、乃至、不可思議仏法と一縁起を為せるを以って、六相総別の義を以って、而も用いて之を括る」（大正三六巻、一二四頁中～一二五頁上あたりの取意）とあり、これに対しては「明らかに知んぬ、因果は倶時にして相容相即すと。各々一切を摂して互いに主伴と為る。深く須《すべか》らく之を思うて此の事疑わざるべし」（『五教章』、二八二頁）と言っている。

このほかさらに、同「梵行品」の「初発心の時に便ち正覚を成ず。一切法の真実性を知り、慧身を具足して、他に由って悟らず」（大正九巻、四四九頁下）も指摘されている。

ともあれ、この一重の相即を説く門と考えられる教義の中では、因果ともに斉しくして前後の別なく、因の中に果があり、果の中に因が有って、因果一如であり、とりわけ初発心の菩薩即仏のことが強調されるのであった。

四、因陀羅微細境界門《いんだらみさいきょうがいもん》　この因陀羅とは、因陀羅網のこと。帝釈天の宮殿にかかる網のことである。因陀羅網の譬喩については、すでに前の四法界の説明の中で触れておいた（本書一〇六〜一〇七頁参照）。すなわち、その網の多くの目にくくりつけられた珠玉はそれぞれ互いに映しあい、その映り方は近くは明瞭に遠くはぼやけつつ、互いに映し合って重重無尽であり、しかも乱れることはなく、それぞれが個別に存立していることを言う。

前の第二・第三門は、特定の一に関しての相入・相即であるが、ここではあらゆる一のそれぞれに関して重重無尽の関係が同時に成立していることを、この譬喩でもって明かそうとするものである。『華厳経』「盧舎那仏品」に、「一切仏刹の微塵等の爾《そこばく》所の仏、一毛孔に坐す。皆な無量の菩薩衆有り、各々為に具に普賢の行を説く。無量の刹海、一毛に処す。悉く菩提蓮華座に坐して、一切の諸の法界に遍満し、一切の毛孔に自在に現ず」（同前、四〇八頁上）とあり、さらに「浄行品」には、「一微塵の所に示現するが如く、一切の微塵も亦た是の如し」（同前、四三四頁下）とある、と指摘されている。

五、微細相容安立門《みさいそうようあんりゅうもん》　一念の中に、ありとあらゆるありかたの一切のものが同時に顕現していることを言う。この相容の相は、明月来たって相い照らすの相の用法によるもので、一方向的な関係を表わすものである。この一念は微細なもの、一事物でもよいであろう。たとえば、『華厳経』「盧舎那仏品」に、「一毛孔の中に無量の仏刹、荘厳清浄にして曠然として安住す」（同前、四一〇頁下）などがこのことを表しているという。

六、秘密隠顕俱成門《ひみつおんけんくじょうもん》　ここでは、関係の中にあるそれぞれの事物に関して、隠れているものと明らかであるものが同時に成立していることを言う。たとえば、自分は親に対すれば子、弟に対すれば兄、妻に対すれば夫、子に対すれば父親等々、多くの性格が一身上にあって、しかもその時々にいずれが顕れ他が隠れるかは変化し、かつ常にそれらは同時に成立していることを言う。このことを表わす教証としては、『華厳経』「賢首菩薩品」の「或は菩薩の正受に入るを見、或は菩薩の定従《よ》り起《た》つを見る。或は東方に正受に入るを見、或は西方に三昧より起つを見る。或は西方に正受に入るを見、或は東方に三昧より起つを見る」(同前、四三九頁中)等が挙げられている。

七、諸蔵純雑《しょぞうじゅんぞう》具《ぐ》徳門《どくもん》　一切が一であるとき、その一に純と名づけ、その一に一切の差別を含むところを雑と言う。ある一にはこの純と雑とが同時に存在していて、どちらを見るかは自由自在である。布施の修行をするとき、布施以外のどんな行もするわけではないが、そこに他の一切の行を行じているという子細もある。ここを、「純雑自在にして具足せざること無」しと言っている。

八、十世《じゅっせ》隔法《かくほう》異《い》成門《じょうもん》　時間に約して相即相入無礙の理を説くものである。時には、過去・現在・未来の三世がある。過去のある一点を取れば、その一点を現在としてそれ以前・それ以後が区別され、そこに過去の現在、過去の過去、過去の未来が見出せる。未来も同様である。こうして、過去・現在・未来の各々にある過去・現在・未来を合わせれば、九世となる。これとそれらを統括している現在の一念とで十世が数えられるわけである。十世各別で区分があるが、それらは相即・相入して融け合っており、しかも各々の時の区別はなくならない。それは、「時と法と相い離れざるを以っての故に」と示されている。仏教では、あらかじめ時間があるとは見ず、「時に別体無し、法に依りて仮立す」という見方を採っている。その法が、相入・相即自在であれば、時もまた同様になることは当然ということになろう。『華厳経』「十地品」には、「所謂、一劫に阿僧祇劫を摂し、阿僧祇劫に一劫を摂す、……一念に劫を摂し、劫に一念を摂す……過去未来劫に現在劫を摂し、現在劫に過去未来劫を摂す、未来過去劫に現在劫を摂し、現在劫に未来過去劫を摂す、長劫に短劫を摂し、短劫に長劫を摂す」（同前、五七二頁下）とあり、「仏不思議法品」には、「一微塵の中に於いて、普く三世諸仏の自在神力を現ず。一切諸仏、一微塵の中に於て、普く三世一切の衆生を現ず」（同前、六〇一頁上）などとある。

九、唯心廻転善成門《ゆいしんえてんぜんじょうもん》　ここでは、一切のものが、「唯だ是れ一如来蔵自性清浄心の転なり。但だ性起の具徳なるが故に、三乗に異なるのみ」等とある。一如来蔵・自性清浄心が転変してよく縁起の諸法を成立することを言うものである。一切は、一心の自在の用なのであって、他に何物もないことから、「唯心廻転」等と言う。華厳ではよく「性起」というが、これをまず性があって、それがおもむろに起きて現象世界を展開するというわけではないであろう。むしろ「性即起・起即性」がその実相であろう。この心、一如来蔵・自性清浄心も、実体的に捉えるべきではない。前にも触れたが、「如来蔵は自性を守らず」において、現象世界を成立せしめているのである。

十、託事顕法生解門《たくじけんぼうしょうげもん》　喩えによって諸法の実相、重重無尽の関係の中にあるあり方を明かすとともに、その喩え自身がそれらの徳性を有し、かつ重重無尽の関係の中にあることを明かす。経に、宝・王・雲等を説くのは、諸法の尊貴を表すため宝を言い、諸法の自在を表すため王を言い、諸法が利益・潤益することを表すため雲を言い、しかもこれらの宝・王・雲等そのものがすでにそれらの徳性を有し、かつ重重無尽の関係の中にあることを見るべきである。ここでは、喩即法・法即喩（象徴）という事態が現成しているのだという。因陀羅網はその網自体（各網の目自体）が、他のあらゆる事物と重重無尽の関係にあるはずである。

以上、十玄門の各門の概要を解説した。しかも各一門には、他のすべての門も同時に実現しているのである。一入一切・一切入一、一即一切・一切即一といった関係が成立しているという事事無礙法界には、それだけではない、こうした多彩な論理のすべてが通貫しているのである。十玄門はまさに華厳思想の中核をなすものであろう。

「六相円融義」の論理

次に、「十玄門」と同じく『華厳五教章』義理分斉第九に説かれ、事事無礙法界の論理構造を明かす「六相円融義」がある。この理路については『五教章』のテキストに沿ってもう少し詳しく見ておきたい。まず、六相については次のようにある。

初に名を列すとは、謂く、総相、別相、同相、異相、成相《じょうそう》、壊相《えそう》なり。
総相とは、一に多徳を含ずる故に。
別相とは、多徳、一に非ざるが故に。別は総に依止して彼の総を満ずるが故に。
同相とは、多義相違せず、同じく一総を成ずるが故に。
異相とは、多義相望するに、各各に異なるが故に。
成相とは、此の諸義に由りて、縁起成ずるが故に。
壊相とは、諸義各々自法に住して、移動せざるが故に。
（『五教章』、三〇七頁）

総相とは、全体といってよいであろう。別相の別とは、全体と区別されることをいうのであり、つまり全体を構成する要素と見てよい。同相とは、それらの要素が等しく一つの同じ全体を作っているところをいう。異相とは、それらの要素が互いに異なっているところである。成相とは、それらの要素が互いに関係を結んでいるところである。壊相とは、それらの要素がそれぞれ自分を守っているところである。

ここにある六相の見方を整理すると、次のようになろうか。

諸要素＝全体　かつ　諸要素≠全体

自要素＝他要素　かつ　自要素≠他要素
自要素≠自要素　かつ　自要素＝自要素

さて、この中、総相については、以下のようにある。少しずつ見ていくことにする。

第三に問答解釈とは、然るに縁起の法は一切処に通ず。今且く略して縁成の舎に就いて弁ぜん。

問う。何者か是れ総相なる。
答う。舎、是れなり。
問う。此は但だ椽《てん》等の諸縁なり。何者か是れ舎なる。
答う。椽即ち是れ舎なり。何を以ての故に。椽、全に独り能く舎を作るに為《よ》るが故に。若し椽を離れては舎、即ち全に成ぜざるが故に。此れに為《よ》って、若し椽を得る時、即ち舎を得。

（同前、三一一～三一二頁）

六相門の説明においては、具体的な家が例として取り上げられ、初めにその総相とは何かが問われる。もちろん、家の全体が総相であると、誰もが思うであろう。家の全体が総相であるとの見方に対し、それは、椽＝たるき（屋根の瓦を置く板を支える材木。寺院等では、屋根の下側に小口が一定の間隔をおいてずらっとならんでいるその材木）等、諸の建材の集合にすぎず、全体としての家とは何かがまだ答えられていないという。いったい全体とは何かと、あらためて問われる。

これに対し、一本のたるきが家という全体であるという。いわば、一つの構成要素が、全体そのものだというのである。いったいそれはどうしてであろうか。家は、たるき一本でもなくては、完成しない。その一本のたるきがあればこそ、家は完成する。ということは、家の成立は、一本のたるきにかかっているということである。そこで、そのたるき一本こそが、家全体を作っているということにもなる。したがって、たるきが家にほかならないというのである。

問う。若し椽、全に自ら独り舎を作らば、未だ瓦等有らずして亦た応に舎を作るべしや。
答う。未だ瓦等有らざる時は、是れ椽ならざるが故に、作らず。是れ椽にして而も作ること能わずと謂わんとには非ず。今、作ると言うは、但だ椽能く作ることを論ず。椽に非ずして作るとは説かず。何を以っての故に。椽は是れ因縁なり。未だ舎を成ぜざる時は、因縁無きに由るが故に、是れ椽に非ざるなり。若し是れ椽ならば、其れ畢《つい》に全に成ず。若し全に作らずんば、名づけて椽と為せじ。（同前、三一二頁）

では、たるき一本がそれだけで家全体を作るのだとしたなら、瓦などがないうちでも、そのたるき一本で家全体を作れるというのであろうか。この問いに対しては、次のように答えられている。たるきというのは、家の構成要素としての名前である。それは、家の中に位置付けられてこそ、初めてたるきと呼ばれうるものである。ところが、いまだ瓦が載せられていないようないわば建築中の家は、家として完成しておらず、つまりまだ家ではない。家でないものの中にあるたるきは、本来、いまだたるきと呼ばれるべきものではなく、単なる一本の木材にすぎない。たるきでないものが、家を作ると言ったのではない。しかしたるきなら、家を作るのである。逆に家を作らないものは、たるきではないのである。

問う。若し椽等の諸縁、各々少力を出して共に作りて全に作らずんば、何の過失か有る。
答う。断・常の過有り。若し全に成ぜずして但だ少力ならば、諸縁各々少力ならん。此れ但だ多箇の少力にして一の全舎を成ぜらん。故に是れ断なり。諸縁並びに少力にして皆な全に成ずること無からんを、全舎有りと執せば、因無うして有なるが故に是れ其れ常なり。又た若し全に成ぜずんば、一の椽を去却《こきゃく》せん時、舎、応に猶お成じて在るべし。舎、既に全に成ぜず、故に知んぬ、少力に非ず。並びに全に成ずるが故に。（同前）

これに対し、また別の角度からの質問がなされる。たるきなどの諸の建材は、家全体を作るのではなく、それぞれ自分自身を作るのみ（少力）で、それらによって家を作ると見るのではいけないのであろうか。この問いに対しては、断・常の過失があるとする。少力だけしか発揮しないということは、全体を作らないということで、そうするとばらばらの建材があるだけであり、全体は成立しないことになってしまうという。これは、断の過失である。一方、そのように家の全体が成立しないのに、しかも家があるとすれば、無いものを有るとするのだから、常の過失になるという。

さらに、そもそも諸の建材が全体に関与せず、少力を出しているのでしかないと見るなら、その一つの建材を取り除いても、家はなおあるということになるはずである。しかし、一つの建材でも欠けたら家の全体が成立しない以上、少力のはずはありえないとする。

問う。一の椽無き時、豈《あ》に舎に非ずや。
答う。但だ是れ破舎にして好舎無きなり。故に知んぬ、好舎は全に一の椽に属す。故に知んぬ、椽即ち是れ舎なり。（同前）

それにしても、一本のたるきがないくらいでも、家はありえているのではないか、という素朴な疑問が起こされるであろう。その問いに対しては、それは破舎つまり不完全な家であって、好舎つまり完全な家ではないという。それゆえ、完全な家は、ひとえに一本のたるきに属してしまっている。そうである以上、一本のたるきが、家そのものにほかならないのである。

こうして、一本のたるきが家であるという論理が説明された。すなわち、諸の構成要素の一つ一つは、すなわち全体にほかならないのである。

問う。既に舎即ち是れ椽ならば、余の材・瓦等も、即ち是れ椽なるべしや。
答う。総じて並びに是れ椽なり。何を以っての故に。椽を却《しりぞく》れば即ち舎無きが故に。然る所以は、若し椽無ければ、即ち舎壊す。舎壊するが故に、材・瓦等と名づけず。是の故に、瓦等は即ち是れ椽なり。若し即せずんば、舎、即ち成ぜざらん。椽・瓦等並びに皆な成ぜず。今、既に並びに成ず。故に知んぬ、相即するのみ。一椽既に爾なり、余椽例して然なり。（同前）

以上の、ある建材と家全体との関係をふまえて、次にある建材と他のある建材との関係が考察される。まず問いは、家全体が一本のたるきだとすれば、たるき以外の板・瓦等、他の建材もその一本のたるきであるということになるのか、というものである。その答えは、次のようである。すべて他の建材はその一本のたるきである。そのわけは、もし一本のたるきがなければ、家は成り立たない。家が成り立たないので、そこにある建材も、板・瓦等と名づけることができない（それらの建材も、家の中に位置付けられて初めて、その建材の名を得、その建材となるからである。したがって、板・瓦等がそれでありうるためには、家が成立していなければならず、家が成立するためには、一本のたるきにかかっている）。このゆえに、瓦等は一本のたるきにかかっているのであり、すなわち瓦等は一本のたるきそのものなのである。このように、もし瓦等が一本のたるきであるという関係が成立しない場合、家も成り立たないことになる。家が成立しないと、たるきも瓦も成立しないことになる。しかし、今、家を見れば、たるきも瓦も、また家そのものも成立している。そうである以上、板・瓦等は、たるきと相即しているのである。

この関係は、ある特定の一本のたるきだけにおいて成立していることではない。どのたるきも、さらにはどの建材も、他の個々の建材とこのような関係にあるのである。

是の故に一切の縁起の法は、成ぜずんば即ち已みなん。成ぜば即ち相即鎔融して、無礙自在、円極難思にして、情量を出過せり。法性縁起、一切処に通ずること、準知すべし。

(同前、三一二〜三一三頁)

こうして、ある構成要素と全体が一つであるだけでなく、構成要素と構成要素も、互に相即しているという。これはまさに、事事無礙法界の論理にほかならないであろう。縁起は関係性といえようが、華厳思想によれば、ただ一重の関係性ではなく、このような重重無尽の関係性があらゆる存在を貫いているのであり、むしろ空性としての本性は消えて浮上したこの無限の関係性こそが一つ一つの事物の本質である、というのが華厳宗の見方なのである。

以上、本章においては、『華厳経』や華厳宗の教理の基本的な内容について概観してきた。ここには、存在の表層には見えない自他の多彩な関係性が詳しく分析されていた。単に関係主義的世界観と言って済ませるのでなく、関係ということが成り立つ際の事物等の存在の性格、性質、真相について、きわめて深く掘り下げられていた。もちろん、自己もまた他者との関係の中にあって自己であろう。その真義を深く了解するのに、この華厳の理路は、大きな手掛かりを与えてくれるものであると思うのである。

それにしても、前に見た唯識思想と、「三界虚妄、但是一心作」も説く『華厳経』の重重無尽の縁起説とは、どのように交わるのであろうか。次章には、華厳思想における修道論、仏身論も覗くとともに、法蔵が組織した十重唯識説の内容を探って、華厳仏教が明かす人間存在の真実に迫ってみたい。

第四章　華厳の哲学（二）

華厳唯識の逆説的展開

華厳の修道論

華厳思想の世界観については、前章においておおよそ見ることができたかと思う。仏教には、必ず世界観と実践論つまり修道論とが説かれているものである。そこで以下には、華厳思想における修行や仏という存在の見方について、少々触れておくことにしたい。

まず、『華厳経』は、「初発心時、便成正覚」（初発心の時に便ち正覚を成ず）を説き、信が確立されて発菩提心できたら、もう仏と同じだという教えを説いているのであった。このことは、前章に見た十玄門の中、「三、諸法相即自在門」にその教証等をいくつも見ることができた（本書一一四～一一六頁）。

前記の「初発心時、便成成仏」の句は、古来、「信満成仏」の思想を説くものとも見なされてきた。発菩提心するには、信が決定し、成就するのでなければならない。ここから、信が成満すればもう仏であるという、「信満成仏」の説が説かれるのである。「入法界品」末尾（故に『華厳経』の末尾）に置かれた頌の一節、「此の法を聞きて歓喜し、信じて心に疑うこと無き者は、速やかに無上道を成じて、諸の如来と等しからん」も、このことを物語っていよう。この句は、親鸞の「如来等同」説（信心が成就すれば如来と等しい）に大きな影響を与えた。

もっともこのことは、信が決定し、菩提心を発すれば、いつか必ず仏となることが約束されるから、というだけではないであろう。『華厳経』では、一入一切・一切入一を説き、一即一切・一切即一を説き、重重無尽の縁起を説いていた。それは、空間的にだけでなく、時間的にもそうであることを忘れてはならない。ゆえに、仏の世界は初発心の菩薩に浸透しているのであり、初発心の菩薩は仏の世界の中にいるのである。そこで華厳の立場からすれば、事実として、初発心の菩薩は、即、仏なのである。前の十玄門の「三、諸法相即自在門」に明かされていたとおりである。

ここから逆に、本来、仏の身であるがゆえに、それを実現していくために修行していくのだ、という立場にもなることであろう。我々が事実、仏であるにしても、我々はそのことを円かに自覚できているわけでもない。故に修行もまたありうるのである。とはいえその際も、どの位にあっても常に一即一切・一切即一でありかつ一入一切・一切入一である。このことは、『華厳五教章』に次のように示されている。

一には、寄位に約して顕わす。謂く、始め十信従り乃《いま》し仏果に至るまで、六位不同なり。一位を得るに随って一切の位を得。何を以っての故に。六相を以って取るに由るが故に。主伴の故に。相入の故に。相即の故に。円融の故に。

経に云く、一地に在りて普く一切の諸地の功徳を摂するが故に（大正九巻、三九五頁中）。是の故に、経の中に、十信の満心勝進分の上に、一切の位及び仏地を得とは、是れ其の事なり。

又た諸位及び仏地等相即する等を以っての故に、即ち因果無二にして始終無礙なり。一一の位の上に於いて、即ち是れ菩薩、即ち是れ仏なりとは、是れ此の義なり。

（第十章　所詮差別、第三節　行位差別、『五教章』、三七九頁）

では、そのようにすでに仏であり、かつ仏道を修行していくとき、初発心時から仏に成るまでに、どのくらいの修行期間を考えているのであろうか。このとき、華厳宗では二回の生まれ変わりによって仏に成るという三生成仏の説を唱えており、前に見た、三大阿僧祇劫の修行が必要であると説く唯識思想とはまったく対極的な立場を示している。

その三生とは、見聞位《けんもんい》・解行位《げぎょうい》・証果海位《しょうかかいい》（『五教章』、三八〇頁参照）というもので、まず、華厳の法門を学ぶと、壊《え》することのない種子（金剛の種）を得ることになる。その次の生では、十信より十地までの修行を成し終える。あたかも「入法界品」において、善財童子が一生の間に修行を完成し、成仏したようである。こうして、その次の生には、仏に成るというのである。実は、第二生で修行は完成し、仏に成るのであるが、あえて仏と成るところを分けて第三生に語っている。ゆえに善財童子のように、実際には第二生の一生で仏に成っているのである。この三生成仏の思想は、限りなく密教の即身成仏の思想に近いであろう。このように修行が早く進むのは、華厳の法門が殊勝であるからというのであろう。その修行の核心は、法界観の観法にあるのだと思われる。

善財童子の求道遍歴

今も少し触れたように、善財童子は文殊菩薩の指導の下に仏道修行に入り、以後、合わせて五十三人の善知識（徳ある友、師。実際は五十五所を訪ねるのであり、五十三人は数え方による）を訪ねては教えを受けて、その菩薩道を完成するのであった。その五十三人の中には菩薩もいるがバラモンや外道、長者や遊女や童子らもいる。あたかも「我以外、皆な我が師なり」そのものである。

以下、善財童子の求道遍歴の様子を見ておこうと思うが、ここではその膨大な記述のほんのわずかしか紹介できないことはあらかじめご了承いただきたい。

たとえばこの中、二十八番目に観世音菩薩を訪ねている。古来、楊柳観音または水月観音として、仏画によくその場面が描かれてきた。その観音の善財童子に対する説法を、参考までに掲げてみよう。

善哉、善哉、善男子、乃ち能く阿耨多羅三藐三菩提心を発せり。善男子、我れ已に大悲の法門、光明の行を成就し、一切衆生を教化し成熟して、常に一切諸佛の住する所に於いて、応に化すべき所に随って普く其の前に現じ、或は恵施を以って衆生を摂取し、乃至、同事をもって衆生を摂取し、妙身の不可思議なる色を顕現して衆生を摂取し、大光網を放ちて衆生の諸の煩悩の熱を除滅し、微妙《みみょう》の音を出してこれを化度し、威儀《いぎ》をもって説法し、神力自在にして方便をもって覚悟し、変化身を顕わし、同類身を現じ、乃至、同止して衆生を摂取せり。

善男子、我れ大悲の法門、光明行を行ぜし時に、弘誓の願を発せり。名づけて摂取一切衆生と曰い、一切の衆生をして険道の恐怖《くふ》、熱悩の恐怖、愚癡の恐怖、繋縛の恐怖、殺害の恐怖、貧窮の恐怖、不活の恐怖、諍訟の恐怖、大衆の恐怖、死の恐怖、悪道の恐怖、諸趣の恐怖、不同意の恐怖、愛不愛の恐怖、一切悪の恐怖、身に逼迫する恐怖、心に逼迫する恐怖、愁憂の恐怖を離れしめんと欲せり。

（大正九巻、七一八頁中）

観世音菩薩と言えば、『法華経』「観世音菩薩普門品」に描かれる観世音菩薩が有名であるが、そこでは観世音菩薩を「施無畏者」と呼んでいる。その観世音菩薩そのものがここにも説かれているると言えよう。この「入法界品」の観世音菩薩は、自分の摂取一切衆生の菩薩道を説いたあと、「我れは唯だ此の菩薩の大悲の法門、光明の行を知るのみ」と言って、善財童子を次に訪問すべきところに送り出すのである。

また善財童子は、四十五番目に、善知衆芸《しゅげい》童子を訪問している。善知衆芸童子は、「我れは恒に此の解脱に入る根本の字を唱持す。阿字を唱する時、般若波羅蜜門の、菩薩威徳各別境界と名づくるに入り、羅字を唱する時、般若波羅蜜門の、平等一味最上無辺と名づくるに入り、波字を唱する時、般若波羅蜜門の、法界無異相と名づくるに入り、……」（同前、七六五頁下）と善財童子に説く。字（母音・子音）を唱えることが、そのまま般若波羅蜜の多彩な功徳のいずれかを実現することになるという。こうして、四十二字の法門を説明したあと、「善男子よ。我れ是の如き諸の解脱に入る根本の字を唱する時、此の四十二般若波羅蜜門を首と為して、無量無数の般若波羅蜜門に入るなり」（同前、七六六頁上）と示している。衆芸とは、文字の法門のみでなく、医学や天文・地理学等も包摂したものではあるが、その根本は文字にあるとの説である。

興味深いことに、不空訳の『大方広仏華厳経入法界品四十二字観門』なるものがあり、これは今の『華厳経』「入法界品」の善知衆芸童子訪問の箇所の密教版となっている。そこでは、たとえば阿字の説明には、「一切法の本不生を悟るが故に」の句が補われている。さらに囉字には、「悟一切法離塵垢故」、跛字には「悟一切法勝義諦不可得故」といった具合で（大正一九巻、七〇七頁下）、以下、それぞれの字の称持がその特定の法門に入ることになる理由が示されている。とすれば、『華厳経』「入法界品」のこの箇所は、のちに密教がその言語哲学を展開する淵源となったものではないだろうか。

さて、善財童子は最後から三番目、五十三番目に、弥勒菩薩を訪ね、弥勒の大楼観に入って実に神秘的な光景を体験することになる。その前に、弥勒菩薩は菩提心について詳細に説いている。その教説は鈴木大拙に大きな感銘を与えたのであった。これには一一七箇条あるが、そのほんの一部を紹介しておこう。

菩提心とは、則ち一切諸仏の種子と為す。能く一切諸仏の法を生ずるが故に。
菩提心とは、則ち良田と為す。衆生の白浄の法を長養するが故に。
菩提心とは、則ち大地と為す。能く一切諸世間を持するが故に。
菩提心とは、則ち浄水と為す。一切の煩悩の垢を洗濯するが故に。
菩提心とは、則ち大風と為す。一切世間において障礙無きが故に。
菩提心とは、則ち盛火《じょうか》と為す、能く一切の邪見愛を焼くが故に。
（大正九巻、七七五頁中）

さらに、菩提心とは、利剣（一切の煩悩悪を斬除するが故に）、金椎（一切の憍慢山を壊散するが故に）、利刀（七使煩悩の鎧を斬截するが故に）、勇健幢（一切の諸魔幢を傾倒するが故に）、釿斧（無知の諸苦樹を斫伐するが故に）、器仗（一切の諸艱難を防護するが故に）（同前、七七六頁上）等々であるともある。あたかも千手観音の持物のようである。その他、多彩な説明があって、その締めくくりには、「仏子よ。菩提心とは、是の如き無量の功徳成就す。悉く一切諸仏菩薩の諸の功徳と等し。何を以っての故に。菩提心に因って、一切諸菩薩行を出生し、三世諸仏、正覚を成ずるが故に」（同前、七七六頁下）と言っている。

このあと、菩提心がいかにその菩薩（修行者）を護り、育てる功徳があるかがさらに詳細に説明され、そのうえで弥勒の大楼観に入ることを許される。そこで善財童子が見たものは、実にめくるめくような仏世界の光景であった。広大無辺な浄土のようで、弥勒菩薩は多くの眷属とともに、または幾多の身となって、さまざまな境界の者たちに説法してやまないありさまが描かれる。その中では、「一一毛孔に化身雲を出だし」等ともある。

善財童子は、この大楼観を出た後、弥勒菩薩にいずこから来たのかと質問する。すると弥勒菩薩はいわば八不のただなかにあるのみと答え、さらに、「菩薩は但だ衆生を教化し救護《くご》せんが為に、大慈悲従り来たる、衆生の苦を滅せんが故に。菩薩の浄戒の道従り来たる、其の所楽《しょぎょう》に随って自在に生ずるが故に。菩薩大願道従り来たる、本の発意なるが故に。……」（同前、七八二頁下）と明かしている。大乗仏教の根本は大悲心であることが明確に謳われている。その後、弥勒は菩薩のあり方をまとめて、次のように示している。

仏子よ。菩薩摩訶薩は、是の如きの家に生れ、一切法は悉く電光の如しと知り、一切趣中において受生して厭うこと無く、趣は化の如しと了《さと》り、中に現処すと雖も而も所著《しょじゃく》無く、一切法は悉く我有ること無しと達して、心に憂い悔ゆること無く、大慈悲を以って衆生を教化して而も疲倦せず。生死は皆な悉く夢の如しと了達し、一切劫に於いて菩薩行を行じて而も懈廃せず。五陰は皆な悉く幻の如しと了知し、生死を畏れず。諸の法界を知り、心に著する所無く、一切法は熱時の焔の如しと了り、一切行に於て倒惑を生ぜず。幻法に遊戯して魔の境界を超え、浄法身を得て煩悩業を離れ、諸趣中に於いて而も自在を得て、顛倒の惑無し。(同前、七八三頁上)

ここもまた、大乗仏教の菩薩の特徴をよく描いていよう。その後、善財は再び文殊菩薩を訪ね、最後に普賢菩薩を訪ねて、修行を完成するのであった。

華厳の仏身論

では、華厳思想において、仏とはどのような存在と考えられているのであろうか。このことについて華厳宗では、『華厳経』の教主を、融三世間十身具足の毘盧遮那法身仏と言っている。三世間とは衆生世間(人・天等の有情)と、器世間(山・河・大地等の非情)と、智正覚世間(声聞・縁覚・菩薩・仏の、覚りの智慧を成就している有情)との三種の世界のことである。もちろん、仏である本人は、その中心にいるであろう。しかもその仏の内容はこの三種世間のすべてを自己とし、統括しているのだというのである。結局、宇宙のすべてを自己とする仏といえよう。

この仏を十身具足というのは、『華厳経』に十身のことが出るからである。これには、解境《げきょう》と行境の二種類がある。解境の十身とは、「十地品」に出る、「衆生身・国土身・業報身・声聞身・辟支仏身（縁覚身）・菩薩身・如来身・智身・法身・虚空身」（大正九巻、五六五頁中）をいう。ここに、衆生身や国土身や如来身等があって、三種世間を包摂したものとなっている。一方、行境の十身とは、同じく「十地品」の、如来身に十身を開き、「菩提身・願身・化身・住持身・相好荘厳身・勢力身・如意身・福徳身・智身・法身」（大正九巻、五六五頁下）としているのと、「離世間品」に「正覚仏・願仏・業報仏・住持仏・化仏・法界仏・心仏・三昧仏・性仏・如意仏」（大正九巻六三四頁下）とあるのとによるものである。こちらは国土身への言及がなく、三種世間を言うものとはなっておらず、もっぱら智正覚世間について種種の角度からとらえたものとなっている。しかしこれも十身仏の内容であることは間違いないところである。そこで十身説に解境と行境との二種が見いだされる中、『華厳経』の教主・融三世間十身具足の毘盧遮那法身仏は、解境の十身仏であり、行境を兼ねるということになる。

華厳学の代表的な学者・湯次了栄は、この仏について、三種世間をも具足していることから次のように述べている。

この三種世間融和して、その間に差別を認めざる円満無碍法界身霊の仏である。これ仏智を以て照す境界のすべてを統摂して仏身とするがゆえ、山河大地も仏体であり、吾人迷界の生身も仏体であり、悟界の法報応の三身も仏体である。されば水の滾々《こんこん》と流るる音も、松吹く磯辺の風声も、暁知らする山鴉の鳴く声も、妻恋う男鹿の声も、猿の啼く音も、吾人の言詞も、説法獅子吼である。

（湯次了栄『華厳五教章講義』、昭和二年龍谷大学出版部発行、昭和五十年複刻版、百華苑、四四〜四五頁）

もちろんこのことは、毘盧遮那仏だけでなく、華厳の教えに沿って仏となったものは誰でも融三種世間の十身仏として成就するであろう。すなわち、自己を中心に、諸仏諸尊ら、何らか覚りを開いた者のすべてと、その段階まで至っていない衆生のすべてと、それらの者が住する国土のすべてを、自己の内容としているということである。おそらく、我々は仏にならないまでも、自己の存在の内容は、自己自身と自己が住む国土と、その国土に住むあらゆる他者とのすべてを内容としていよう。あらゆる他者もその住む国土も、実は自己なのである。このことが実現しているのも、人人唯識で各人が唯識であるからであろう。ここからは、密教の曼荼羅世界にごく近いのではなかろうか。空海は『即身成仏義』において、「重重帝網のごとくなるを即身と名づく」と言うのであった。「帝網」とは、帝釈天の宮殿の網、例の因陀羅網のことである。

唯識から華厳へ

前章よりこれまで見てきたように、華厳思想は、非常に華麗な思想を展開している。理事無礙法界から事事無礙法界に進むところは、まさに華厳思想の独擅場というべきものであろう。鈴木大拙が事実上、世界最高の哲学だと評価したことも、けっしていわれのないことではないと思われる。

すでに華厳思想の大体は紹介しえたかと思うが、その華厳思想に、華厳独自の唯識思想がある。そもそも唯識思想が、『華厳経』「十地品」の第六現前地に出て来る「三界虚妄、但是一心作」を教証（聖教量）としていることからすれば、華厳思想にも唯識思想があっておかしくはないであろう。華厳思想の唯識説とは、その「三界虚妄、但是一心作」という句に出る唯心の心とは何かを、法蔵が『華厳経探玄記』において説明するところに出て来るもので（大正三五巻、三四六頁下～三四七頁下）、実に十重唯識の説となっている。つまり心を十段階で見ていくのである。そこでこれより、この十重唯識説を丹念に見ていくことによって、華厳唯識の哲学について理解を深めることにしよう。

日本華厳宗の大変な碩学であった凝然（一二四〇～一三二一）は、この十重唯識説に関する解説書を三種類、著しているが、その一つ、『十重唯識瓊鑑章《けいかんしょう》』は、その冒頭に次の句から始まる詩を措いている。

夫れ、心海澄湛たり、衆徳を含んで而も際無し。識山高卓たり、諸義を蘊めて而も窮まり靡《な》し。円妙なること独爾として等勝の名を絶し、正直なること孤焉として迂僻の称を亡ず。

……（日本大蔵経第四二巻、五六九頁下。以下、『瓊鑑章』の出典についてはこのテキストの頁数のみ記載する）

この詩文は、十重唯識の説がいかに深遠な思想であるかを、格調高く謳いあげていよう。この十重唯識説について、初めにその名称のみ簡単に掲げてみると、次のようである。なお、その内容もごく簡単に付しておく。

一、相見倶存唯識（識の相分・見分のみ有るとして世界を説明）
二、摂相帰見唯識（その相分を見分（識体）に帰して世界を説明）
三、摂数帰王唯識（数は心所有法のこと。心所を心王に帰して世界を説明）
四、以末帰本唯識（七転識を阿頼耶識に帰して世界を説明）
五、摂相帰性唯識（現象としての阿頼耶識等をその本性（真如法性）に帰して世界を説明）
六、転真成事唯識（真如法性が自己の本性を守らず現象に翻るところで世界を説明）
七、理事倶融唯識（現象界が、その本性と融け合っているところで世界を説明）
八、融事相入唯識（現象同士が作用（用）において融け合っているところで世界を説明）
九、全事相即唯識（現象同士が存在（体）において融け合っているところで世界を説明）
十、帝網無礙唯識（現象同士が体・用いずれも重重無尽に融け合っているところで世界を説明）

基の五重唯識観について

以下には、この十重唯識の説をもう少し詳しく見ていきたいと思うが、おそらく法蔵は、法相宗・慈恩大師（基）が示した五重唯識観を参考にしたに違いない。それを円数である十を基本とする華厳の立場で再組織し直したものであろう。そこで、先にその五重唯識観の説を覗いておく。これは、『大乗法苑義林章《だいじょうほうおんぎりんじょう》』（巻一末）に出るものである（『心経幽賛』（巻上）にもあり）。まず、その名称を並べると、次のようである。

一、遣虚存実識
二、捨濫留純識
三、摂末帰本識
四、隠劣顕勝識
五、遣相証性識

（大正四五巻、二五八頁中～二五九頁上）

初の遣虚存実識の虚とは、実体視された実我・実法のことであり、事実上、無にも等しい遍計所執性のことで、それゆえこれを否定する。それは、無いものを有ると錯覚のうちに捉えたものに過ぎないからである。一方、依他起性と円成実性とは世界の内実を構成しているもので、無分別智および後得智に証されるものでもある。ゆえにこれは肯定する。正しい認識のもとではあるべきものであるからである。

次に、捨濫留純識の濫とはまぎらわしいものの意で、捨濫留純識とは、外界の実在にまぎらわしい識内の相分（濫）を識そのもの（純。実は識の見分）に帰して唯識と見る立場である。

次の摂末帰本識の末とは、実は相分・見分のことである。すでに相分を見分に帰していたが、その相分・見分は識の自体分（自証分）に依拠してあるものである。そこで、摂末帰本識とは、相分・見分の末を摂して識自体（自体分＝自証分）なる本に帰して唯識と見る立場である。

次の隠劣顕勝識の劣とは心所有法（略して心所）のこと、勝とは識すなわち心王のことである。唯識ということは、実は唯心王・心所のことなのだと前に説明したが（本書四三頁参照）、その中でも心王の体は殊勝であり、心所はその勝なる心王に依って生ずるものなので劣とする。その劣を隠し、唯だ勝なる心王を前面に出して唯識と見る立場である。

最後の遣相証性識の相とは、いわば依他起性の世界、現象世界で有為法の世界のことである。一方、性とはその本性で真如でもある円成実性のことである。別の言葉で言うと、依他起性は事、円成実性は理である。唯識といっても、その識にはその本性としての真如が含まれているのである。そこで、事でもある相を取らず、理性を証することを重んじることを唯識の語に見る立場である。

唯識の五重唯識観は以上のようなもので、相から性へ、他起性から円成実性へ、事から理へと極まるものとなっている。観法として、無分別智を発して真如を証することを課題としているからであろう。

十重唯識の思想

その唯識思想の五重唯識観についで、以下、『華厳経探玄記』に説かれる十重唯識説をそのまま紹介し、凝然の『十重唯識瓊鑑章』の解説をふまえてその内容を検討していこう。

第一、相見倶存唯識

一、相見倶存の故に、唯識と説く。謂く、八識及び諸の心所、并びに所変の相分の本・影を通じて具足す。有支《うし》等薫習力に由るが故に、三界の依・正等の報を変現す。摂大乗及び唯識等の諸論に広く説くが如し。（大正三五巻、三四七頁上）

この立場は、凡夫が執着している実我・実法を否定して、すべては唯識であることを明かそうとするものである。それも、事実を離れて我・法の実体を執着して、顛倒妄想のもとに業を作り、その結果、生死輪廻してやまずにいる我々を憐れんで、仏が説いてくださったことなのである。

このことを唯識三性説でいえば、遍計所執性を否定して、依他起性・円成実性のみがあることを明かそうとするものである。

その依他起性の世界を詳しく言うと、まず八識およびこれらと相応する諸の心所有法がある。のみならず、それらにおける相分および当然、見分もその内容である。本・影とは、本質《ほんぜつ》と影像《ようぞう》のことで、たとえば眼識が色を見る時、阿頼耶識の相分の器世間を外の対象とし眼識内の相分に色を浮かべてこれを見るわけで、その際の外の対象を本質または疎所縁縁、内なる対象を影像または親所縁縁という。その本質と影像とである。実際は、八識の相分の中にそのすべてが含まれている。

なお、依他起性としての八識および心所の本性である円成実性は、いわば依他起性の中に含まれている。

有支等熏習力とは、見たり聞いたり考えたりの感覚・知覚等（現行）が阿頼耶識に熏習した種子の力ということになるが、詳しく言うと八識の相分・見分のための種子（これを名言種子という）と、生死輪廻の中で次にどこに生まれるかを決定づける業の元になるその善・悪の側面の種子（これを業種子《ごっしゅうじ》という。有支熏習はこちらに関係する）の力ということである。その力によって、欲界・色界・無色界のいずれか、すなわち地獄・餓鬼・畜生・修羅・人間・天上のいずれかに生まれ、その世界（器世間）とそこでの個体（身心）をまた現出する。それは八識の相分・見分の世界となるわけである。

以上は、唯識思想の基本的な文献、『摂大乗論』、『成唯識論』等に説かれているところである。『瓊鑑章』は、「相・見異なりと雖も、並びに心内の法なり。是の故に倶に存するを名づけて唯識と為す。外の所執の心外の妄法を遣りて、心内の能・所縁を存留するが故に」(五七一頁下)等と述べ、さらに識の四分説について詳しく紹介している。

第二、摂相帰見唯識

二、摂相帰見の故に、唯識と説く。謂く、亦た八識王数差別の所変の相分を通じて、別種より生ずる無し。能見の識、彼の影を帯びて生じ起る。解深密経、二十唯識、観所縁論、具に斯の義を説くが如し。(同前)

八識の心王およびそれらに相応するさまざまな心所有法において変現するところの相分は、見分と別の種子から生じるものではない。たとえば、意識における丸い三角のような認識内容は、世界に存在するはずはなく、見分が現し出したもの以外ではないであろう。『探玄記』は、この立場は、『解深密経』、『唯識二十論』、『観所縁縁論』に出ると言っている。

相分を見分に帰するのは、唯識思想の五重唯識観でも同様であるが、その論拠は異なっている。実は法相宗の唯識思想では、特に前五識等には相分種子というものを認めている。法相唯識に性《しょう》境《きょう》・帯質境《たいぜつきょう》・独影境《どくようきょう》という三類境の説がある。今、このことについて詳しくは述べないが、性境は人間界なら人間界に共通の器世間のような客観的な世界のことで、それは相分種子を持つものなのである。そこで『瓊鑑章』は、「別種より生ずる無し」の立場について、「然るに華厳の古徳、親光等に依りて此の門の義を成ず。護法に依るに非ざるなり」（五七四頁上）と説明している。必ずしも『成唯識論』の正義の立場（護法―戒賢）に拠るものでもないということである。

そこで『瓊鑑章』も、「然る所以は所縁の境、心を離れて有ること無し。心識・心所、生起の時、必ず前境を変じ、以て所慮所託の法と為す。此の境法に託して能縁の心を起す。……是の故に、心の起ること必ず内境に託す。内境と言うは、即ち心の所縁なり。心を離れて境無し。是の故に境を摂して能縁の心に帰す。心所も亦た爾なり。皆な境を変ずるが故に」（五七三頁下）として、この立場から、「一切の境界は既に心・心所の所変の影像なり。是の故に境界、別の種子従《よ》り生ずる有ること無し。心・心所生ずるとき、彼の影を帯して起る。心・心所法は実種従り生ず。相分は心の影にして、実に別種無し。此の義に由るが故に、境を摂して心に帰す。若し実に別種あらば、摂帰すること難きが故に」（同前）と説明するのである。

第三、摂数帰王唯識

三、摂数帰王の故に、唯識と説く。謂く、亦た通じて八識心王を具す。彼の心所、心王に依りて、自体無きを以っての故に。彼も亦た是れ心所変と許すが故に。荘嚴論に説くが如し。（同前）

摂数帰王の数とは心所有法（心所）の旧訳（心数）の語であり、王は心王のことである。そこで、摂数帰王とは、心所を摂して心王に帰するということである。心所有法が心王に依拠して存在しうることは間違いないであろう。さらに、「彼も亦た是れ心所変と許すが故に」とあるのは、心所有法は心王が現わし出したものだというのである。この立場も、法相唯識の立場ではありえない。五重唯識観では、ここを「隠劣顕勝」と、「隠す」と言っていたわけで、「遣る」の語などは用いていなかった。確かに、わずかに『大乗荘厳経論』には、心所を心王が現出すると解される文言はある。しかしそれは唯識説の全体から見れば特異な説であり、本来、唯識とは唯心王・心所のことなのであった。したがってこの法蔵の理解は、唯識の体系全体の中では会通されるべきものではある。

ともあれ、心所有法は心王に帰せられるべきものだという。『瓊鑑章』は、「一切の心所は即ち心王に帰す。別の体有ること無し。是の故に此の門の留むる所は八識心王のみ。一一の心王、並びに是れ唯識なり」（五七五頁上）等と解説している。

第四、以末帰本唯識

四、以末帰本の故に、唯識と説く。謂く、七転識、皆な是れ本識の差別功能《くうのう》にして、別体無きが故に。楞伽に云く、藏識海は常住なり、境界風に動ぜられ、種種の諸識の浪、騰躍して転生す、と（大正一六巻、四八四頁中）。又た云く、譬えば巨海の浪に若干の相有ること無きが如く、諸識心も是くの如し、実に亦た不可得なり、と（同前、四八四頁中）。解して云く、既に水を離れて別に浪有ること無し。本識を離れて、別の六七無きことを明かす。広くは彼に説くが如し。（同前）

すでに、心所有法は、心王に帰せられた。ゆえに八識のみを考えることになるが、その中で、末とは七転識、本とは阿頼耶識である。言うまでもなく、七転識は、阿頼耶識内の種子が現行《げんぎょう》したもので、根拠は阿頼耶識にあるものである。ただ、五位百法のダルマの体系では、八識心王は各々別体であり、七転識が阿頼耶識という体の用（功能）であるということは厳密に言えば出来ないことである。ゆえに五重唯識観では、七転識は阿頼耶識の作用であることは言われない。それにも摂末帰本唯識は言われているが、その意味は相分・見分を自体分に帰するの意であった。

しかしすでに見てきたように、唯識説の中にも種々の立場があり、『瓊鑑章』は「然るに、八識中、第八は是れ本にして、七転は即ち末なり。八従《よ》り七を流し、七は八従り生ず。是の故に、七転は皆な是れ本識の差別の功能なり。八を離れての外、別の体有ること無し」（五七五頁上～下）と説明している。さらには、「随縁流変して七転の波を成ず。末を以て本に帰するに、本の外に物無し。一切は唯だ是の第八のみなり」（五七五頁下）とも説明している。「差別功能」の説を取らずとも、要は末を本に帰して唯識と見る、との見方をとればよいであろう。

『探玄記』は、ここに『楞伽経』の句を二つ引用している。その要点は、水波の譬えの見方であって、水のほかに波無しということであるが、ふつうはこの喩えの場合、水は如来蔵であって阿頼耶識ではない。阿頼耶識もすでに有為法（波）だからである。ただし『楞伽経』では、ここにも「蔵識海」とあるように、阿頼耶識と如来蔵を一体と見ているので、この事態が成立するのであろう。

もっとも、前にも言うように、種子生現行・現行熏種子の縁起の中で、「末を以て本に帰するに、本の外に物無し。一切は唯だ是の第八のみなり」と受け止めればよいと思われる。

第五、摂相帰性唯識

五、摂相帰性の故に、唯識と説く。謂く、此の八識は皆な自体無し。唯だ是れ如来藏の平等顕現なれば、余相皆な尽く。経に云く、一切衆生は即ち涅槃相なり、復た更に滅せず等と。楞伽に云く、相に八有るを壊せずして、無（所）相なり亦た無（能）相なり、と。是の如き等の文、証を成ずること一に非ず。（同前）

八識のすべては平等無差別の如来蔵心の顕現なので、その本性である平等無差別の点に着目すれば、差別相は一切、尽きてしまうであろう。興味深いのは、ここで阿頼耶識に自体無しとは言っておらず、「此の八識は、皆な自体なし」と言っていることである。そうであれば、前の段階で八識を阿頼耶識に帰しておく必要があったのかなと思わざるをえない。ともあれ、ここは八識の全体をその本性である真如（＝法性＝空性＝円成実性＝勝義諦）に帰して唯識を理解するものである。

引用された二つの句の中、「一切衆生即ち、涅槃相なり、復た更に滅せず」は、『仁王般若経』からの引用（大正三三巻、二六六頁中）で、その「復た更に滅せず」とは、本来常住であることを意味しているが、その常住とは直線的な時間の中で永遠ということではなく、不生不滅であることを説くものである。『楞伽経』の句は、大正一六巻、四八四頁中にある。

『瓊鑑章』は、阿頼耶識に留意した解釈を示している。「前門の唯識は、本覚随動して阿頼耶を成ず。而して是れ事に約して識相を存留す。今、此の門に至りて立つ所の頼耶、真を離れて余無し。故に識相を摂して、本覚の理に帰し、以て唯識と為す」（五七五頁下）と言うのである。そうして、「是の故に、此の門の説く所の唯識は、一切諸法は真如、実際、無相、寂滅にして思議すべからず。諸仏と衆生と平等一相なり、有情と非情と夷斉無二なり」（五七六頁上）と説いている。さらに、「大乗の極談は、理智に二無し。理と言うときは則ち智を全うして是れ理なり。智と言うときは則ち理を全うして是れ智なり。相を摂して性に帰すれば、智と性（理）と倶なり。能所を見ず、智即性なるが故に」（同前）と結んでいる。

第六、転真成事唯識

六、転真成事の故に、唯識と説く。謂く、如来藏、自性を守らず、縁に随って八識王・数の相・見の種と現とを顕現す。故に楞伽に云く、如来藏、無始悪習の所薫習の為の故に名づけて識藏と為す、と（大正一六巻、五一〇頁中）。密厳経に云く、仏、如来藏を説いて、以って阿頼耶と為す。悪慧、藏即ち頼耶識と知ること能わず、と（同前、七四七頁上）。又た云く、如来清浄藏、世間には阿頼耶なり。金、指環と作るに、展転するも差別無きが如し、と（同前）。又た勝鬘経、宝性論、起信論、皆な此の義を説く。証を成ずること一に非ず。（同前）

「転真成事」とは、「真を転じて事を成ず」ということ、真如の本性が転じてさまざまな有為法として成立することを言うものである。その有為法を一言で言えば事であるが、ここには八識の心王・心所有法の相分・見分の種子および現行と表現している。唯識思想で見た現象世界のすべてである。真如がこれらの現象に転ずるという、その根本には、「自性を守らず」ということがある。仏教では、絶対は絶対のままにとどまるわけではない。絶対は絶対としての自体を否定して、相対に翻るのである。この、本性は「自性を守らず、縁に随って」諸法として現象するという考え方は、実に仏教哲学の核心と言うべきであろう。それは、絶対が有ではなく、空性だから可能なのである。こうして、現象と真性とは、不一不二の関係になる。華厳思想の事事無礙法界の根本には、この真如不守自性の理路があるのである。

この思想の根拠として、『楞伽経』、『密厳経』の具体的な文章のほか、『勝鬘経』、『宝性論』、

『大乗起信論』が挙げられている。いずれも如来蔵思想を説く経論である。そこに、法相唯識を超える視点があるわけである。ここに引用された文には、具体的にはほぼ如来蔵が阿頼耶識になるということが言われているだけであり、その理路を、「自性を守らず、縁に随って」現象すると把握した法蔵の哲学的思索力はさすがである。

『瓊鑑章』は、ここで、次のように説明している。「前門の唯識は、独り真性を立てて其の体相と為し、余相を見ず。此の門の所立は即ち真如を転じて有為の事を成ず。如来蔵の理、自性を守らず、染浄の縁に随いて種種の法を作す。若し随流門は、真、妄に随うが故に。若し還源門は、真、浄に随うが故に。若し覚の上に約せば、無作の大用、普く色身を現ず。性海を全うするが故に。」（五七六頁上）

この中、随流門は迷いの世界に展転していくこと、還源門は真性の自覚に還っていくことである。ここでていねいなのは、有為法には、浄無漏の依他起性もあると指摘していることである。無分別智・後得智の活動のことで、成仏以後も四智が相続されていく。また仏身論で言えば、真如にも他ならない法身は、報身・化身を生み出すことになる。これも「不守自性随縁」の一つのあり方であろう。最後に「性海を全うするが故に」とあるのは、色身を現じる（一つの波を起こす）のも、真如・本性全体を挙げてのこと（水の全体がその波を起こしている）であることを言うものであろう。

ともあれ、この第六の、転真成事唯識は、華厳の唯識思想に不可欠の重要な視点であることを強調しておきたい。

第七、理事俱融唯識

七、理事俱融の故に、唯識と説く。謂く、如来藏、体を挙げて縁に随って諸事を成弁す。而して其の自性は本と生滅せず。即ち此の理事混融して無礙なり。是の故に一心の二諦、皆な障礙無し。起信論に云く、一心法に依りて二種の門有り。一は心真如門、二は心生滅門なり。然も此の二門、皆な各、総に一切法を摂す、と。勝鬘経に云く、自性清浄心、不染にして染なり、了知すべきこと難し。染にして不染なり、亦た了知すべきこと難し、と。解して云く不染にして染とは、性の浄なる、染に随って体を挙げて俗と成るを明かす。即ち生滅門なり。染にして不染とは、門即染なるも常に浄にして、本来、真諦なり。即ち真如門なり。此は即浄之染、真にして恒に俗なるを礙げず、即染之浄、俗を破らずして而も恒に真なるを明かす。是の故に一心に二諦双存するを礙げず。此の中、味有り、深く思うて、当に見るべし。経に云く、諦に於いては常に自ら二なり、解に於いては常に自ら一なり、と。論に云く、智障極めて盲闇なり、と。謂く、真俗別に執するは、皆な此の義なり。（大正三五巻、三四七頁上〜中）

この門は前の転真成事を受けて、事が真（理）と「混融無礙」であることをいうものである。まさに理事無礙法界のことである。「一心の二諦」とは、「一心における真諦と俗諦」のことであり、次に引用される『大乗起信論』の一心二門（真如門・生滅門）のことと見てよい。『起信論』では、二門「皆な各、総に一切法を摂す」とある。真如門はその中に生滅門の全体を包摂しており、生滅門はその中に真如門の全体を包摂していて、互いに妨げ合うことはない、ゆえに理事無礙である。そうであれば、真諦（勝義諦）と俗諦（世俗諦）、真如門と生滅門は、各別と見るべきではない。法相唯識では、厳格に理智隔別の立場（ないし無為法と有為法の隔別の立場）を守るが、如来蔵思想や華厳思想等においては、理智不二なのである。

『瑜鑑章』は、「前門の唯識、理を全うして事を成ず。今の此の門の意、所成の事法、理と混会し、融通和液す。如来蔵の性は、挙体随縁して諸事を成弁す。万象、森羅たり、而も其の自性、本より生滅せず。即ち此の理事混融無礙なり」（五七六頁下）と簡単に解説している。さらに、「理は即ち前第五門なり。相想倶絶し、湛寂にして寄すること無し。事は是れ前の第六門なり。諸識顕現して相見具足せり」（同前）と補足している。

ここで、理事無礙法界としての唯識が説かれたので、以下は事事無礙法界としての唯識が説かれることになる。先取りして言えば、第八は用における事事無礙、第九は体における事事無礙、第十は一切が一切と重重無尽の関係をなすところ、ということになる。

第八、融事相入唯識

八、融事相入の故に、唯識と説く。謂く、理性、円融無礙なるに由りて、以って理成の事事も亦た鎔融し、互いに相い礙げず。或は一入一切・一切入一、障礙する所無し。上の文に云く、一中に無量を解し、無量中に一等を解す、と。舎那品に云く、此の蓮華藏世界海の内に於いて、一一の微塵中に一切法界を見る、と。又た此の品の下に云く、一微塵中に於て現に三悪道・天・人・阿修羅、各各の業報を受くる有り、と。是の如き等の文、広く多きこと無量なり。上・下の経に説くが如し。（大正三五巻、三四七頁中）

理性とは、真如＝法性＝空性のことで、究極の普遍である。それは、あらゆる現象に行き渡っているものである。この理性を通じて、個々の事物も、互いに融け合い、妨げ合うことがない。まさに事事無礙法界である。そこで、「一入一切・一切入一」ということになる。この入の語が用いられるのは、用に関してなのであった。あらゆる事物の作用が相互に鎔融無礙となるのである。「上の文」とは、『華厳経』の「十地品」の前の「如来光明覚品」の中の句である（大正九巻、四二三頁上）。

さらに「盧舎那仏品」の句が引用され（同前、四一二頁下）、その次の「此の品」は、同じ「十地品」である（同前、五六四頁上）。この辺は、『華厳経』以外に教証は引かれないことになるのはいうまでもない。

『瓊鑑章』は、「前門の唯識は、理事無礙、性相混融なるを以て体状と為す。此の門以後に説く所の唯識は、事事無礙なるを以て相貌と為す」（五七七頁上）とまず述べ、その中、「此の門は、事事相入なり。用の洞融に就き、無礙の相を陳ぶ」（同前）と示している。その背景として、「理性円通し、虚融無礙なり。理を以て事を成ずれば、事亦た鎔融す。彼此相入して互いに障礙せず」（同前）と説明している。

第九、全事相即唯識

九、全事相即の故に、唯識と説く。謂く、理に依るの事、事に別事無し。理既に此彼の異無し。事をして亦た一即一切ならしむ。上の経に云く、一世界即ち是れ一切世界なりと知り、一切世界即ち是れ一世界なりと知る、と。又た云く、一即多・多即一を知る等と。広くは経文に説くが如し。（同前）

ここも理を通じて事事が無礙となっていることを明かしている。そこをこの門では、「一即一切・一切即一」で表わしている。即の語は、体に於ける関係に用いられるのである。「上の経」とは、『華厳経』「初発心菩薩功徳品」に、「知一世界即是無量無辺世界、知無量無辺世界即是一世界」（大正九巻、四五〇頁下）とある。また「十住品」に、「彼菩薩応学十法。何等為十。所謂、知一即是多、多即是一」（同前、四四六頁上）とある（同品に、若一即多多即一の句もある。同前、四四八頁中）。

『瓊鑑章』は、まず、「前は是れ用に約するが故に相入を明かす。今は即ち体に就くが故に相即を成ず」(五七七頁上)と明かしている。その理由を、『探玄記』同様、「理に依るの事は、事に別事無し。理、既に彼此の異有ること無し、事も亦た一多の別を泯絶す」(同前)と述べている。この相即無礙は、空間的にも時間的にも成立しているものである。そこが、「一即一切、塵、十方に即するが故に。一切即一、剎、一塵に即するが故に」、「一念即無量劫なり、現、過・未に即するを以っての故に。多劫即一念なり、過・未、現に即するを以っての故に」(同前)と明かされている。前の門の入とこの門の即と異なってはいるが、どちらも空間的にも時間的にも事事無礙法界の論理構造を明かすものであることに違いはないであろう。「即を以って異と為すも、余は前門と同じ」である(同前)。

第十、帝網無礙唯識

十、帝網無礙の故に、唯識と説く。謂く、一中に一切有り、彼の一切中に復た一切有り。既に一門中、是の如く重重にして窮尽すべからず。余の一一門も、皆な各、是の如し。思い準じて知るべし。因陀羅網に、重重影現するが如し。皆な是れ心識の如來藏・法性、円融するが故に、彼の事相をして是の如く無礙ならしむ。広くは上下の文に説くが如し。(同前)

事事無礙法界においては、一入一切・一切入一、一即一切・一切即一と表わされることが多い。しかしそこでは、「一中に一切有り、彼の一切中(の一一)に復た一切有り」であり、しかもそのことは、どの一（余の一一門）においても同様であるのが事実である。こうして、重重無尽の関係がどこまでも広がっていることになる。この関係に眼を開くことこそ、華厳思想の醍醐味であろう。

このことは、古来、因陀羅網の譬喩によって語られてきた。この譬喩については、すでに前の十玄門の説明等の中で触れておいたが（本書一一六頁）、因陀羅とは、インドラの音写で、帝釈天のことである。帝釈天の住む宮殿の天井には、飾りの網が懸けられている。その因陀羅網＝帝網の網の目の一つ一つに、宝石が括り付けられていて、それらが互いに映し合っている。二枚の鏡を照らし合わせると、無限に映し合うように、その状態が多数の宝石の間で多重に成立することになる。この譬喩をもって、事事無礙法界に存在する重重無尽の関係性の譬えとするのである。

『探玄記』によれば、このことも究極の普遍である真如・法性に基づくのだとしている。その教証を具体的に示してはいないが、『華厳経』が随所においてこのような事態を明かしていることは、間違いないことであろう。

『瓊鑑章』は、「前の二門の識は、相入相即にして、各是れ一重なれば、未だ累現に至らず。今、此の門の識は、一一の法中に重重に影現すること、無尽無尽なり。法を示すこと極に至る。一中に一切有り、彼の一切（の一二）中に各一切有り。窮尽有ること無く、永に際限を亡ず。釈殿の網珠の、重重に影現するが如し」と説明している。また、この例として、「仏中に仏有り、或は衆生有り。刹中に刹有り、或は如来有り。塵中に国有り、毛端に仏有り、是の如き等なり」

（五七七頁下）と言っている。国土の中に身心があり、身心の中に国土がある、という見方も、ここに成立しているであろう。

以上で、十重唯識の教説を見ることが出来た。このなか、初の三門は、大乗初教（法相唯識）の立場、中の四門は終教および頓教（如来蔵思想・離言真如）の立場、後の三門は円教の中の別教一乗（華厳）の立場になる。さらに、「総に十門を具すは、同教に約して説く」（大正三五巻、三四七頁中〜下）とあるが、同教は法華一乗の立場であって、ここに事事無礙も含まれると見たのであろうか。この句を理解するには何らかの会通が必要であろう。

この十重唯識の要点は、物（感覚）の世界（色・声・香・味・触の五境）等も自らの中に描き出すような、その心（識）を掘り下げていくと、その現象としての心の本性である真如にまで達し、しかもその真如とは空性そのものであるがゆえにかえって自らを否定して現象世界を成り立たしめていることを見ることにある。ここを華厳では、「真如不守自性、随縁而作諸法」（真如は自性を守らず、縁に随って而も諸法と作る）という。あの『般若心経』の「色即是空」からただちに「空即是色」へとよみがえることを、深く洞察しているところが、この華厳十重唯識の要点といえるだろう。

かの「空即是色」を華厳の思想で表現すれば、理事無礙法界といえる。空（空性）は真如・法性のことでもあるが、それを理（理性）という。もちろんその色は五蘊（色・受・想・行・識）の代表で、事（事象）のすべてを意味している。ゆえに「空即是色」は、理事無礙法界にほかならない。ここからあとは必然的に、事象と事象とが融けあっているという事事無礙法界に展開していくわけである。第七の理事倶有唯識ののちの、第八・第九・第十の唯識において、その事事無礙法界を明かしている。中でも第十門は、まさに無限に関係を織りなす重重無尽の関係性を謳っていた。

というわけで、この十重唯識の説が明かしていることは、なんと心というものは、究極的には、この現実世界そのものである、ということである。ふつうは心というと、物に対する心というものを想定するであろう。そこでは実は物とならべて心を対象化しているのであって、それを知る心、主観そのものとしての心、本当の自己そのものについては、結局、隠されてしまっている。その仕方では本当の自己をいつまでも見ることができない、自覚することができない。けれども仏教はそういう対象論理的な認識を透脱して、心そのものを自覚し、さらにその心の本性をも掘り下げて、そしてついにはこの現実世界全体にまで到達してしまうのである。そこは、もはや心に対する物の世界ではなく、自己が無限の関係性の中に組み込まれていて、しかもその世界全体がそっくり自己であるような、そういう世界として現前するのである。まことに雄渾な光景がそこに広がるであろう。

唯識思想が説く人人唯識のその相互の関係は、それに華厳思想の事事無礙法界、重重無尽の縁起を組み入れて見ていくとき、はるかに多彩で精緻な論理のもとに照らし出されてくる。しかもその根底に、「真如不守自性、随縁而作諸法」の根源的真理があることも明らかになった。その上で事事無礙法界に関して、そこを人人唯識の視点からとらえ返し、事事の事を人と受け止めて人人無礙の世界と見たとき、密教で説く曼荼羅世界が現出してこよう。次章には、空海の密教の世界を尋ねていきたい。

Ⅲ　空海の哲学

第五章　空海の哲学（一）

十住心による仏教の全景

空海とは誰か

日本の思想界において、空海ほど高高峯頂に立ち、深深海底を行く、測り知れない偉大な存在はいないであろう。その空海の偉大性は、多くの人々が讃嘆し尊崇してきたが、一例に理論物理学で日本初のノーベル賞を受賞した湯川秀樹は、「長い日本の歴史の中でも、空海というのは、ちょっと比較する人がいないくらいの万能的な天才ですね。そこまでは最近、再認識されだしたが、私はもっと大きく、世界的なスケールで見ましても、上位にランクされるべき万能の天才だと思うのです」と言い、「世界的に見ましても、アリストテレスとかレオナルド＝ダ＝ヴィンチとかいうような人と比べて、むしろ空海のほうが幅が広い。また当時までの日本の思想・文化の発達状況を見ますと、思想・芸術、それに学問・技術の諸分野で時流に抜きんでていた。突然変異的なケースですね」と述べている（湯川秀樹「比較することのできない天才」、『河出人物読本　弘法大

師　空海』、一九八四年、河出書房新社）。その空海の哲学は、まだその真価がよく理解されていないと私には思われる。今こそ空海の密教という仏教の哲学の奥義を解明して、時代を照らし導く哲学を再構築すべきである。

初めに、空海の生涯をごく簡単に見ておく。

空海は、宝亀五年（七七四）、四国讃岐の多度郡に生まれたとされている。生誕地には現在、善通寺が建立されている。一八歳のとき、大学明経科に入り漢籍古典等を学ぶが、次第に仏道に傾き、大学を中退してしまう。四国の山岳の霊地を巡り歩いて苦修練行を重ねたりし、二四歳までの間に、ある一人の沙門から虚空蔵求聞持法を授かった。すでに日本に入っていた『大日経』も読む機会があったようである。渡唐の目的は、その密教の教えのさらなる探究にあったと考えられている。

延暦一六年（七九七）、二四歳のとき、『聾瞽指帰《ろうこしいき》』を著し、仏道に一身をささげる決意を表明した。最近は、『三教指帰《さんごうしいき》』でこれに付された序文と最後の十韻の詩とは、帰朝後に加えられたと推定されている。

延暦二三年（八〇四）、遣唐使とともに唐に入った。このとき、最澄も同じ船団にいた。翌年（八〇五）、長安西明寺でインド僧の般若三蔵・牟尼室利三蔵について学ぶ。さらに、インドの不空金剛から密教の大法を相承していた青龍寺東塔院の恵果《けいか》に入門し、その大法を同年六月から八月の間に残らず直伝された。恵果は同年十二月十五日入寂。翌年一月の葬儀に際し、門下の道俗一千余人を代表して碑文を撰した。

大同元年（八〇六）、予定を変更し、急遽、帰国の途についた。大同四年（八〇九）、ようやく京に入り、高雄山寺に住して密教を布教し始める。弘仁六年（八一五）、事実上の立宗宣言と言われる『勧縁疏《かんえんしょ》』を著す。弘仁七年（八一六）には高野山を賜り、弘仁一四年（八二三）、東寺を賜った。この間、おおがかりな祈雨修法や灌漑施設の造成（満濃池）などをてがけ、また庶民を対象にした綜芸種智院を開く（八二八）など、社会活動もさかんに行った。

天長七年（八三〇）、主著となる『秘密曼荼羅十住心論』およびその簡略版の『秘蔵宝鑰』を著した。承和元年（八三四）、宮中に真言院を設けて、国家のために祈祷すべきことを奏進する。それは承和三年（八三六）より宮中後七日御修法《ごしちにちみしほ》として修されるようになった。承和二年（八三五）、高野山で入定している。

ちなみに、弘法大師の号を贈られたのは、延喜二一年（九二一）である。

著作に、まず、『三教指帰』（元『聾瞽指帰』）がある。亀毛先生・虚亡隠士《きょぶいんじ》・仮名乞児《かめいこつじ》が登場、兎角公が主人となり、三名に儒・道・仏の道を闘わせ、蛭牙公子《しつがこうし》を戒めるものである。また、『弁顕密二教論《べんけんみつにきょうろん》』、『即身成仏義』、『声字実相義』、『吽字義』、『般若心経秘鍵《はんにゃしんぎょうひけん》』、『三昧耶戒序《さんまやかいじょ》』などがあり、『大日経開題《だいにちきょうかいだい》』、『金剛頂経開題《こんごうちょうきょうかいだい》』等もある。さらに淳和天皇の命に応えて提出した『秘密曼荼羅十住心論』および『秘蔵宝鑰』がある。なお、『文鏡秘府論《ぶんきょうひふろん》』、『文筆眼心抄《ぶんぴつがんしんしょう》』の漢詩論書、その他書道関係の書等々もある。

空海はなぜ仏教を選んだのか

延暦一六年（七九七）、二四歳のとき、空海は『三教指帰』（『聾瞽指帰』）を著した。この『三教指帰』は、儒教・道教・仏教の三教のうちで仏教がもっとも優れていることを語るもので、これにより、空海は両親や親戚縁者の期待に抗して仏道の世界に生きる決意を表明したのであった。したがってこの書物は、その後の空海の生涯の思想の根本となるものである。では、仏教がもっとも優れていると判断した背景には、何があったのであろうか。

その一つには、深い無常感があった。同書序文には、次のようにある

> 焉《ここ》に於《お》いて大聖の誠言《じょうごん》を信じて、飛燄を鑽燧《さんすい》に望み、阿国の大瀧の嶽《みね》に躋《のぼ》り攀《よ》じ、土州の室戸の崎に勤念《ごんねん》す。谷響きを惜しまず、明星来たり影ず。遂に乃ち、朝・市の栄華をば、念々に之を厭い、巌藪《がんそう》の煙霞をば、日夕に之を飢《つか》る。軽肥のうま・流水のくるまを看ては則ち電・幻の歎き忽ちに起り、支離《しいり》が懸鶉《けんじゅん》を見ては則ち因果の哀れみ休まず。目に触れて我れを勧む、誰れか能く風を係《つな》がれん。
>
> （『定本弘法大師全集』、高野山大学密教文化研究所（以下、定本）第七巻、四一～四二頁）

〔飛談を鑽燧に望み：火をおこすのに木などできりもみし続けるように、努力を続ける
朝・市の栄華：朝廷や市場（世間）での恵まれた生活
軽肥・流水：軽やかな衣装で肥えた馬に乗り、水の流れる如く走る車に乗って、都を走り回る貴族達
支離が懸鶉：身体の不自由な人々でぼろをまとっている人々
風を係がん：吹く風にも似たこの思いを誰が引き止められよう〕

実はこの序文は、空海が帰朝後に加えたものとも言われているが、この無常感から仏道への道筋は、空海の詩文等にもしばしば見られるものである。
また、この書の末において示した、仏教の深遠なることを示す十韻詩の一部を掲げてみよう。

金仙の一乗の法は、義益《ます》ます最も幽《かす》かに深し、
自他兼ねて利済す、誰れか獣と禽とを忘れむ、
春の花は枝の下に落ち、秋の露は葉の前に沈む、
逝水は住《とど》まること能わず、廻風は幾ばくか音《こえ》を吐く、
六塵は能溺《のうだく》の海なり、四徳は所帰の岑《みね》なり、
已に三界の縛を知んぬ、何ぞ纓簪《えいしん》を去《す》てざらむ。
（同前、八六頁）

〔廻風：つむじ風

六塵：色・声・香・味・触・法　眼識・耳識・鼻識・舌識・身識・意識の六識の対象
四徳：常・楽・我・浄　涅槃
纓簪：冠のひもやかんざし　官位の象徴〕

まず、仏教の世界観は、他にくらべてきわめて奥深いものがあると言っている。人間存在や世界の分析究明において、儒教や道教には比較にならないほど精緻で深いものがあると判断していたのであろう。また、仏教の説くところは来世にもわたっており、今生の事のみ説く儒教・道教に勝るものがあると見たようである。

さらに、自利のみでなく利他も考えていること、それも一切衆生の利益・救済を考えているところに、深い共感を抱いたようである。

こうして、空海は世塵を脱して、仏道の堂奥を目指したのであった。

密教とは何か

空海は渡唐以前に、当時日本に伝来していたあらゆる仏教の教理を習得していたであろう。しかし密教については、詳しい注釈書も入手はむずかしく、正式の密教僧に就くこともできず、もどかしい思いをしていた。やがて空海の心の内には、大陸に渡って密教をじかに学びたいという思いが募るのであった。密教はインドにおいて七世紀頃に興った独特の仏教である。大乗仏教の理念を受け継ぎつつも、その修道論は否定して、成仏への優れた道を唱導するのであった。中国では、善無畏三蔵が『大日経』を翻訳し、また不空三蔵が『金剛頂経』を翻訳した。不空は多くの密教経典を漢訳しており、羅什・真諦・玄奘と並んで四大翻訳三蔵と謳われている。ちなみに、善無畏は日本に渡来したとの伝説がある。

空海が長安で師事した恵果は不空の弟子であり、当然、『金剛頂経』系の密教を相承しており、また『大日経』系の密教も、善無畏の法脈につながる玄超《げんちょう》から受け継いでいた。『大日経』は般若・中観系で、理を表わすとされ、『金剛頂経』は唯識系で、智を表わすとされる。金剛界曼荼羅と胎蔵界曼荼羅（本来、胎蔵曼荼羅で界はないのが正しいが、本書では解り易く界を付しておく）とは、似ているようでけっこう相違点も多い。この曼荼羅のことは、次章にやや詳しく見ていくことにしよう。ともあれ、恵果は『金剛頂経』系の密教と『大日経』系の密教の両者をともに受け継いでいて、両者の統合をはかることができた。

空海はその密教のすべてを恵果から授かったのであり、空海の帰朝に際しては、恵果は金剛界・胎蔵界の両部曼荼羅を作成し、祖師方の肖像などとともに空海に持たせたのであった。

なお、『秘密漫荼羅教付法傳《ひみつまんだらきょうふほうでん》』（『広付法伝』また『付法伝』）という、密教の法の相承を明かした著作があり、そこには、次のような系譜が説かれている。

大日如来 ― 金剛薩埵 ― 龍猛《りゅうみょう》菩薩 ― 龍智菩薩 ― 金剛智 ― 不空金剛 ―
恵果 ― 空海
（定本第一巻、六八頁）

では、密教とはどのような仏教なのであろうか。
空海は『弁顕密二教論』において、密教の特質について次のように明かしている。

夫れ仏に三身有り、教は則ち二種なり。応化の開説したもうをば名づけて顕教と曰う。言《ことば》顕略にして機に逗せり。法仏の談話《だんかい》したもうをば、之を密蔵と謂う。言秘奥の実説なり。
（定本第三巻、七五頁）

まずここに、顕教は応化身の説法であること、これに対し密教は法身の説法であることが示されている。すなわち、顕教は歴史上、インドに現れた釈迦牟尼仏の説法であり、密教はいわば絶対者のような仏（大日如来）の説法で、教主が異なっているというのである。もちろん、大乗仏教の経典は、今日、歴史上の釈尊が説いたものとは言い難い。しかし少なくともそれらの経典でも、霊鷲山におられた釈尊が説いたものとある。しかし密教経典を説いた仏は、基本的に釈尊ではない。大日如来が直接、語ったものだとされるのである。
このことから、顕教の説法の言葉は、言葉の表面的な意味で理解されるのに対し、密教の説法の言葉はむずかしく、簡単には理解されないという。実に「秘奥」の言葉なのである。また顕教の説法は、相手の理解能力に応じて語られたもので、いろいろ工夫もなされた方便の教えである。つまり対機説法である。しかし密教は大日如来が真理をそのままに説いたものなのであり、方便に対する真実の説法であるという。

このあと、顕教について、「顕教の契経、部に百億有り、蔵を分てば則ち一と十と五十一との差うこと有り。乗を言えば則ち一と二と三と四と五との別なること有り。行を談ずれば六度を宗と為し、成を告ぐれば三大を限りと為す。是れ則ち大聖分明に其の所由を説きたもう」(同前)と言っている。さまざまな教えがあり、修行の基本は六波羅蜜(六度)である。その期間は三大阿僧祇劫という、測り知れない無量の時間にもなるというのである。その後、顕教・密教の説法について、もう少し詳しく説明される。

若し秘密金剛頂経の説に拠らば、如来の変化身は、地前の菩薩及び二乗・凡夫等の為に三乗の教法を説きたもう。他受用身は、地上の菩薩の為に顕の一乗等を説きたもう。並びに是れ顕教なり。(同前)

地前の菩薩とは、十地(本書六八頁参照)に上る以前の大乗仏教修行者のこと、まだ無分別智の覚りを得る以前の修行者ということである。および二乗・凡夫等に対しては、変化身(化身)が、声聞乗・縁覚乗（以上小乗）・菩薩乗（大乗）の三乗の教えを説くという。受用身（報身）のうち、他受用身は、十地に上った、一定の覚りを実現している菩薩のために、顕教の中、特に一乗の教え（天台・華厳等）等を説くという。『法華経』や『華厳経』等を他受用身の説法とは言い難いところもあると思われるが、唯識思想を説く『解深密経《げじんみっきょう》』などは、他受用身の説法と見なされている。

一方、密教の説法については、次のように示されている。

自性・受用の仏は、自受法楽の故に自眷属とともに各々三密門を説きたもう。之を密教と謂う。此の三密門とは、謂わ所る、如来の内証智の境界なり。等覚・十地も室に入ること能わず。何《いか》に況や二乗・凡夫をや、誰か堂に昇ることを得ん。（同前）

密教の説法は、自性身と自受用身が、眷属（とりまきの諸仏諸尊）とともに説いたものであるという。自性身自身が説法しているのか、自受用身の説法に自性身が預かっているというのか、その詳細はさらに検討を要しよう。また、説法の相手を想定したものではなく、実に「自ら法楽を受けるために」説くものだという。その内容は三密門と指摘されている。三密とは、身密・語密・意密で、大日如来の身・語・意における活動のことである。それは、密教の仏・大日如来が自らの内に証した世界のことである。この世界は、大乗菩薩のどんなに高位の者でも、うかがうことはできないという。ふつう、等覚は仏（妙覚）の一歩手前の位置、十地を超えた位である。そういう者でも、この大日如来の内証の世界には入ることはできないのだという。なお、この等覚・十地は、実は華厳や天台の法門において仏となった者のことという解釈もあり得る。

このように密教の側から言えば、顕教は方便の浅い教えであり、密教は真実の深い教えであるという。しかも仏の覚りの世界に関し、顕教では説けないとするが、密教ではそこを説くともいう。『華厳経』は、「因分可説、果分不可説」と言って、修行の道筋については説けるが、仏の覚りの世界は説けないという。また教主の毘盧遮那仏そのものは説法することなく、普賢菩薩等、大菩薩がその威神力を受けて説法するのである。しかし密教では、大日如来そのものが説くし、その自内証の世界も説くことができるという立場に立つ。この辺に、顕教と密教の違いがあるのであろう。

空海は、恵果の促しを受けて、早く日本に密教を伝えたいと思い、たまたま長安にきていた遣唐使・高階遠成《たかしなのとおなり》に、ともに帰国できるよう訴えるのであった。その上申書、「本国の使と共に帰らんと請う啓」には、自分が恵果から受け継いだ密教は、「則ち仏の心、国の鎮めなり。氛《ふん》を攘《はら》い、祉《さいわい》を招くの摩尼、凡を脱《まぬか》れ聖に入るの嘘径《きょけい》なり」と、すなわち攘災招福と即身成仏をその最大の特質としていると記している（『性霊集』巻第五。定本第八巻、八六頁）。即身成仏とは、何も生死輪廻を通じて三大阿僧祇劫もの時間をかけて修行しなくとも、密教の教えに従えば、父母所生のこの身において、この世の内に修行を完成し、成仏できるというものである。この即身成仏の主張こそ、また密教のもっとも訴えたい主題であった。

『秘蔵宝鑰』の序の詩について

以上、簡単に空海の密教について、その特徴を説明した。以下、空海の思想を見ていくが、空海の主著は『秘密曼荼羅十住心論』であり、その要点を説いたのが『秘蔵宝鑰』なのであった。そこには十住心の思想が開演されている。それは、単に人間の心を十段階において見るというだけでなく、密教を最勝とする仏教全体の教相判釈である。そこには空海の思想のすべてが籠められていると言ってよいであろう。空海の思想の核心はもちろん密教にあろうが、その特徴を深く理解するためにも、それと対比される顕教への見方をまずは押さえておくべきであろう。そこで本章では主に『秘蔵宝鑰』を中心に空海の仏教観を探り、のち次章において空海の密教思想そのものに迫ることとしたい。なお、『秘蔵宝鑰』の文章は古今の仏教内外の名句をちりばめ、格調高い叙述となっていて、哲学における至高の芸術作品であると私は思っている。

『弁顕密二教論』は横の教判、『秘密曼荼羅十住心論』は竪（縦）の教判と呼ばれている。『弁顕密二教論』でも勝劣を判定していて、横とも言えないと思われるが、古来、そのように言われているのである。以下、この思想体系の概要を、『秘蔵宝鑰』によって説明していくが、その前に『秘蔵宝鑰』には、その冒頭に人間存在の深い悲しみを描く詩が掲げられているので、その一部を紹介しておこう。読者の方々もおそらくは、一度は目にしたこともあろう句である。

三界の狂人は狂せることを知らず　四生《ししょう》の盲者は盲せることを識らず
生れ生れ生れ生れて生の始めに暗く　死に死に死に死んで死の終りに冥《くら》し

（定本第三巻、一一三頁）

三界とは、欲界・色界・無色界のことで、要は迷いの内に生死輪廻する世界である。その三界に住んでいる、真実を真実のままに見ることができないでいる人びとは、自分が正しいことを何も知り得ないでいるままに、自分でこれで良いと思って行動している。四生とは卵生・胎生・湿生・化《け》生と言って、要はあらゆる動物、生きとし生けるものを意味する。そのあらゆる生きものたちは、自分が目が見えていないことがわからないでいる。結局、無明・煩悩のままに生きていて、その結果、業を作って、そうして生死輪廻していく。それはまさに我々の実相であろう。

そのありさまは、実に「生れ生れ生れ生れて生の始めに暗く　死に死に死に死んで死の終りに冥し」である。実に憐れむべき、出口の見えない苦悩にあえいでいる様を痛切な思いのうちに語っている。そこで空海は、人はどのように生きるべきなのか、そのことについての教えを残しておきたいという悲心を、ここにひそかに籠めたのであった。この最後の、同じ語をいくつも繰り返す表現は、我々の無明長夜の闇路を孤独に歩む様子を描いていて、まことに印象的な句である。

『秘蔵宝鑰』に見る十住心

さて、以下には空海の十住心の思想を見ていく。初めに、各住心の名称とその意味について、簡単に説明しておこう。なお、その各住心が対応する宗派名を括弧内に記しておく。

第一、異生羝羊心《いしょうていようしん》　凡夫の雄羊のような心である。

第二、愚童持斎心《ぐどうじさいしん》　愚かな少年が斎を持つ、つまり反省の機会を持って人間的に生きようとする心である。（儒教）

第三、嬰童無畏心《ようどうむいしん》　嬰童すなわち赤ちゃんがお母さんのもとですっかり畏れ無く安心しているような心である。（バラモン教）

第四、唯蘊無我心《ゆいうんむがしん》　五蘊無我という、仏教の教理の基本の内容をよく了解し、我執を離れようとする心である。（声聞乗）

第五、抜業因種心《ばつごういんじゅしん》　十二縁起を観察して、業の因となる種が無明であることを了解して、それを抜く修行をしていく心である。（縁覚乗）

第六、他縁大乗心《たえんだいじょうしん》　他者を縁ずるという大乗の心を起こし、世界は唯だ識のみと理解する心である。（法相宗）

第七、覚心不生心《かくしんふしょうしん》　心は不生であるということを覚する心である。（三論宗）

第八、如実一道心《にょじついちどうしん》　真如そのもの、法性そのもの（如実）の平等無差別の世界（一道）を覚る心である。（天台宗）

第九、極無自性心《ごくむじしょうしん》　究極の絶対の世界も自性を持たず、それゆえ現象世界に翻る心である。（華厳宗）

第十、秘密荘厳心《ひみつしょうごんしん》　我々には知られないけれども、自分の心にはすばらしい性質・性能、功徳がたくさん蔵されている、そのことが自覚される心である。（真言宗）

（同前、一一六～一一七頁）

空海は、顕教の中では華厳の思想を最も高度な思想だと判定している。しかし華厳を越えて、さらにより勝れたものとして、密教があるのだというのである。

次に『秘蔵宝鑰』には、その本論に入る前に各住心の要点をまとめた詩が置かれている。そこで先にそれを掲げ、その詩句を基にそれぞれの住心のあり方について若干、解説していくことにする。

第一、異生羝羊心　凡夫狂酔して吾が非を悟らず、但し婬食《いんじき》を念《おも》うこと彼の羝羊の如し。

第二、愚童持斎心　外《げ》の因縁に由りて忽ちに節食を思う、施心萌動して穀《こく》の縁に遇うが如し。

第三、嬰童無畏心　外道天に生じて暫く蘇息を得、彼の嬰児《ように》と犢子《とくし》との母に随うが如し。

第四、唯蘊無我心　唯し法有を解して我人、皆な遮す、羊車の三蔵、悉く此の句に摂す。

第五、抜業因種心　身を十二に修して無明、種を抜く、業生、已に除いて無言に果を得たり。

第六、他縁大乗心　無縁に悲を起して大悲初めて発《おこ》る、幻影に心を観じて唯識に境を遮す。

第七、覚心不生心　八不に戯を絶ち一念に空を観ず、心原空寂にして無相安楽なり。

第八、如実一道心　一如本浄にして境智倶に融ぜり、此の心性を知るを号して遮那と曰う。

第九、極無自性心　水は自性無し、風に遇うて即ち波だつ、法界は極に非ず、警めを蒙って忽ちに進む。

第十、秘密荘厳心　顕薬は塵を払い真言は庫を開いて、秘宝忽ちに陳して万徳即ち証す。


（同前）

以下、各住心の内容を見ていこう。

第一、異生羝羊心　凡夫狂酔して吾が非を悟らず。但し婬食を念うこと彼の羝羊の如し。

この住心の名称に出て来る異生とは、凡夫のことである。無明・煩悩を背景として種々行為をすることによって、地獄・餓鬼・畜生・修羅・人間・天上、さまざまな異なる世界に生まれるので異生というが、同時にそれは凡夫を意味するわけである。凡夫は狂い酔っていて、自分が間違っている、本当の人間の生き方をしていないということがわからないでいる。ただただセックスと食事、グルメのことのみ考えている。「但し婬食を念う」とある、但しの「し」は強めである。要はただただ本能の趣くままに生活しているということで、それはちょうど羝羊すなわち雄羊のようであるというのである。人間の顔をし、人間の姿をしていて、人間のようなのだが、動物と何も変わらない行動をする人間もいる。そういう人間は、人間の中でも一番低い段階にあるというわけである。

第二、愚童持斎心　外の因縁に由りて忽ちに節食を思う、施心萌動して穀の縁に遇うが如し。この住心の名称には、愚かな少年が斎のひとときを持つとある。斎とは謹慎して過ごす時間のこと。古代インドでは、在家の仏教徒は月に何回かお寺に行き、一昼夜、それまで自分がどういう行いをしたか静かに反省をする機会を持つということがあった。これを布薩（ウポーサタ）というが、それがここで言う斎である。

その布薩の時は、正午を越えたら食事をしてはいけない決まりであった。「節食を」思うとは直接的にはこのことを意味し、ひいては布薩の行事に参加して、自分自身の行為を深く反省する機会を持つことを意味することになる。そうすると、他の人びとに何か施しをしよう、という心が萌《きざ》し始めて、いわば社会性に目覚めるということになる。本能のままに、エゴイズムのままに生きている段階から、人と人との間の中で他者と関わりながら生きていかざるを得ない、そういう自分であることに目覚めるということになるのである。

それは固い殻《から》で覆われた穀物が、水に浸されるとか、土に埋められるとか、縁に遇うことによって芽が出てくるのと、ちょうど同じようだと言う。そのように、もとより人間性という因を有していて、それが師に出会うとか、教えにふれるとか、何らかの外からの縁に遇うことによって、その内なる因の内容も実現してくるということである。

第三、嬰童無畏心　外道天に生じて暫く蘇息を得、彼の嬰児と犢子との母に随うが如し。

インドでは、業の思想はあらゆる宗教・哲学に普遍的であった。実際、仏教もこれは取り入れている。業の思想とは何かというと、善を行えば死んだ後に楽しみの多い世界に生まれることができる、悪を行えば死んだ後に地獄・餓鬼・畜生等、苦しみの多い世界に生まれるという、行為の世界における「善因楽果・悪因苦果」の法則のことである。ここで善とは主に修行のことになるが、在家の者はなかなかそれを行じることはできないであろう。その時に在家の者としてどのように善根を積んでいくかというと、それをバラモンらは、自分たちに金品を添えて祈祷をお願いすれば善根を積んだことになる、と説くのであった。

そこで外道に帰順する人びとは、バラモンに布施するなどして善根を積むことにより、その善根のおかげで首尾よく天に生ずることもできたであろう。そしてすっかり安心して安らぎを得ることができたというわけである。その様子は、かの赤ちゃんや牛の子供が、自分のお母さんの傍《そば》にいて、すっかり安らいでいるのと、ちょうど同じようだと言うのである。

楽しみが満ち溢れた世界に生まれたことは、これほどよいことはないかも知れない。しかし、その積んだはずの善根の効果も、永遠ではありえない。その過去の業（行為）の効果の期限が来てしまったら、その後また天からどこかに堕ちてしまう可能性は十分ある。それでは、その六道を解脱したことにはならない。三界の苦しみ、迷いの人生を越えたことにならないのである。そこが「暫く蘇息を得」の「暫く」である。それは結局、一時なものでしかない、かりそめでしかない。自己の根本的な問題の解決、自分の苦しみの根本的な解決にはまだ至っていないのである。

第四、唯蘊無我心　唯し法有を解して我人皆な遮す、羊車の三蔵、悉く此の句に摂す。

ここから仏教に入ることになる。まずは小乗仏教の声聞乗である。この住心の名称、唯蘊無我心の蘊とは五蘊のこと、色・受・想・行・識の五つの物質的・心理的諸要素のことである。色は物質的なもののこと、身体のことになる。受・想・行・識は心の世界を四つに分けて見ているものので、受は感受のこと、想は認知の働き、行は簡略に言えば意志、識は知性である。自己はそれらの心理的な要素と物質的な要素の仮和合に過ぎず、その要素はあるものの、常住で変わらない主体なるものとしての我＝アートマンは存在しないのだと明かす。これが五蘊無我の思想で、この第四住心の名前、唯蘊無我のことでもある。

小乗仏教では、我々は変わらない自我、常住の自我というものがあると無意識のうちにも考えて、それに執著していることが苦しみの最も根本的な原因なのだ、と見る。だから我執を断たなければいけない、ということで、我執にかかわる煩悩のすべてを対治する修行をして行く。そうすると、生死輪廻から解放されて、涅槃を実現することができる、と説く。しかしそこは何のはたらきもない、ただ寂静なる安らぎの世界のみである。いったいそういう状況に達して何が救いなのか。大乗仏教はそこを批判していくのであった。

この住心の名前には蘊の語が用いられていたが、この住心を説明する詩においては、それが法の語になっている。これは『倶舎論』にいう五位七十五法のことを意味するものである。五位とは、色法・心王・心所有法・心不相応法・無為法の五つの範疇のことで、説一切有部は、それに全部で七十五の要素を分析した。五蘊はさらに開けば七十五法になるわけである。そういうダルマは有る、しかも三世に存在し続ける、しかし常住・不変の我、アートマンは無いという説を、説一切有部は説くのであった。

「羊車」とは『法華経』の「譬喩品」の「三車一車の喩え」に由来するものである。その話は、羊車・鹿車・牛車、すなわち声聞乗・縁覚乗・菩薩乗で人々を導いて、最後に一大白牛車、すなわち『法華経』の教えの一仏乗に到達せしめるという喩え話として、非常に有名なものである。したがって羊車は声聞乗を表している。

「三蔵」は、経蔵・律蔵・論蔵で、順に仏様の説法、出家修行者の共同体の運営規則としての戒律、そしてお弟子さんたちの研究成果ということになるが、要は三蔵で仏教の文献のすべてを意味する。「羊車の三蔵」で、小乗仏教の声聞乗の仏教文献のすべてということになるわけである。その経論等に説かれた教えのすべては、ことごとくこの句、すなわち諸要素はあるものの常住の我は無いという、我空法有という立場に帰するというのである。

第五、抜業因種心　身を十二に修して無明、種を抜く、業生、已に除いて無言に果を得たり。

次に、縁覚乗であった。この住心の名称、抜業因種心とは、業の因である種を抜く心という意味で、生死輪廻をもたらす業の根本原因となる無明を対治する心ということである。

縁覚の修行者は、自分という苦しみの存在がどのようにして成立してきたのか、そのことを十二縁起の教理に基づいて観察していく。十二縁起とは、生死輪廻の由来を十二項目の縁起の中に明かすもので、無明→行（業）→識→名色→六処→触→受→愛→取→有→生→老死という、十二項目の縁起のことである。詳しくは、他にゆずることとする。

この十二縁起によれば、根本の無明さえ無くせば、悪業も発生しない。業が無くなればどこかに受生するということも起きない、というわけで、生・老死もなくなり、すべての問題が解決するということも明かしたものとなっている。そこで根本的な苦しみの原因であると解明された、無明というものを抜こうというわけである。それは八正道などを修するということになるのであろう。

そうすると、業を作ることによってどこかに生まれる（業生）という生死輪廻が除かれてしまって、そして無言、すなわち寂静なる涅槃を実現するということになる。

しかし何の活動もそこにはないことになる。なぜそういうことになるかというと、小乗仏教は我執しか問題にしていない。しかし大乗仏教の立場から見ると、人間は我執だけではなくて、いわばものに対する執著、法執もあるではないか。その法執を断つことによって、智慧が実現する。その智慧が実現したときには、たとえ生死輪廻の世界であっても空性そのものの世界であることを洞察して、特に捉われることもなく邪魔されることもなく、自由自在にそこに入って行って活動することができるようになる。こうして、生死のただ中において自由自在に活動して、しかもその活動のただなかに寂静なる世界、空なる世界としての涅槃を見出すことができるようになる。それが本当の涅槃だ、ということで、生死にも住《とど》まらないが、涅槃にも住まらないという無住処涅槃という涅槃を語り出す。そのように、永遠に人々を救済する活動をしていくところに、自己のいのちの究極の目的を見出すのである。そういう観点から、大乗仏教は声聞や縁覚の小乗仏教を批判していくのであった。


第六、他縁大乗心　無縁に悲を起して大悲初めて発る、幻影に心を観じて唯識に境を遮す。

この第六住心から、大乗仏教に入る。大乗仏教では、自利のみでなく、利他をもめざすことになるのである。そこが、この住心の名称にある、「他縁」の語に表れていよう。「無縁に」とは、無条件に、差別なく、の意味である。大悲の「悲」は慈悲の心と言ってよい。それは、何か感覚的な快楽を与えるなどではなくて、自己自身に関わる宗教的な苦悩の問題の解決を与えていくような慈悲の心と受け止めるべきかと思われる。そういう慈悲の心が、小乗仏教の段階を超えるときに初めて起きてくるということになるわけである。

この第六住心には法相宗、唯識の立場が配当されていた。そこで「幻影に心を観じて」とある。我々が見ている世界は心が描き出した幻のようなものに過ぎない、影像（映像）に過ぎないと観察するという意味において受け止めればよいと考える。そのように、唯識の教理に基づいて世界を観察して、自我という実体（常住不変の存在）もなければ、ものという実体もない、我・法ともに空であると了解し、その立場から、我執だけではなく法執をも断っていくのである。「境を遮す」とあるその「境」とは、実体的なアートマン（実我）と実体的なダルマ（実法）として有ると見なされたもの（遍計所執性）のことである。こうして、我執・法執を超えていき、涅槃と菩提を実現して仏となっていくのである。そのほぼ全体については、本書の第一章・第二章において説明しておいたので、ここには繰り返さないこととする。

すでに知られたように、唯識思想はきわめて高度な、現代哲学にも劣らない哲学を展開しているが、空海によれば、大乗仏教の中では最初の段階に位置づけられている。それは、すべての実体的存在を否定しても、識については残していることが問題とされるということなのであろう。

加えて、唯識思想では、すべての人間が大乗仏教の道に入って、菩薩として修行して仏となることが出来るとは限らないと説く。これは、一乗思想に対する三乗思想の立場である。そのことも、低く評価される理由になっていたかと思われる。

第七、覚心不生心　八不に戯を絶ち一念に空を観ず、心原空寂にして無相安楽なり。

唯識の識をも否定して超えていくのが、次の覚心不生心である。この住心の名称は、「心の不生を覚す心」と読むべきであろう。この不生は、詳しく言えば、不生・不滅等、後に見る八不のことでもある。

龍樹（ナーガールジュナ。一五〇～二五〇頃）は『中論頌《ちゅうろんじゅ》』を著して、のち中観派が形成されたが、この住心はその思想的立場に相当する。その『中論』の書物の最初におかれた帰敬頌に、「不生不滅・不常不断・不一不異・不来不出」とあり、これが八不中道と言われるものである。八不は四組の二元対立の否定であるが、ありとあらゆる二元対立的分別の否定、言語の否定にほかならない。そこに真理を見出すというのが『中論』の立場なのである。

「八不に戯を絶ち」とは、八不の認識のもとに戯論寂滅の世界に入るということである。あらゆる対象的分別を否定して、今・ここの一念において、対象的に捉えるものが何もないという、その事態に逢着する。そうすると、心の源、根本が静まって、その無相の世界に住して安楽である、というわけである。

ここは、唯識の識をも否定して、すべてを否定し尽くした世界に到達したところである。人間の言語・分別による把握を一切、否定し尽くした世界である。しかしその世界は、単なる無なる世界とも異なる。対象的に把握するものが何も無くなったということは、主体がまさに主体のままに息づいている、いのちがいのちそのものを生きている、そのただ中でもある。したがって、絶対の否定に徹底すると、その世界はそのまま絶対の肯定の世界、絶対なる主体の世界に転ずるであろう。そこで次に、第八住心の世界に進むのである。

第八、如実一道心　一如本浄にして境智倶に融ぜり、此の心性を知るを号して遮那と曰う。

この住心の名称、如実一道心の、如実とは真如そのもののことである。真如（タタター）とはあらゆる現象の本質・本性である空性（シューニャター）でもあり、諸々のダルマの本性すなわち法性（ダルマター）でもある。それは迷っていようが覚ろうが変わらない世界である。どんなに無明・煩悩を起こして自我やものに執著していても、本来空であるという、そのあり方そのものは変わらない。そこが一道ということである。この第八住心は、その真如・法性の絶対なる世界を証得する、その世界である。

一如とあるのは、平等一如ともよくいい、あらゆる差別が無い世界のこと、対象的に限定して捉えることが一切無い世界である。本浄とは、ありとあらゆる対象的把握、限定を離れていて、本来清浄なる世界であるということである。そこでは、対象と主観の分裂が消え果てて、融け合っている。それが「境智倶に融ず」である。主客未分の世界に入ったということである。

そこは一切の言語・分別の否定のただ中なのだが、単に否定だけではなくて、前にふれたように、むしろ絶対の肯定の世界にもほかならない。それは心の本性そのものである。その世界を体得するならば、「遮那と号す」で、その人を仏と呼ぶという。

この立場が天台宗に当てられているが、実際の天台宗の教理は、『摩訶止観《まかしかん》』に出る有名な言葉に、「一色一香、中道に非ざる無し」とあったり、現象の一つひとつに空・仮・中の三つの真理が具わっていると説いたり、さらには一念三千といって、一瞬の心にいわば全宇宙が具わっていると説いたりしている。ゆえにこの第八住心の世界が天台宗の立場にぴったり合っているとも思えないが、空海は法華の立場を華厳の立場より下と評価したのであった。このことは、のちに見るように、華厳宗の教判に基づくものである。もっとも、最澄は法華が最高で密教はそれに同ずるという立場であったが、そういう法華仏教を最高とする最澄の立場に対する、何らかの思いというものも影響していたかも知れない。

第九、極無自性心　水は自性無し、風に遇うて即ち波だつ、法界は極に非ず、警《いまし》めを蒙って忽ちに進む。

この住心の名称の極無自性心の極とは究極の世界、前の第八住心の絶対の世界である。その絶対の世界も、自性を持たないという。絶対が絶対として相対の外に、どこかに有るのではなくて、そもそも空性・法性・真如は現象の本性であるので、現象を離れてどこかにあるわけではない。絶対は絶対だけでどこかに存在しているわけではなくて、現象のただなかに見いだされるべきものである。『般若心経』でも、色即是空と言うと同時に空即是色と言う。空性が色と離れてどこかにあるわけではなく、色の中に空性がある。究極の世界は究極の世界だけとして自性を持つものではなくて、現象世界に翻るわけである。

そこを「水は自性無し、風に遇うて即ち波だつ」と言っている。水は本体、波は現象で、波が起きたときには、本体は全体、波になり尽くすことになる。風は、縁を意味する。絶対は絶対そのものとしてどこかにあるわけではなく、縁に応じて現象として展開していくのだというのである。

前章に十重唯識の思想を見た時、第六、転真成事唯識において、「如来蔵（真如）、自性を守らず、縁に随って」諸法と作《な》るとあった（本書一五二頁参照）。その結果、現象とその本性は融け合っていることにもなる。まさに色即是空・空即是色であり、そこが、理事無礙法界である。華厳の場合はそこをふまえて、空性を通じて事と事とが融け合っているという事事無礙法界を説くのであった。そこでは理が消える。そこに極無自性という、水が全体、波立つように、理が全体、事に展開している世界がある。

しかしその法界も究極ではないとある。この句については、二つの読み方がある。ここの法界を単純な絶対の世界とみて、天台で言っている真如・法性も究極ではない。そういう戒めを受けて、そこに留まっていないで、現象世界の中に出て来て、はたらかなければならない、ここに華厳の事事無礙法界がありますよという読み方である。もう一つは、この法界は華厳思想に言われる法界であり、華厳の四種法界、ひいては事事無礙法界もけっして究極ではない。さらに密教の世界がある、密教はもっと勝れた世界である。ゆえに華厳思想に留まらないで、次の密教に進まなければいけない。このような読み方もある。大体、真言宗の方は、後者の解釈を主として受け止めているようである。ただし空海はこの「極無自性」の句に対して、「華厳の大意は始めを原《たず》ね、終りを要《もと》むるに、真如法界不守自性随縁の義を明かす」と説明しており（定本第三巻、一六三頁）、この立場を中心に見ていくべきだと私は考える。

第十、秘密荘厳心　顕薬は塵を払い真言は庫を開いて、秘宝忽ちに陳して万徳即ち証す。最後に第十住心の秘密荘厳心である。この住心の名称、秘密荘厳心とは、人間の心には、ふだん知られていないものの、多くのすばらしい功徳で荘厳されているということであろう。それを開くのが密教なのである。

顕教という薬は、確かに煩悩の塵を除くであろう。薬というものは病に応じて処方され与えられるものである。顕教とはそのように、真理を真理のままに説かないで、相手に応じてオブラートに包んで渡す方便の教えだという意味が、顕薬の「薬」にはあるわけである。

しかし真言密教は即身成仏を実現させて、蔵を開くのだという。その人その人の心の中に秘蔵されている素晴らしい性質・徳性をこの世の内に発揮させることが可能になるのだというのである。そうすると、ありとあらゆる功徳（万徳）を証することになる。そこで、密教はもっとも勝れている教えだというわけである。

『秘蔵宝鑰』では、特にその行法が優れているとの主張となっていて、その行法については、阿字観、月輪観《がちりんかん》、五相成身観《ごそうじょうしんかん》等があり、三密加持において実現するものである。この中、五相成身観の内容をごく簡単に紹介しておけば、次のようである。

通達心　通達菩提心ともいい、行者の身中に本来、自性清浄心を具有することを観ずる位で、軽霧の中にある月輪を観想する。

成菩提心　修菩提心ともいい、離垢清浄の菩提心を観ずる行で、雲の晴れた秋の夜の満月輪を観ずる。

金剛心　成金剛心ともいい、自性清浄心の中に金剛堅固の仏智を確立する観行で、月輪の中に五智を表わす五股金剛杵などを観ずる。

金剛身　証金剛身ともいい、仏智がそのまま仏身であるとなす観行で、五股金剛杵をそのまま自身と観ずる。

金剛堅固身　仏身円満ともいう。

（勝又俊教『秘蔵宝鑰　般若心経秘鍵』、仏典講座三二、大蔵出版、一九七七年、三二四～三二五頁）

『秘蔵宝鑰』ではこうして、主に密教の行が勝れているということを語っているだけで、密教独自の人間観・世界観については、あまり詳しくは触れられていないのが実情である。しかし密教に密教自身の独自の世界観がまったくないはずはないであろう。そのことについては、章を改めて尋ねていくことにしよう。

道徳と宗教

以上、空海の十住心思想の概要を見てきた。空海の密教がいかに広大な裾野の上に打ち立てられたものであるか、その思想・哲学の評価がいかに厳正なものであったかを理解することができたかと思う。日本には哲学者はいないとも言われることがしばしばであるが、空海のように巨大なスケールの哲学者もいたのである。

この十住心思想では、いくつか重要な論点がある。たとえば小乗から大乗への意味、顕教から密教への意味もその一つである。ここでは、他の二つの点を取り上げて、補足しておきたい。一つは第三住心・外道と第四住心・仏教以降との間、もう一つは第八住心・法華と第九住心・華厳との差異についてである。

前者の第三住心は、善を修して天上に生まれて、しばらくやすらぎを得たところであった。しかしそれはあくまでもしばらくのことであり、根本的な自己の苦しみの問題の解決を果たすには、さらに仏教に進んでいかなければならないのであった。

人間の苦悩の根本的な解決とは、やはり自分自身が何であるか、自分のいのちの意味はどこにあるのかを自分なりに深くうなづくところにある。そのことがあってこそ、初めて深い安心を得ることができる。ところが第三住心の立場では、自分の存在は問題とはなっておらず、自分は疑うまでもなく自明の存在と思っていて、その自分をいかに楽しみの多い環境におくか、いかに拡充するかしか考えていない。

しかし宗教は、まさにその自分とは何かが問題になったところに浮上して来るものである。自分はどう生きるかではなくて、そもそも自分とは何なのかが問題になるのが宗教の世界なのである。このことを、西田幾多郎は宗教について説く論文「場所的論理と宗教的世界観」において、次のように強調している。

> 宗教の問題は、我々の自己が、働くものとして、いかにあるべきか、いかに働くべきかにあるのではなくして、我々の自己とはいかなる存在であるか、何であるかにあるのである。……人は往々、唯過ち迷う我々の自己の不完全性の立場から、宗教的要求を基礎付けようとする。しかし単にそういう立場からは、宗教心というものが出て来るのではない。相場師でも過ち迷うのである。彼も深く自己の無力を悲しむのである。また宗教的に迷うということは、自己の

目的に迷うことではなくして、自己の在処に迷うことである。
（『西田幾多郎全集』〔旧版〕、岩波書店、第十一巻、四〇六〜四〇七頁）

西田は、このように道徳と宗教は、根本的に違うのだという。まさにそのことがこの第三住心の問題として現れているわけである。

仏教というものは、その核心を言えば、自己とは何かの究明の道だと言ってよい。禅の世界では、よく己事究明の道であると言われるが、このことは禅だけではなく、仏教全体のことに違いないであろう。こうして、外道の立場の第三住心から、第四住心以降の仏教の世界に進んでいくのである。空海もまた、どこまでも自己とは何かを追究しぬいて、次章に見るように、曼荼羅の世界に辿り着いたのであった。

法華と華厳

次に、第八住心と第九住心の違い、言い換えれば法華と華厳もしくは天台と華厳の差はどこにあるかの問題である。空海の十住心思想においては、平等無差別の真如・法性から、事事無礙の世界へということで、その間の区別は明瞭である。しかし実際の天台宗では、たとえば十界互具、一念三千のような思想もあり、けっこう華厳的な思想も存在しないわけではない。そこはいったいどのように考えられていたのであろうか。

『秘蔵宝鑰』には、第九住心において、「……諸法、自性無きが故に卑を去《さ》け尊を取るが故に、真如受熏の極唱、勝義無性の秘告《ひごう》有り。一道を弾指に警しめ、無為を未極に覚す。等空の心、是《ここ》に於て始めて起り、寂滅の果、果還って因と為る」（定本第三巻、一六二頁）とあり、さらに「善無畏三蔵の説かく、此の極無自性心の一句に悉く華厳教を摂し尽す。所以は何んとなれば、華厳の大意は始めを原《たず》ね終りを要むるに、真如法界不守自性随縁の義を明す」（同前、一六三頁）とも言っている。平等一味の無為の世界はいまだ究極でなく、さらに無為法は空性であるがゆえに現象世界によみがえるべきであり、そこを華厳宗は説いているので、第八住心より上になるということである。

もっとも、実は戯論寂滅を説く三論宗にもすでに理事無礙の立場が含まれ、また実際の天台宗では前に言うように事事無礙的な思想をも有しているのであった。それでも十住心の体系上、華厳宗のほうが上となる理由については、『華厳五教章』の、

或いは釈迦の報土は霊鷲山に在りと説く。法華經に云うが如し、「我れ常に霊鷲山に在り」等と。……故に法華を説く処、即ち実と為すなり。菩提樹下にして華厳を説く処を蓮華蔵十仏の境界と為すが如く、法華も亦た爾なり。漸く此れに同ずるが故に、是れ同教なり。然も未だ彼の処を即ち十蓮華蔵及び因陀羅等と為すと説かざるが故に、別教に非ざるなり。

(「所詮差別」第九、摂化分斉。鎌田茂雄『華厳五教章』、仏典講座二八、大蔵出版、一七七九年、四九一頁)

に見るべきであろう。その他、同「建立乗」や「所詮差別」にいくつか両者の差異について説くところがあるが、いずれも趣旨は同様である。すなわち、天台ではまだ、十身仏および重重無尽の縁起を説くことはないので、それらを説く華厳思想のほうがより深いというのである。たとえ天台宗が現象世界に絶対性を見るとしても、まだ十分には事事無礙の理路を明かさないので、これを明かす華厳宗のほうをより上に見るということである。

なお、この第八住心と第九住心との間について、古来、『秘蔵宝鑰』の注釈書等において、いくつかの論点が示されている。金山穆韶は『日本真言の哲学』(大半は『秘蔵宝鑰』の解説である)において、それらを次のようにまとめているのは参考になる。やや煩瑣になるので要点のみ摘記しておく。

天台の三千円具は本経(『法華経』)にその文がないが、華厳の事事無礙は如来の誠説(『華厳経』)である。『法華経』には明確に事事円融を説き示した文はこれを見ることができない。すなわち天台の三千円具の思想は祖師の釈義によって生じたものである。……

天台・華厳の二宗が共に事理円融を談ずるのはその所説同じであるように見えるけれども、両者の間にはなお教格の不同がある。天台は実相門であって、横に諸法の実相を観じ、俗諦常住を明らかにすることをもって宗とする。これに対し華厳は縁起門であって、無尽縁起を宗旨とする。しかして、無尽縁起は因分の法門であって果分不可説の境ではないのであるから、この無尽円融のほかにさらに果分の性海を指し、これを十仏自境界とす。しかるに天台は三諦円融の妙理をもって極となし、これを超えた果分の境あることを知らない。

二宗究竟するところをいえば天台は性具、華厳は性起を談ずるにある。性具は比較的理に近く、性起は事に近い。しかして天台は理具の故に一法界を説くものであり、華厳は事事多法界を説くものであるが、真言宗では多法界を本位とするものであるから、この多法界の本位に近い華厳を深なりとして天台の上位に置いたのである。

天台は三千円具を談じ、華厳は事事無礙を説き、いずれも事事円融の理趣を開示するものであるけれども、その根底を問えば無生の理を本としないものはない。天台も華厳も共に寂滅無生の理を本として無礙円融を談ずるものではあるけれども、華厳は無礙を明らかにする点において天台よりもすぐれたものがあるのと、またその果分の実在を説くことによって秘密曼荼羅界を暗示するものがあるので、これを天台の上に置いたのである。

（金山穆韶・柳田謙十郎『日本真言の哲学』、大法輪閣、二〇〇八年、二七〇～二七二頁）

今の文章にはやや難解の箇所もあったかもしれないが、議論の大体は知られたであろう。

以上、本章では、『弁顕密二教論』および『秘蔵宝鑰』を中心に、空海の哲学の全貌を概観した。空海は仏教思想全体への吟味・検討を経て、密教の世界を描くのである。空海の密教については、ただ密教だけを学修しても、その特質や真価は了解できないに違いない。特に中国で発達した天台や華厳等、顕教のすべてを理解してこそ、密教の本質も正しく了解できるはずである。空海の仏教はその全体を包摂したものなのであった。

次章には、密教そのものの人間観・世界観とはどのようなものなのか、について探ってみたい。

第六章　空海の哲学（二）

動態的曼荼羅の風光

空海の人間観・世界観を尋ねて

空海の『秘蔵宝鑰』で、密教の世界を明かす第十・秘密荘厳心の部分は、ほとんどが『菩提心論』の密教の行法を説く箇所の引用であり、密教独自の人間観・世界観はあまり描かれてはいなかった。そこで空海の他の著作に、このことを尋ねていきたいと思う。

いったい空海の密教は、どのような仏教なのであろうか。空海は長安にあって、帰朝の要請をそのときたまたまいた遣唐使の高階遠成に提出したとき、自分が恵果から受け継いだ密教の教えは、攘災招福と即身成仏を特質とするものだとしている（本書一七五頁参照）。この即身成仏ということは、密教の最大の特徴であろう。このことは、すでに自己の本質が仏そのものであることに依拠したものである。そのあり方については、後に多少、見ることができよう。

一方、『弁顕密二教論』には、密教の特質として、法身説法、果分可説ということを挙げていた。顕教では、仏の覚りの世界について、言葉では説けないという。『華厳経』の立場は、「因分可説、果分不可説」とされているようである。しかし密教では、果分すなわち仏の自内証（自ら内に覚っている世界）についても説けると言うし、そもそも法身仏が自ら説法するともいうのである。この法身説法の法身仏とはどのような仏かについては解釈に慎重を要するが、『弁顕密二教論』によれば自性身と自受用身であるという（本書一七四頁参照）。ともかく、究極の仏が覚りの世界の光景について説くというのである。このことも、密教の重要な特質の一つであろう。

したがって、たとえば空海の書簡とされる「叡山の澄法師の理趣釈経を求むるに答する書」（『性霊集』巻第十）に見られる、「秘蔵の奥旨は文を得ることを貴しとせず、唯だ心を以て心に伝うるに在り。文は是れ糟粕なり、文は是れ瓦礫なり、則ち粋の実、至宝を失う」（定本第八巻、二〇三頁）などという言葉をもって空海の言語観を代表するものとすることは、とうていできないことである。もしこれを本当に空海が述べたのであるならば、それは方便としてであっただろう。

空海の密教を真言宗という。それは、陀羅尼のようなものを重用するからだけではない、絶対者のような法身仏の説法は真実の言葉であるからである。その際、『弁顕密二教論』に、「言、秘奥なり」と言われるように、密教の教えはその語の表面的な意味のみでは了解されず、より深い意味を汲まなければ真意は知られないようなものである。そのように、言語が時に暗号のように用いられ、すなわち密号として用いられる。ゆえに密教なのである。

密教経論の言語に関して、空海は字相と字義を区別して見なければならないと言っている。字相とは語の表面的な意味、字義とは語の表面には隠れている深い意味のことである。『吽字義』は、この観点から、吽（hūṃ）字を構成する訶（h）・阿（a）・汙（u）・麼（m）の各字の多彩な意味を解説する。密教の文献、空海の著作を読む際には、必ずやその字義を読み込むよう注意しなければならない。この独自の言語哲学に、密教の特徴の主たるものを見ることができる。そこで空海の密教の人間観・世界観を探るに当たり、その言語観から入ることにしてみたい。

『声字実相義』の言語哲学

空海の言語哲学は、まずはその著、『声字実相義』に明かされていると期待されよう。とすればしばらく、『声字実相義』が説くところを覗いてみたい。たとえば「声字実相」ということについて、『声字実相義』には次のようにある。

> 初に釈名とは、内外《ないげ》の風気、纔《わずか》に発《おこ》って、必ず響くを名づけて声《しょう》と曰うなり。響きは必ず声に由る。声は則ち響きの本なり。声発って虚しからず。必ず物の名《みょう》を表すれば、号して字と曰うなり。名は必ず体を招く、之を実相と名づく。声と字と実相と三種区別なれば、義と名づく。
>
> （定本第三巻、三五～三六頁）

ここには、顕教で説かれる言語の分析が示されている。「内外の風気」とは、入息・出息とも、個体の発声・環境の音声とも解されている。要は音声、音響のことである。字は母音・子音のことなのであるが、音声がただちに母音・子音であるわけではない。音声の音韻屈曲が字になるのである。この字のあつまりが、単語や文章を構成する。その言語（名、さらには句）は、実相を表現することにもなる。「声字実相」に、その基本的な意味を理解しておくべきだというのである。

しかし、これだけでは顕教の言語哲学と何ら変わらないことになる。そこで『声字実相義』では、密教の言語哲学を明かしていくのに、まず『大日経』の「等正覚の真言の、言と名と成立《ごんみょうじょうりゅう》との相は、因陀羅の宗の如くにして、諸の義利成就せり」（大正一八巻、九頁下）を引用し、この句について解説していく（定本第三巻、三七頁以下）。「等正覚」とは、仏のことである。「言と名と成立との相」とは、空海の『金剛頂経開題』によれば、「梵の言名成立とは、一字を言と曰い、二字を名と曰う。多字は成立、亦たは句と名づく」（定本第四巻、七五頁）との説明がある。これは、『大日経疏』の説明（大正三九巻六四九頁下）もふまえたものであろう。要は言語のすべてである。「因陀羅の宗の如く」とは、帝釈天が言語に関する書（声論）を著したが、そこに言語に多義的なものを見ていく視点が説かれているのと同様に、密教でも言語を一義的でなく多義的に見ていくというのである。このような言語を用いることによって、自内証の世界を説くこともでき、またそのことによって衆生を利益することもできるというわけである。

このことについて、空海は、次のように説明している。

若し秘密の釈を作さば、一一の言、一一の名、一一の成立に、各の能く無辺の義理を具す。諸仏菩薩、無量の身雲を起して、三世に常に一一の字義を説くとも、猶尚《なお》し尽すこと能わず。何《いか》に況や凡夫をや。今、且く一隅を示すのみ。（定本第三巻、三七〜三八頁）

密教における言語では、字（音素）・名（単語）・句（文章）それぞれのレベルで、一つのものが無辺の意味・道理を表現しているという。このことを受け止めるとき、世俗言語における一義的な意味体系の呪縛を超えて、新たな世界に遊ぶことができるであろう。特に興味深いのは、すでに一字においても多彩な意味を表現していると見ていることである。日本語で言えば、「め」や「て」や「は」等々、一字で意味を持つものもないではないが、一般に字は意味を持たず、また持ってもその意味は限られているであろう。しかし密教の言語論からすれば、一つの母音や子音＋母音（ka, ci, tu, pe, mo, 等々）は、それぞれ無量の意味を有しているという。ここに密教独特の言語哲学を見ることができる。

そもそも字は種字（種子）となって、それぞれ諸仏諸尊を表わすと考えられている。ゆえにその字（音）を唱えれば当の仏・菩薩との一体化が実現するとさえ見なされている。いわゆる視覚的に造型された文字もまた、当の仏・菩薩を表わすことは言うまでもない。空海が嵯峨天皇に捧

げた『梵字悉曇字母《ぼんじしったんじも》并《ならびに》釈義《しゃくぎ》』では、

此の悉曇章は、本有自然《ほんぬじねん》の真実不変常住の字なり。三世の諸仏は皆な此の字を用いて法を説きたまう。是れを聖語《しょうご》と名づく。自余の声字は是れ則ち凡の語《ことば》なり。法然の道理に非ず。皆な随類の字語ならくのみ。若し彼の言語に随順する、是れを妄語と名づく。亦た無義語と名づく。若し能く聖語に随順するときは、即ち無量の功徳を得。

(定本第五巻、一一一頁)

とあり、また、

然も梵字梵語には、一字の声に於いて無量の義を含めり。改めて唐言に曰えば、但し片玉を得て、三隅は則ち闕けぬ。故に道安法師は五失の文を著し、義浄三蔵は不翻の歎を興せり。是の故に、真言を伝うるの匠《しょう》、不空三蔵等、密蔵真言を教授するに悉く梵字を用いたまえり。然れば則ち此の梵字は三世に亘って而も常恒なり。十方に遍じて以て不改なり。之を学し之を書すれば、定めて常住の仏智を得、之を誦し之を観ば、必ず不壊《ふえ》の法身を証す。諸教の根本、諸智の父母、蓋し此の字母に在るか。……

(同前、一〇五~一〇六頁)

と言っている。ここに、「之を学し之を書すれば、定めて常住の仏智を得、之を誦し之を観ば、必ず不壊の法身を証す」とある。とすれば、おそらく字のあるところには、実は諸仏諸尊がひそかに立ち現れていることであろう。この世も諸仏諸尊が共存・協働している世界になる。あるいはこのことが、自内証の世界そのものなのかもしれない。

さらにそれぞれの字は無量の意味を有している。このことの一例は、『吽字義』に明かされている。中でも特に汙字については、その説明が委細を尽くしている。ここにはそのすべてを引用することはとうていできないが、その一端のみ紹介しよう。汙字の根本は、ūna で、通常は損減の意味である。

復た次に旋陀羅尼門に約して釈せば、
一切諸法本不生の故に、汙字門も無損減なり。
諸法離作業の故に、汙字門も亦た無損減なり。
諸法等虚空無相の故に、汙字門も亦《ま》復た等虚空無損減なり。
諸法無行の故に、汙字門も亦復た無行なり。
諸法無一合相の故に、汙字門も亦復た無一合相なり。
諸法離遷変の故に、汙字門も亦た離遷変なり。
諸法無影像の故に、汙字門も亦た無影像なり。
諸法無生の故に、汙字門も亦復た無生なり。

諸法無戦敵の故に、汙字門も亦た無戦敵なり。
……

（定本第三巻、五九〜六〇頁）

以下、このような説明がずうっと続いている。詳しくは、同書を参照されたい。汙字の字相は損減である。しかし汙字の字義においては、その反対の無損滅を意味したり、他の内容をも意味したりするとされるわけである。
そのような特質を持つ字が集まって単語を構成し、さらには文章を作るわけで、それらの意味が測り知れないものとなることは、想像もつかないほどである。

「声字実相」が明かす世界

では密教は、このような言語を用いて、何を明かそうとするのであろうか。
『弁顕密二教論』には、次の句が示されていた。

自性・受用の仏は、自受法楽の故に自眷属とともに各々三密門を説きたもう。之を密教と謂う。此の三密門とは、謂わ所る如来の内証智の境界なり。

（定本第三巻、七五頁）

すなわち如来の自内証の世界を、三密門を説くことによって明らかにするのだという。この簡潔にして要を得た説示は、法身説法の根本と受け止めるべきであろう。言うまでもなく三密とは、衆生の身・語・意の三業に対応した、仏の身体的行為、言語的行為、心理的行為のことである。この仏の活動のありようを明かすことが、密教の説法の目的なのである。それは後に見るように、その三密が自己そのものに具わっている、そのことを明かすことでもあるであろう。『声字実相義』でも、同様のことを示している。

謂わ所る声字実相といっぱ、即ち是れ法仏平等の三密、衆生本有の曼荼なり。故に大日如来、この声字実相の義を説いて、彼の衆生長眠《じょうみん》の耳を驚かす。（定本第三巻、三五頁）

初に叙意とは、夫れ如来の説法は、必ず文字に藉《よ》る。文字の所在は、六塵、其の体なり。六塵の本は、法仏の三密即ち是れなり。平等の三密は法界に遍じて而も常恒なり。五智・四身は、十界を具して而も欠くること無し。（同前。ただし順序的には、この文が前引用文より前にある）

このように、「声字実相」とは、まずもって法仏の平等の三密なのである。その初歩的な意味はおそらく、声字によって明かすべき実相は法仏平等の三密である、ということであろう。あるいはまた、声字がすなわち実相であるということを明かしたものでもあるであろう。空海はサンスクリット語の複合語の作法（六合釈）に準じて、声字即実相（持業釈）の解釈が密教の法門に親しいものと示している（同前、三七頁）。このことは、結局、「即事而真《そくじにしん》」（現象の一つ一つが真実そのもの）という世界観を意味することになると思われる。

さらに『声字実相義』では、声・字・実相がそもそも三密なのだとも示している。前に挙げた「等正覚真言、言名成立相、如因陀羅宗、諸義利成就」の引用の後に、次のように言っている。

頌の初に、等正覚とは、平等法仏の身密是れなり。此れ是の身密、其の数無量なり。即身義の中に釈するが如し。此の身密は則ち実相なり。
次に真言とは、則ち是れ声なり。声は則ち語密なり。
次に言名とは、即ち是れ字なり。言に因って名顕わる、名即ち字なるが故に。
是れ則ち一偈の中に声字実相有り。

（同前、三八頁）

このように、等正覚＝身密、真言＝声＝語密、言名＝字（ないし名・句）と解釈し、おそらくは言語（名・句・文）に表わされた意味を意密と解することで、「声・字・実相」自体が、「語密・意密・身密」を表しているのだという。この場合の実相は、やや限定された諸仏諸尊の身相のことであり、「声・字・実相」＝三密が本来の実相であろう。密教の説法は、この三密の実相を明かそうとするものなのである。

ここで注意すべきは、「法仏の平等の三密」の「平等」の意味である。そこには、三つの意味が籠められていると思われる。

第一は、身密・語密・意密相互の間で、平等であるということである。その意旨を探るに、身密・語密の根底に意密があり、両者は意密によって展開されているであろう。語密の説法には、身ぶり手ぶりの身密が伴われることはごく自然であり、また身相そのものが種々のメッセージを表現していて、語密の意味も発揮していよう。何よりもすべては衆生救済の大悲によるものであって、そこにおいて三密は平等であると見ることができる。

第二は、衆生の内なる仏の三密は、仏の三密そのものと平等であるということである。このことを明かす言葉を、前に見た『声字実相義』の「いわゆる声字実相とは、即ち是れ法仏平等の三密、衆生本有の曼荼なり」(同前、三五頁)に見ることができる。「衆生本有の曼荼」とは、法曼荼羅・三昧耶曼荼羅・大曼荼羅・羯磨曼荼羅の四種曼荼羅のことに違いない。この曼荼羅とは、輪円具足ということで、すべてそろっているということ、全集合のことである。四種曼荼羅のおのおのについては、以下のとおりである(身・語・意の順にした)。

大曼荼羅とは、諸仏・諸尊の姿・形の輪円具足した世界、つまりそれらの全部の集合のことである、それを大曼荼羅と言う。まさにそれを絵に描いたものが、大日如来の周りに諸仏・諸尊の姿が配置されている、いわゆる胎蔵界・金剛界の曼荼羅の絵図である。曼荼羅というとただちに絵図の曼荼羅を想起するかもしれないが、絵図による表現以前に、その全集合の世界が有るわけである。

法曼荼羅とは、法はダルマであるが、この場合の法は説法の法である。教えのことであり、要するに言語である。法曼荼羅とは言葉の輪円具足で、説法における母音・子音の音素のすべて、単語のすべて、句ないし文章のすべて、それらの一切が法曼荼羅である。

三昧耶曼荼羅の三昧耶とは、印のこと、象徴のことである。薬師如来は薬の瓶を持っており、不動明王は剣を持っており、千手観音は宝珠とか羂索とか楊柳とか胡瓶とか鉄斧とかいろいろなものを持っている。そういうそれぞれの諸仏・諸菩薩のいわば象徴の一切が三昧耶曼荼羅である。

さらに羯磨曼荼羅の羯磨とは、サンスクリット語のカルマンの音写であり、カルマンは行為とか活動のことである。したがって、諸仏・諸尊等の活動のすべてが、羯磨曼荼羅である。

大曼荼羅は姿・形のことで、いわば身体の世界である。法曼荼羅は言語の世界である。三昧耶曼荼羅は象徴のことなのであるが、何を象徴しているかと言えば、それはその持ち主の心をであろう。とすれば三昧耶曼荼羅とは結局、心の全集合と見てよいと考えられる。

そうすると、四種曼荼羅の大曼荼羅・法曼荼羅・三昧耶曼荼羅とは身・語・意のそれぞれの方面の全集合を表すものと言えよう。羯磨曼荼羅とは活動のことであるから、それらの活動ということになる。ゆえに四種曼荼羅で、実は仏の身・語・意の活動をいうことになる。それはまさに身密・語密・意密の三密にほかならない。したがって、前に『声字実相義』に「いわゆる声字実相とは、即ち是れ法仏平等の三密、衆生本有の曼荼なり」とあったが、仏自身の三密が衆生に具わっているところを、「衆生本有の曼荼羅」と言ったと解される。実際、『秘蔵宝鑰』には、「四種の曼荼は法体に住して駢塡《へんてん》たり」（定本第三巻、一一四頁）とあり、『即身成仏義』でも、法界体性に四種曼荼羅が不離であることが説かれている（後述。本書二二五頁以下参照）。法界体性は、各自の本体である。こうして、仏の三密は四種曼荼羅としておのおのの衆生に内在しているのであり、ここに、仏の三密と衆生の三密とが平等であることを見るべきなのである。

このことは、衆生には仏がいることを意味している。前に『声字実相義』に、「平等の三密は法界に遍じてしかも常恒なり。五智・四身は、十界を具してしかも欠くること無し」（本書二〇九頁）とあったが、衆生に三密があるということは、衆生に法界体性智・大円鏡智・平等性智・妙観察智・成所作智の五智と、自性身・受用身・変化身・等流身の四身がもとより具わっているということでもあるわけである。それは、人間界のみならず、地獄・餓鬼・畜生・修羅・人間・声聞・縁覚・菩薩・仏の十界をすべて包摂しており、逆に十界のすべてにおいて五智・四身はすでに成就しているのである。ただし、無明・煩悩の厚・薄によって、そのことに気づかなかったり多少、気づいたりするのであろう。そういうことであれば、十界の衆生のすべてに三密はあるということになる。

第三に、ある一個の仏の三密と、他のあらゆる諸仏諸尊（衆生も含む）のそれぞれの三密が平等であることを意味していることも理解すべきである。それは、そもそも自他の身が相即相入していて、ゆえにその自他の活動（三密）もまた相即相入しているからである。このことについては、『即身成仏義』が詳しく明かしているので、それを以下に見ていきたいと思う。

内外の六塵に言語を見る

ただし、その前に、『声字実相義』の言語哲学のもう一つの主張についてふれておきたい。『声字実相義』では、その言語哲学を、次の頌にまとめて説いている。

五大に皆な響き有り、十界に言語を具す、
六塵に悉く文字あり、法身は是れ実相なり。
（定本第三巻、三八頁）

この頌を私は「声字実相頌」と呼ぶことにしている。最初の五大は、地大・水大・火大・風大・空大のことである。ただし、地大・水大・火大・風大は、仏教では本来、堅・湿・煖・動という性質をもたらすもののことなのであって、それらが直ちに音響を持つとは考えにくい。五感の対象の五境（色・声・香・味・触）は、その四大所成とされるので、その四大所成の五境について皆な響き有りと言ったのかと考えても、一般に声には響きがあっても他には有るとは考えにくい。ここは顕教の立場では、本当は理解しえないのが実情である。ただし、声境に限ってのこととして、「一切の音声、五大を離れず。五大は即ち是れ声の本体なり。音響は則ち用なり。故に五大皆有響と曰う」という事情のことということであれば、整合的ではあろう。この場合の声の体・用とは、字あるいは名・句・文（すなわち言語）以前の、その依りどころの地平のことである。はたして空海はこの五大に対して、「密の五大とは、五字五仏及び海会《かいえ》の諸尊是れなり」（同前、三九頁）と言っている。結局、この五大とは、あらゆる諸仏諸尊のことなのである。諸仏諸尊が説法していること、意密とともに語密・身密を発揮していること、そこに響きがあることは、言うまでもないことである。ちなみに、井筒俊彦「意味分節理論と空海」でも、この「五大に皆な響き有り」の句をとりあげているが、単に地・水・火・風・空と見るのみで、密の五大には何ら言及していない（『意味の深みへ　東洋哲学の水位』、岩波書店、一九八五年、二六三頁、二七七頁）。

次の「十界に言語を具す」は、前に「五智・四身は、十界を具して而も欠くること無し」（定本第三巻、三五頁）とあったことからも、これまた当然のことであろう。単に音響（声＝音）が発せられるだけでなく音響の長短高低（イントネーション）において、文《あや》即字があり、その字が集まって単語と名と文章となり、言語の機能を発揮していくことになる。なお、空海によれば、仏界の言語のみ真実の語であるという。ただ私には、こういう解釈はどこかしら深秘釈ではないように思われる。

ここまでは基本的に声境（音）にかかわる言語が論じられているが、このあと、第三句において、「六塵に悉く文字あり」と急展開する。五感のすべてを依りどころとして、言語がありうると言うのである。このことについて『声字実相義』では、色塵（眼識＝視覚の対象）の説明だけで終えている。声塵は言うまでもなく、他の四塵は、色塵に準じてうけとめよ、というのであろう。なお、この第三句は、「六塵悉く文字なり」と読む向きもあるが、その直後の空海の解説、および仏教における言語理論に照らして、「六塵に悉く文字あり」と読むべきである。このとき、井筒俊彦が言う、「存在はコトバである」の命題（前掲論稿参照）は、再考を招くものとなろう。もっとも、『即身成仏義』には、「諸の顕教の中には四大等を以ては非情と為す、密教には則ち此れを説いて如来の三昧耶身と為す」（定本第三巻、二三頁）とあり、いわばすべては如来の象徴なのであり、その意味でコトバであるとは言えるかもしれないが。いずれにせよ、六塵に文字を見ることで、その言葉は通常の言語（狭義の言葉）をはるかに超えたものとなっていよう。

実はこの「声字実相頌」の第三句の主題は、「内外の文字を尽す」ことにあるという（同前、三九頁）。このことは、特に色塵と言語の関係について語る頌、「顕《けん》・形《ぎょう》・表《ひょう》等の色、内外の依正に具せり、法然と随縁とに有り、能迷と亦た能悟となり」（同前、四一頁）の「内外の依正に具せり」と照応したものであろう。「六塵に悉く文字あり」の句は、言語は声塵のみに基づくのではないということが主題であるとは言わず、身心の仏身とその国土にある言語のすべてを明かすことが、ここの主題であるというのである。

この「内外の依正に具せり」ということは、『華厳経』の次の句の引用によって説明されている。

経に云く、仏身は不思議なり。国土悉く中に在り。（大正一〇巻、三二頁上）
又た一毛に多刹海を示現す。一一毛に現ずることも悉く亦た然なり。是の如く法界に普周せり。（大正一〇巻、三〇頁上）
又た一毛孔の内に難思の刹等微塵数にして種種に住し、一一に皆な遍照尊有して衆会の中に在りて妙法を宣べ、一塵の中に於て大小の刹種種差別なること塵数の如し。一切国土の所有の塵、一一の塵の中に仏、皆な入りたまえり。（大正一〇巻、三六頁中）
今、此れ等の文に依りて、明に知んぬ、仏身及び衆生身、大小重重なり。或は虚空法界を以って身量と為し、或は不可説不可説の仏刹を以って身量と為す。乃至、十仏刹を以ってし、一仏刹一微塵を身量と為す。是の如くの大小の身土、互いに内外と為り、互いに依正と為る。此の内外の依正の中に、必ず顕形表色を具す。故に、内外依正具と曰う。（定本第三巻、四六頁）

仏身だけでなく、衆生身も含めて、その身と土とは、相互に内外となり、相互に依正となるという。身体の中に環境があり、その環境に身体がある。そこに重々の関係があり、そこに色塵ないし五感の対象がありうることは言うまでもないことであろう。そういう五感の対象に基づいて、言語がありうるのだという。あるいは五感の対象の一々は、実に事事無礙のあり方を表現しているのだということであろう。

しかもその身・土には、「法然と随縁」とがあるという。衆生の中に法然の仏身・仏土が存在していて、しかも人間界の衆生には人間の身と人間界の環境世界が現前している。その法然の仏土については、実に法身仏の仏国土が、受用身の仏国土とは区別されて、しかも具体的にその荘厳が描かれている。とすれば、この法身とは単なる理ではなく、理智不二の、それも受用身そのものと変らない智を成就しているものなのであろう。いわば因位の受用身を法身と言っているのであって、実は法身と受用身とは内容的に何も変わらないと見るべきなのだと思われる。そこで衆生の本質は仏身・仏土であることを覚るのが仏であり、迷うのが衆生である。

興味深いことは、この『声字実相義』の冒頭に、次のようにあることである。

初に叙意といっぱ、夫れ如来の説法は、必ず文字に藉る。文字の所在は、六塵其の体なり。六塵の本は、法仏の三密即ち是れなり。平等の三密は法界に遍じて而も常恒なり。五智四身は、十界を具して而も欠くること無し。悟れる者は大覚と号す。迷える者をば衆生と名づく。衆生癡暗にして、自ら覚るに由《よし》無し。如来加持して其の帰趣を示す。帰趣の本、名教に非ざれば立せず。名教の興り、声字に非ざれば成ぜず。声字分明にして実相顕わる。（同前、三五頁）

今、あえて叙意のすべてを引用したが、そのすべてをここで検討しようというわけではない。ここに、「六塵の本は、法仏の三密是れなり」とあることである。ここをどう解釈すべきであろうか。

三密は法界体性所生で、六塵も法界体性所生であり、法界体性所生のすべてを三密でまとめて把握した時、六塵もそこにあるということであろうか。六塵（特に五塵）は、身体と環境に見いだされるべきものである。それは、身密に含まれるという解釈であろうか。その場合、身密の中に、実は仏身の活動のみならず、その住する器世間の表現も見るべきだということになる。四種曼荼羅で言えば、大曼荼羅、法曼荼羅、三昧耶曼荼羅、そしてその活動態としての羯磨曼荼羅に六塵を見ることができよう。また、おそらく三密は五智に還元され、その五智には器世間とその感覚も含まれているであろう。その五智は一身にあるのである。六塵の本が法仏の三密にあるということについて、概略、以上のような解釈が可能かと考える。

ちなみに、六塵の本は三密であるという指摘は、井筒俊彦がいかにも喜びそうなものであるが、前掲論文においてこのことにも井筒は何ら言及していないのは、残念である。

ともあれ、こうしてみると、声字実相と三密との関係に関して、声字によって三密を明かす、声字実相が三密である、とともに、声字ないし六塵は三密（実相）に基づくということになった。一口に声字実相と言っても決して一義的でなく、そこにそれらの意味が多重的に共存していることを理解しなければならないであろう。

『即身成仏義』の六大無礙について

以上、『声字実相義』の議論の骨子は見ることが出来た。ここで元に戻って、法仏平等の三密が、諸仏諸尊の各身の三密が互いに平等であるということについて『即身成仏義』の議論を見ていくことにする。

『即身成仏義』は、前半に、『大日経』『金剛頂経』『菩提心論』の二教一論に基づき、密教の仏道によれば、この世のうちに成仏を果すことができることを論証していく。この後、「即身成仏頌」なるものを示して、「即身成仏」の意味についてまったく異なる意味を明かし、むしろ我々の存在の本来のありようを明かすのである。その「即身成仏頌」は、次のようなものである。

六大無礙にして常に瑜伽なり	体
四種曼荼各々離れず	相
三密加持して速疾に顕わる	用
重重帝網《たいもう》のごとくなるを即身と名づく	無礙
法然に薩般若《さはんにゃ》を具足して	法仏成仏
心数心王刹塵に過ぎたり	無数

（体・相・用・無礙）即身

各々五智無際智を具して　輪円
円鏡力の故に実覚智なり　所由　成仏
（定本第三巻、一八〜一九頁）

初めに、「即身成仏頌」の第一句、「六大無礙にして常に瑜伽なり」の句についてである。六大とはふつう、地大・水大・火大・風大・空大・識大という物質的・心理的諸元素のことである。しかし空海はこの六大について、『大日経』、『金剛頂経』のある特定の句によってその意味を取るべきだと指示する。

大日経に謂う所の、我れ本不生《ほんぶしょう》を覚れり、語言の道を出過し、諸過に解脱を得て、因縁を遠離し、空は虚空に等しと知る、是れ其の義なり。（同前、一九頁）
又た金剛頂経に云く、諸法は本不生なり、自性は言説を離れたり、清浄にして垢染無し、因業なり、虚空に等し。此れ亦た大日経に同じ。（同前、二〇頁）

すなわち、六大は、本不生・離言説・自性清浄・不生不滅・空および覚智のことを表わすものだというのである。第一句は、体を示しているとされるのであった。この解説の中には、次のようにもある。

此の如きの経文は皆な六大を以て能生と為し、四法身・三世間を以て所生と為す。此の所生の法は、上は法身に達《いた》り、下は六道に及んで、粗細隔て有り、大小差有りと雖も、然も猶お六大を出でざるが故に、仏、六大を説いて法界体性と為す。（同前、二三頁）

ここに「仏、六大を説いて法界体性と為す」とある。すなわち本不生・離言説・自性清浄・不生不滅・空および覚智のことであるべき六大とは、あらゆる現象の本体、つまり法界体性（それは自己の本体でもある）のことだというのである。したがってこの六大は、けっして諸元素のことなのではない、理智不二の本覚真如としての法界体性に具わる種々の徳性を表現しているものなのである。

ここでそれは能生であり、四法身・三世間を以て所生とするという。四法身とは、自性身・受用身・変化身・等流身のことであった。三世間とは、華厳に言う、智正覚世間・器世間・衆生世間のことであり、十身仏としての仏そのものでもある。空海は仏身論において、インド以来の三身論を基礎とした四身論を採用し、中国成立の十身論は採用していないが、実際のところ、三世間を仏と見る視点も受け入れていたということが出来よう。

したがって、「此の所生の法は、上は法身に達り、下は六道に及んで、粗細隔て有り、大小差有りと雖も、然も猶お六大を出でざるが故に」ということになり、すべての現象を言うものと了解されてくる。すなわち、六大は法界体性で能生、一切の現象は所生である。ただし唯識思想をふまえれば、器世間も各個（身）にある。故に仏身から衆生身までの各身の一切が所生である。しかもこの能生と所生との関係は、「能所の二生有りと雖も、都《すべ》て能所を絶えたり。法爾にして道理なり。何の造作か有らん。能所等の名も皆な是れ密号なり。常途《じょうず》の浅略の義を執して種種の戯論を作すべからず」（同前）とある。常途の浅略の義とは、まず先に法界体性があって、そこからおもむろに一切の現象の元が生み出され、さらに生成発展していくという理解であろう。まず根源的な混沌とした世界があって、そこから時間の経過のもとに秩序が生成されてくるという、発出論的な見方である。この見方は、しばしば井筒俊彦が解説する東洋思想の祖型ともなっているのではないか。しかし空海の世界観はそうではない。能所と言っても能所を絶しているのである。時間的経過の中で、法界体性が各身を形成するのではなく、もとより一つなのである。ただし一つというよりは、唯識思想で依他起性と円成実性の間の関係を不一不二と見るように、ここでも不一不二と見るべきであろう。こうした論脈をふまえて、「即身成仏頌」前半第一句、「六大無礙常瑜伽」の句の本当の意味を、空海は以下のように明かしている。

是の如くの六大の法界体性所成の身は、無障無礙にして、互相《たがい》に渉入し相応せり。常住不変にして、同じく実際に住す。故に頌に、六大無礙常瑜伽と曰う。無礙とは渉入自在の義なり。常とは不動不壊等の義なり。瑜伽とは翻じて相応と云う。相応渉入は即ち是れ即の義なり。

（同前、二二三〜二二四頁）

これが、「六大無礙にして常に瑜伽なり」についての、最終的な説示である。この文によれば、なんと「六大」が常に瑜伽なのではない、「六大法界体性所成の身」が「常に瑜伽なり」なのである。その身は、「上は法身に達り、下は六道に及んで」のものであろう。この説明の内容を十全に表現するなら、「六大は法界体性の（徳性）のことであり、これに基づく凡夫身から仏身までのあらゆる身が、無礙に渉入自在であって、常に変わらず相応（瑜伽）している」のだということである。「常に瑜伽な」るものは、六大（＝法界体性）ではなく、あらゆる身（多個）同士であることを、了解しなければならない。

なお、七本ある『大日経開題』の中、「法界浄心」に始まるものと「関以受自楽」に始まるものとにかの「即身成仏頌」が置かれており、その際、この頌の前には次のような文章があって、この頌につなげられている。次のようである。

阿等の六字は法界の体性なり。四種法身と十界の依正とは皆な是れ所造の相なり。六字は則ち能造の体なり。能造の阿等は法界に遍じて相応し、所造の依正は帝網に比して無礙なり。此も往かず彼も来らずと雖も、然れども猶お法爾瑜伽の故に、能所無くして而も能所なり。

（定本第四巻、八頁。六一頁も参照。ほぼ同等である）

この内容は、六大を法界体性としていること、それを能造とし、四種法身と十界の依正（依報と正報。環境と身心の個体）とを所造としていること等において、今、見たように『即身成仏義』の思想内容ともまったく合致しているものである。この表現によれば、法界体性は十界のいずれにも相応し、その所造である十界の個体と環境と（依正）が、相互に「帝網に比して無礙」なのである。唯識思想的に言えば、環境は阿頼耶識の相分であり、故に一箇の八識、すなわち身に含まれよう。

そうすると、実はここにおいてすでに、人間存在の曼荼羅的構造が提示されているということになる。前に見た第一句の解説の最後に、「相応渉入は即ち是れ即の義なり」と即の語の意味が明かされていたように、「即身成仏」の「即」の意味は、実はある一身があらゆる他者の身と相即渉入していることなのだと、空海は明かしたわけである。実にこの第一句の内容は、すでに第四句の「重重帝網のごとくなるを即身と名づく」を明かしたものでもあったのである。

「即身成仏頌」が明かす原風景

次に「即身成仏頌」の第二句に、「四種曼荼、各々離れず」と示されている。まず、四種曼荼羅とは、大曼荼羅・法曼荼羅・三昧耶曼荼羅・羯磨曼荼羅という四つの曼荼羅のことである。その内容と、それらが三密に相当することについては、前にすでに述べた（本書二一一～二一二頁参照)。では、「四種曼荼各々離れず」の「各々離れず」とは、どういう意味なのであろうか。このことについて、『即身成仏義』は、次のように言っている。

是の如きの四種曼荼羅、四種智印は、其の数無量なり。一一の量、虚空に同なり。彼れ此れを離れず、此れ彼れを離れず。猶し空と光との無礙にして逆《さか》えざるが如し。故に四種曼荼各不離と云う。不離は即ち是れ即の義なり。（定本第三巻、二五頁）

ここに「各不離」について、「彼れ此れを離れず、此れ彼れを離れず」とあるが、それはいかなることであろうか。前に見た法仏平等の平等の理解とも重なるが、第一に、四種曼荼羅すなわち三密が法界体性に存在していて、三密と法界体性が不離であることが考えられる。『秘蔵宝鑰』には、「四種の曼茶は法体に住して駢塡たり」とあった（本書二一三頁参照）。要は各身の四種曼荼羅＝三密が法界体性と離れたものではないということである。この理解は、空と光（三曜か。三密に相当）の譬喩にもよく合致する。『声字実相義』にあった「衆生本有の曼荼なり」（本書二〇九頁参照）も、この四種曼荼羅のことであろう。当然、この曼荼羅とは絵図のことではない。この曼荼羅は、輪円具足ということである。それを絵図にしたものも曼荼羅ではあるが、その前に事柄として輪円具足しているあり方が曼荼羅なのである。

第二に、法界体性に基づく各個における三密の間で、身・語・意の三密が渾然一体となっていることが不離であると考えられる。その身には、国土も含まれていることも忘れるべきではなかった。この場合の「猶し空と光との無礙にして逆えざるが如し」は、虚空において三曜＝三密が相互に無礙であることを読めばよいであろう（次も同じ）。

第三に、すべての各身における三密があらゆる他の身の三密との間で相互に相即・相入していることが不離であると受け止めることができる。ここでそこまで読むのはやや飛躍しているのではないかと思われるかもしれない。だが実はこの事態は、「即身成仏頌」の次の第三句の説明にも、第四句の説明にも繰り返し出てくることでもあるのである。

実際、第三句、「三密加持すれば速疾に顕わる」の解説では、まさに次のように説かれている。

一一の尊等に刹塵の三密を具して、互相《たがい》に加入し、彼れ此れ摂持せり。衆生の三密も亦復た是の如し。故に三密加持と名づく。（同前、二五頁）

諸仏・諸尊においては、彼らの一々に具わる無量の三密が「互相に加入し、彼れ此れ摂持」しているという。このことは、まさに第二句の「四種曼荼各不離」において読まれるべき、各身に帰属すべき三密が相互に不離相応している姿を活写するものであろう。さらに先取りして言えば、次の第四句、「重重帝網のごとくなるを即身と名づく」の解説にも、その冒頭に「是れ則ち譬喩を挙ぐ。以って諸尊の刹塵の三密の円融無礙なることを明かす」（同前、二八頁）と説かれている。

とすれば、まさにこの諸仏・諸尊の無量・無数（刹塵）の三密が交響するダイナミックな世界こそが、空海における自内証の世界の原風景なのであろう。

ちなみに、前の句の、「一一の尊、等しく刹塵の三密を具して、互相に加入し、彼れ此れ摂持せり」は、加持ということを説明するものに違いない。加持ということの第一の意味は、諸仏諸尊同士で相互に影響し合い、高め合っているということなのであり、このこともけっして忘れるべきではない。このあと、「衆生の三密も亦復た是くの如し。故に三密加持と名づく」とあった。この「衆生の三密も亦復た是くの如し」は、一つには衆生同士、各自の三業が「互相に加入し、彼れ此れ摂持」していること、または各自に内在する本有の三密のその三密間で「互相に加入し、彼れ此れ摂持」していること、さらには諸仏諸尊の三密と衆生の三業乃至三密とが「互相に加入し、彼れ此れ摂持」していることなどを読むことができよう。

ここをふまえて、「加持とは、如来の大悲と衆生の信心とを表す。仏日の影、衆生の心水に現ずるを加といい、行者の心水の能く仏日を感ずるを持と名づく」（同前、二八頁）という事態もあるわけである。しかしその前提に、「一一の尊、等しく刹塵の三密を具して、互相に加入し、彼れ此れ摂持せり」があるのである。実は我々は常に諸仏・諸尊の加護を受けているのだということである。それは無相の三密加持である。印を結び真言を唱えて三昧に住す等とは有相の三密加持であり、それは密教の優れた行法を示すものであろうが、その所作等をせずとも、常に諸仏・諸尊の大悲に、内からも外からも浴しているのである。空海は、嵯峨天皇に綿と詩を賜ったことに奉謝する詩に、「諸仏威護して一子の愛あり、何ぞ須《すべから》く人間の難を惆悵すべき」（『性霊集』巻三、定本第八巻、四五頁）と歌っている。

このように、大日如来の自内証の風光は、諸仏・諸尊の三密が交響している世界なのであり、そこに、法仏平等の三密の平等の意味を取ることが出来る。密教の説法はまさにこの三密の世界を明かすものなのであった。なおこのことの前提には、諸仏・諸尊の各身自体が相互に相即・相入していて、重重無尽の関係を織りなしていることがあることが推察されよう。

「重重帝網のごとくなる即身」

「即身成仏頌」前半の第四句は、「重重帝網のごとくなるを即身と名づく」であった。その説明の最初に、前述のようなダイナミックな世界が語られるのであったが、その後、ここの説明は三密の依拠すべき身に立ち返っての説明になっている。その身の説明に、自己のことや、仏身、衆生身等があることを示し、

是の如き等の身は、縦横《しゅおう》重重なること鏡中の影像《ようぞう》と灯《ともしび》の光の渉入するが如し。彼の身は即ち是れ此の身なり、此の身は即ち是れ彼の身、仏身即ち是れ衆生の身、衆生の身即ち是れ仏身なり。不同にして同なり。不異にして異なり。（定本第三巻、二八頁）

と説き、また「阿《ア》三迷《サンメイ》底《チ》哩《リ》三迷《サンメイ》三昧《サンマ》曳《エイ》莎呵《ソワカ》」の真言を挙げつつ、

> 初の句義（阿三迷）は無等と云う。次（底哩三迷）は三等と云う。後の句（三昧曳）は三平等と云う。仏法僧、是れ三なり。身語意、亦た三なり。心仏及び衆生、三なり。是の如きの三法は、平等平等にして一なり。一にして無量なり。無量にして一なり。而も終《つい》に雑乱せざるが故に、重重帝網名即身と曰う。（同前、二九頁）

とも説明している。ここの三法は、「心・仏・衆生」がもっとも解り易いであろう。あるいは三世間を含めてもよかったかもしれない。ともあれ、「是の如きの三法は、平等平等にして一なり。一にして無量なり。無量にして一なり。而も終に雑乱」しないということは、まさに自己即曼茶羅の原型を表現していよう。

なお、「即身成仏頌」後半の意は、衆生本有の曼荼羅を、五智・無際智によってとらえかえしたものということができる。それにしても「法然に薩般若を具足して」なのである。このことは、四種法身が十界に遍満していることにもほかならない。空海の密教においては、四種法身は、実はすでに成就しているものなのである。最澄が無作の三身と言ったことにならえば、無作の四身がもとより有るのである。そういう空海の仏身論については、別途、論じてみたいと思っている。

ともあれ、こうしてみると空海は、「即身成仏」の「即身」とは、自己（身及び国土の存在と作用）があらゆる他者（身及び国土の存在と作用）と相互に渉入するあり方にある身であることを意味している、と一貫して強調していたことになる。『即身成仏義』が明かす「即身成仏」の意味は、あらゆる他者と重重無尽の関係を織り成す即身として、すでに成仏しており、かつ密教の教えにしたがえば、現世のうちにそのあり方をまどかに自覚・実現して速疾に成仏しうることと言うべきなのである。この「即身成仏」の理解は、「即身成仏」の語の表面的な了解（字相）にとどまらない、それに隠された意味（字義）を深く究明した、空海の実に独創的な解釈である。

もっとも、「六大無礙」とは、「六大＝法界体性により成る各身が、無障無礙にして互相に渉入し相応せること」なのであったが、しかしこの各身は、いわゆる物質的・心理的諸元素である六大から成立しているとも言える。ここにおいて興味深いことに、各身が無礙である地平に立てば、やはり諸元素でもある六大が無礙にして常に相即相応していると見ることもできよう。ただしそれも、あくまでも「法界体性所成の身」においてであることは押さえておかなければなるまい。この立場においてもう一度、諸元素の無礙なる事態がよみがえることになる。とすれば、この「六大無礙常瑜伽」の句は、実に重層的で奥深い意味を持つ句であったというべきである。

自己の心の源底の世界

以上、空海の人間観・世界観によれば、我々の自己は、実に「重重帝網のごとくなるを即身と名づく」であり、つまりあらゆる他者を自己としているのである。すなわち、あの絵図の金剛界・胎蔵界曼荼羅にあるようなあらゆる諸仏・諸尊ないし一切有情を自己としているのである。実は曼荼羅の本義は四種曼荼羅にあり、三密である。本来は、その三密の交響する世界こそが覚りの世界の原風景なのではあるが、それを、大曼荼羅を中心に平面化したのが絵図の曼荼羅である。ともあれ、密教が法身説法（声字実相）において明かす世界は、法仏平等の三密であり、すなわち重重帝網のごとくなる自己の本来の姿なのであった。

このことは、空海の他の著作によっても例証される。以下、その例を上げてみよう。

まず、『吽字義』の「麼」字の解説の中に、次のような主張がある。

若し麼字の吾我門に入れば、之に諸法を摂すること一一の法として該《か》ねざること無し。故に経に云く、我れ則ち法界なり、我れ則ち法身なり、我れ則ち大日如来なり、我れ則ち金剛薩埵なり、我れ則ち一切仏なり、我れ則ち一切菩薩なり、我れ則ち縁覚なり、我れ則ち声聞なり、我れ則ち大自在天なり、我れ則ち梵天なり、我れ則ち帝釈なり、乃至、我れ則ち天竜鬼神八部衆等なり。一切の有情非情は、麼字にあらざること無し。是れ則ち一にして而も能く多なり、

小にして而も大を含す。故に円融の実義と名づく。（定本第三巻、六六～六七頁）

こうして、自己はあらゆる他者の全体ということになり、もとよりそのような自己であって、かつ成仏したときにはその全体を明瞭に自覚することになるのであろう。

あるいはまた、このことを説くものが、たとえば『秘蔵宝鑰』の第十・秘密荘厳心にまとめられた次の頌にある。


九種の住心は自性無し、転深転妙なれども皆な是れ因なり。

真言密教は法身の説、秘密金剛は最勝の真なり。

五相五智法界体なり、四曼四印、此の心に陳す。

刹塵の渤駄は吾が心の仏なり、海滴の金蓮は亦た我が身なり。

一一の字門、万像を含み、一一の刀金、皆な神を現ず。

万徳の自性は輪円して足れり、一生の得証は荘厳の仁なり。（同前、一六七～一六八頁）

ここに、「刹塵の渤駄は吾が心の仏なり、海滴の金蓮は亦た我が身なり」とある。もちろん、渤駄は仏陀のことであり、金蓮は金剛部・蓮華部の諸尊のことである。というわけで、測り知れない諸仏・諸尊が自己に具わっているという。そのことがまさに「秘密荘厳」ということの主たる内容でもあるであろう。真言密教の世界においては、そういう自己であることが覚証されるはずなのである。

さらに、『秘密曼荼羅十住心論』の第十、秘密荘厳心の冒頭にも、次の説がある。

秘密荘厳住心といっぱ、即ち是れ究竟じて自心の源底を覚知し、実の如く自身の数量を証悟するなり。謂わ所る胎蔵海会の曼荼羅と、金剛界会の曼荼羅と、金剛頂十八会の曼荼羅と是れなり。是の如きの曼荼羅に、各各に四種曼荼羅・四智印等有り。四種と言っぱ、摩訶と三昧耶と達磨と羯磨と是れなり。是の如きの四種曼荼羅、其の数無量なり。刹塵も喩に非ず、海滴も何ぞ比せん。（定本第二巻、三〇七頁）

ここにも、まさに自己の心の源底は曼荼羅であり、その数量を証悟するのだとある。もちろんその数量は莫大なものがあるであろう。ここにある、「謂わ所る胎蔵海会の曼荼羅と、金剛界会の曼荼羅と、金剛頂十八会の曼荼羅と是れなり」とは、要は胎蔵界・金剛界の両部曼荼羅のことで、その絵図は誰もが一度は目にしたことがあるであろう。その曼荼羅のことはほとんど周知のことではあるが、今、ここでその概要のみ記しておこう。

金剛界・胎蔵界曼荼羅の構成

胎蔵界は『大日経』に基づき、金剛界は『金剛頂経』に基づくものである。前者は理を表わし、後者は智を表わすといわれている。理というのは、一切の存在の本性のことであり、あらゆる存在の根源である。頼富本宏は、「胎蔵とは、母親の胎内から子供が生まれるように、密教のほとけの代表である大日如来から多くのほとけが現れてくることを示しています。そのため、中央には生産を象徴する八枚の花びらが満開に蓮華（ハス）が描かれています」と説明している（頼富本宏『マンダラ講話　密教の智慧』、朱鷺書房、一九九六年、一五頁）。

一方、同じく頼富は「金剛とはダイヤモンドのことを指し、非常に貴重で、しかも堅い性質を表わしています」と説明し（同前）、続けて、「金剛界マンダラでも、この宇宙全体をシンボライズしている大日如来が本尊となっていますが、先の胎蔵界マンダラが、母親によってあらわされる物質の世界を示しているのに対し、金剛界マンダラは、ものごとを正しく知る父親の智慧の働きを示すといいます」と説明している（同前）。「物質の世界」という説明はどうかなとも思うが、母性的と父性的の違いはあるであろう。

この二つの曼荼羅の中央部分には、それぞれ五仏が説かれている。その様子は、以下のようである。

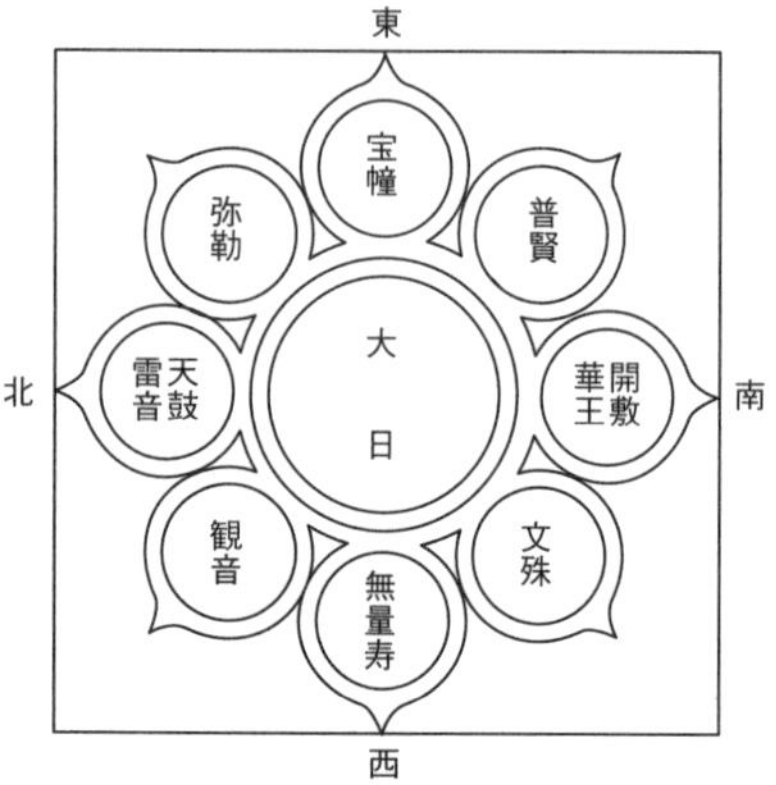

中台八葉院の構造

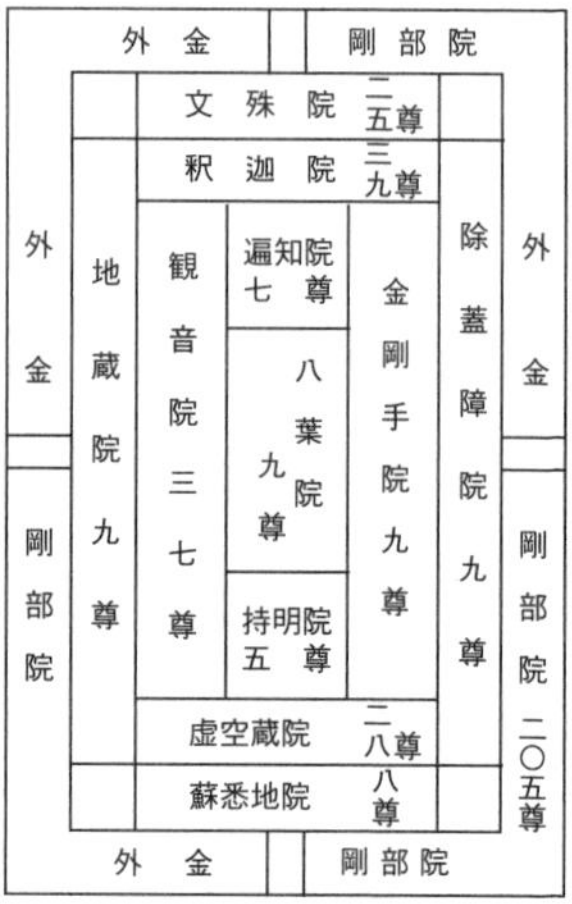

胎蔵曼荼羅の構造

	金剛界マンダラ		胎蔵界マンダラ	
東	阿閦	大円鏡智	宝幢	発心
南	宝生	平等性智	開敷華王	修行
西	阿弥陀	妙観察智	無量寿	菩提
北	不空成就	成所作智	天鼓雷音	涅槃
中央	大日	法界体性智	大日	方便

（同前、七七～八〇頁）

もっとも、この二つの曼荼羅の絵図の様式ないし画面の構造は、実は根本的に異なっている。胎蔵界曼荼羅では、「中心から周辺に向かって四方形が順次広がっていく構造」であり、図のように十三の部分から成り立っている。中央に八葉蓮華台があり、宝幢如来・開敷華王如来・阿弥陀如来・天鼓雷音如来の四仏と、弥勒などの四名の菩薩が大日如来を取り囲んでいる。その外側の東西南北（上下左右）に、観音院・釈迦院・地蔵院等々、一二の院（中央と合

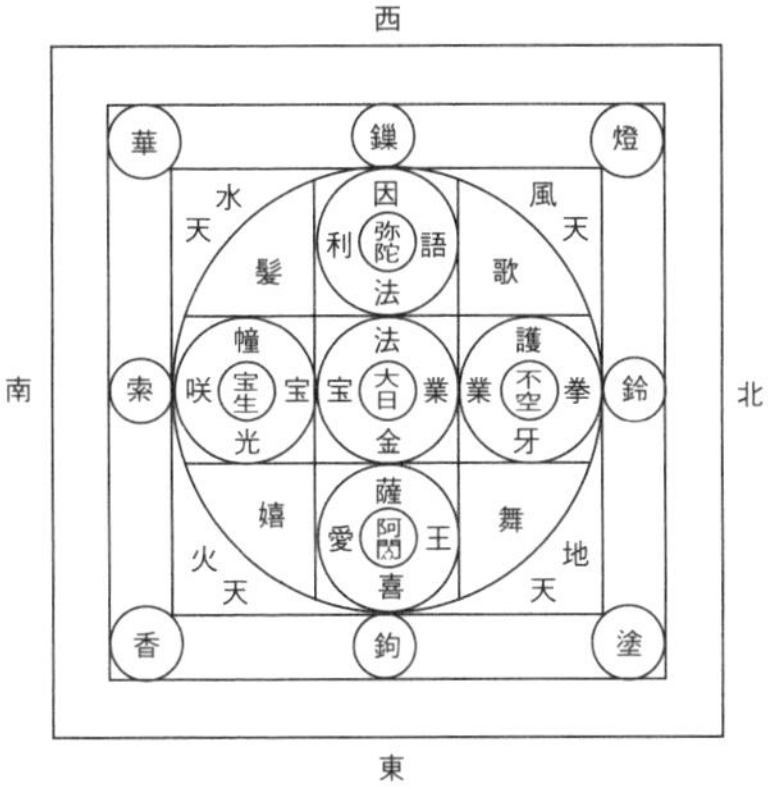

羯磨会（根本会・成身会）の構造

5 四印会（五） 一三尊	4 一印会（六） 一尊	3 理趣会（七） 一七尊
6 供養会（四） 七三尊	9 羯磨会（一） 一〇六一尊	2 降三世羯磨会（八） 七七尊
7 微細会（三） 七三尊	8 三摩耶会（二） 七三尊	1 降三世三摩耶会（九） 七三尊

金剛界曼荼羅の構造
（123＝上転門、一二三＝下転門）

わせて一三院）が縦・横に配置されて、中央の八葉蓮華台を囲んでいる。そこに描かれる諸仏諸尊は四百あまりいて、全員が異なっている。

一方、金剛界曼荼羅では、全体が縦・横三つずつ九つの区域（九会）に区切られ、それぞれに円と四角等で位置を定めつつ諸尊が描かれている。中央は成身会であり、そこには、大日如来を中心に阿閦・宝生・阿弥陀・不空成就の五仏が坐し、大日如来のまわりには四名の波羅蜜菩薩、阿閦以下の四仏のまわりにも各四名、計十六名の菩薩が坐している。さらにそのまわりにも菩薩らが配置されて、結局、「成身会」は三十七尊から成ることになる。金剛界曼荼羅では、登場する諸仏・諸尊が、チームを組んで九界の各会に現れたりして、その辺にも全員が異なっている胎蔵界とは異なる特徴がある。

詳しくは、参考図を参照されたい（図は、高神覚昇『密教概論』（改訂新版）、大法輪閣、一九八九年に拠った）。

ともあれ、密教においては、成仏とは自己即曼荼羅を自覚・体現することなのであり、しかもその曼荼羅には、四種曼荼羅等も包含されていよう。したがって絵図の曼荼羅は大曼荼羅の可視化だとしても、そこに他の法曼荼羅・三昧耶曼荼羅・羯磨曼荼羅をも読むべきであろう。それらは、本来、衆生本有のものでもあった。

『秘密曼荼羅十住心論』の「帰敬頌」の世界

興味深いことに、『秘蔵宝鑰』の「帰敬頌」でも同様であるが、特に『秘密曼荼羅十住心論』の「帰敬頌」には、次のような句がある。

婀尾羅吽欠《あびらくんけん》の、最極大秘の法界体と、舸遮吒多波壄《きゃしゃたたはや》の慧と、咿汙哩嚧翳《いうりりょえい》の等持と、
制体幢光水生貝と、五鈷刀蓮軍持等と、日旗華観天鼓の渤と、薩宝法業内外の供と、
捏鋳剋業及び威儀との、能所無碍の六丈夫を、帰命したてまつる。
是の如きの自他の四法身は、法然として輪円せる我が三密なり。
天珠のごとく渉入して虚空に遍し、重重無碍にして刹塵に過ぎたり。
天の恩詔を奉て秘義を述べて、群眠の自心に迷えるを驚覚して、
平等に本四曼の、入我我入の荘厳の徳を顕証せしめん。

（定本第二巻、三〜四頁）

ア(a)・ビ(vi)・ラ(ra)・クン(hūṃ)・ケン(khaṃ)の五大(『即身成仏義』の六大参照)からなる最極大秘の法界の体すなわち法界体性(体大)と、法曼荼羅(婀・遮・吒・多・波・壄の慧、吽・汙・哩・嚧・翳の等持)・三昧耶曼荼羅(制体・幢・光・水生・貝、五鈷・刀・蓮・軍持等)・大曼荼羅(日・旗・華・観・天鼓の渤、薩・宝・法・業・内外の供)・羯磨曼荼羅(捏・鋳・剋業及威儀)の四種曼荼羅(相大)の、能所無碍(法界体性と四曼とが無礙)の六丈夫(六大所造の仏身)を帰命したてまつる。是の如きの自他の四法身(自性身・受用身・変化身・等流身)が、法然としてすべてそろっているのが我が三密である。それらは帝釈天の宮殿の珠網(天珠)が相互に映し合うように渉入しあって虚空に遍く広がり、重重無尽に無礙に融合していて、その数は国土をすりつぶして塵にしたくらい、測り知れないほどである……、とある。「能所無礙の六丈夫」とは、六大(諸徳性)からなる法界体性と不一不二の各身ということで、その身の内容は、ここでは四種法身と表現されている。それは、四種曼荼羅とも三密とも同等のものである(各仏身=四種曼荼羅=三密)。その測り知れない数の各個(身)の三密の活動が、因陀羅網の喩によって表わされるように、重重無尽にしかも無礙に渉入しあっている。その全体が、自己の身に、ないし自己の三密に法然として具わっているというのである。「法然として輪円せる我が三密なり」とある通りである。

ここにおいて、一仏の三密に他の諸仏・諸尊等の三密が融合しているあり方こそが実相である。さらに、自己にすでに五智・無際智が成就しており、その仏智の三密と他者の三密とが重重無尽に渉入し合っていることが、すでに自己の心の源底において実現しているのである。それが、「平等に本四曼の、入我我入の荘厳の徳」ということであろう。ここにまさしく、空海が説く密教の自内証の世界の原風景があるであろう。「声字実相」によって明かすべき空海密教における覚りの世界＝自内証の世界とは、このような重重無尽の三密の交響の中での動態のことなのである。自己即曼荼羅・曼荼羅即自己ということは、この無限の動態において了解されるべきことだったのである。

また、そのことを明かす言語は、一字に多重・無辺の義を表わすようなものでなければならず、さらに五感の対象の一々も、事事無礙のあり方を表現していて、その意味で実相の表現そのものにほかならないのであった。

以上で、空海の人間観・世界観の素描をひとまず終えることにしよう。空海が明かす曼荼羅世界は、私が思うに、華厳思想で説く事事無礙法界を、諸仏・諸尊の無礙渉入に組み替えたもの、人人無礙において表現しなおしたものと言えよう。即身成仏も曼荼羅も、華厳思想の哲学に限りなく近いものである。考えて見れば、事とは客観的事物なのではなく、主客相関の一事実というべきであろう。それは、まさに各人のいのちの一瞬一瞬である。その各事が、重重無尽の関係の中にある。そこを人《にん》ととらえ返して表現したものが曼荼羅であると考えられる。密教は、華厳思想の世界観を、いわば立体化し動態化したものと見ることができよう。

その法界体性所成の各身は、五智そのものとして活動態にあり、それぞれ自在にはたらく主体であるはずである。この自己の主体性のことをより深く究明したのが、西田哲学であると私は考えている。次には、時代を一挙に飛ぶが、西田の「個物（自己）の哲学」について尋ねることとする。

Ⅳ　西田の哲学

第七章　西田の哲学（一）

「超個の個」の宗教哲学

西田における仏教と哲学

　西田幾多郎（寸心。一八七〇〜一九四五）は、間違いなく日本最大の哲学者であると思う。その全貌と核心とは、まだまだ解明されていないのではなかろうか。西田と言えば、すぐに『善の研究』が想起されよう。それは、「純粋経験」によってすべてを説明しようとしたものである。この純粋経験の背景には、その執筆の前あたりまで、まさに全身全霊をもって打ち込んだ禅の影響が多分にありそうである。しかし『善の研究』は西田の処女作であり、西田の哲学はその後、さらに広く深く展開していった。やがて「場所の哲学」を確立し、弁証法的世界および歴史的実在等の視点を深め、最後には宗教的個の哲学を論じた。その宗教哲学の論文の直接のきっかけは、田辺元の親鸞論への反論を書かなければという思いにあった。西田の根本には、真宗が厳然として存在していたのである。ただしそれは、西田自身の親鸞であった。

西田は古今の西洋哲学を学び、とりわけキリスト教についても、ベーメ、アウグスティヌス、キルケゴールらを深く研究し、バルトも摂取していた。ヨーロッパへの留学前の滝沢克己に、今、哲学者にはよい者はいない、神学者のバルトなどはよいと助言したことは有名である。そのように、西田は西洋の根源にまで降り立ってその哲学・思想を研究していたが、同時に、日本人のものの見方・考え方に論理の形を与えることを最大の目標にしていた。当然、仏教には何らか共感するところがあったであろう。

西田が最後の論文となった「場所的論理と宗教的世界観」を書き始めたのは、昭和二〇（一九四五）年の春であった。宗教について書くことを、自己の哲学の最終目標としていた西田は、戦争も激化していく苛烈な状況の中で、来たるべき新たな世界を展望しつつ、人間存在のもっとも根源にかかわる宗教の哲学を究明し、そこから現実世界への道をつなげようとして一心に執筆していったのである。西田はこの頃、四月一二日付けで、久松真一に「今ちょうど私の宗教の考えの大体を書きました。「場所的論理と宗教的世界観」という題です。……宗教論の方で人間生命の根源及び死について考えて見ました。そしてキリスト教に対して仏教の特殊性、その優れた点にも言及しました」（昭和二〇年四月一二日付、久松真一宛）と書いている。その一月ほど前、三月九日付で、菅円吉には「どうか私の哲学からの宗教的世界観を御研究ください。一面に無論仏教的ですが、一面に歴史的人格的です。……」と書いている。西田の宗教哲学を一言で評するなら、この「仏教的かつ歴史的人格的」という言葉がもっとも適切だと私は思う。

このように、西田が自分の哲学を仏教的と称する背景には、禅修行、真宗への共感などがあった。その書棚には、『華厳経探玄記』などがあったというが、華厳思想をどこまで深く学んだかは定かでない。『大乗起信論』にも参じたことはあったようだが、あまり理解できなかったようである。なおかつ自分の哲学を仏教的と言った背景には、やはり鈴木大拙との交流が大きかったであろう。特に大拙が大谷大学に移籍してからは、折につけ仏教にかかわる談義を交わしたことであろう。西田は久松真一に前の手紙を書いたおよそ一月後、大拙に次の手紙を書いている。

君の宗教論拝見した。いろいろ教えを受けた。同感する所多い。私はキリスト教に対して、仏教を哲学的に勝れた点があり、かえって将来に貢献するものあるでないかと思う。キリスト教は論理的に言語的論理、対象論理だという。神を対象的方向の極に見ているのである。絶対矛盾的自己同一の論理は一面、般若即非の論理であるとともに、一面にその自己限定として、即ち一と多との矛盾的自己同一、空間時間自己同一、絶対現在の自己限定として、唯一なるもの即ち個が出て来るとおもう。全心即仏・全仏即心である。（昭和二〇年五月一一日付、大拙宛）

「君の宗教論」とは、おそらくその前年暮れに刊行された『日本的霊性』のことではないかと思われる。それには、『金剛経の禅』も附随していた。ここに「即非の論理」とあるのは、大拙がその『金剛般若経』によって提唱したものに他ならない。それらの情報も含めて、「仏教を哲学的に勝れた点があり、かえって将来に貢献するものあるでないかと思う」と述べる西田の哲学とは、いったいどのようなものなのであろうか。その問題を解く一つの鍵は、ここにあった「唯一なるもの即ち個が出て来る」という句であろう。西田哲学は「場所の哲学」と目されているが、私はむしろ、真の「個物の哲学」であると考える。以下、西田哲学におけるこの個物の論理について探究してみたい。

場所の論理と個物（自己）

西田哲学の淵源、『善の研究』の根本的立場は、次のようなものであった。その冒頭の文である。

経験するというのは事実そのままに知るの意である。全く自己の細工を棄てて、事実に従うて知るのである。純粋というのは、普通に経験といっているものもその実は何等かの思想を交えているから、毫も思慮分別を加えない、真に経験そのままの状態をいうのである。例えば、色を見、音を聞く刹那、未だこれが外物の作用であるとか、我がこれを感じているとかいうような考えのないのみならず、この色、この音は何であるという判断すら加わらない前をいうのである。それで純粋経験は直接経験と同一である。自己の意識状態を直下に経験した時、未だ主もなく客もない、知識とその対象とが全く合一している。これが経験の最醇なるものである。（『西田幾多郎全集』〔旧版〕、岩波書店（以下、『全集』）、第一巻、九頁）

これはあたかも禅体験の解説のようである。『善の研究』の背景には、確かに禅仏教があったであろう。しかし西田は、いつまでも純粋経験にとどまっていたわけではなかった。さらにそこに胚胎する論理の芽を生長させようと格闘するのである。後年、西田は「今日から見れば、この書の立場は意識の立場であり、心理主義的とも考えられるであろう」と語っている（昭和十一年の、『善の研究』の「版を新にするに当って」、『全集』第一巻、六頁）。その後、『働くものから見るものへ』の後半で、「場所」の考えに至り、「そこに私は私の考えを論理化する端緒を得たと思う」と言っている（同前）。それは、すでに『善の研究』において、経験そのものの自発自展と語っていた、その事態にひそむ論理を掘り出したものであろう。その「版を新にするに当つて」では、「「場所」の考えは「弁証法的一般者」として具体化され、「弁証法的一般者」の立場は「行為的直観」の立場として直接化せられた。この書（『善の研究』）に於いて直接経験の世界とか純粋経験の世界とか言ったものは、今は歴史的実在の世界と考えるようになった。行為的直観の世界、ポイエシスの世界こそ真に純粋経験の世界であるのである」と述べている（同前、六〜七頁）

場所の論理は対象論理に対抗し、あるいはそれを包摂するものである。対象論理とは、世界を対象的に捉え、分析・究明するものである。それは自然科学に代表されるように、豊かな生産につながる成果を上げてきた。その基本姿勢は、divide and ruleであり、分割して支配するものであった。その近代合理主義は世界を征服したかのようであったが、今日、環境問題その他、さまざまな深刻な問題が噴出している。その背景に、世界をただ分割してその構成要素を取り出すという、要素還元主義の問題がある。ものであれ人であれ、本来、複雑な関係にむすばれつつ、全体の中に固有の位置を占めているものに対し、分割し切断していくという手法は、今や世界の側からさまざまな逆襲を受けていると言わざるをえないであろう。

のみならず、対象世界を見ているだけで、それを見る主観・主体の側への自覚がすっぽり抜け落ちている。人間存在そのもののことが忘れ去られている。それでは世界といってもその半分は切り落とされていて、いのちの深みに配慮し、その願いに耳を傾けることはとうてい不可能であろう。

一方、場所の論理とは、主観・客観の構図の中で客観のみを扱うものではなく、そこに於いてあるものとそれがおかれた場所との両者のありようから世界を理解しようとするものである。その於いてあるものと場所とは、特殊と普遍の構造と言い換えてもよいであろう。その両者の間に不一不二の関係があることは、唯識思想の三性説の説明の箇所に見ておいた（本書五三〜五四頁）。この不一不二を言い換えれば、矛盾的自己同一ということにもなろう。

あるいはその関係は、主語と述語の関係ということにもなる。もちろん、主語が於いてあるもの、述語が場所である。ゆえに場所の論理は述語の論理ともみなされるのである。

たとえば桜は、その桜だけの存在ではない。樹木の性質を有し、植物の性質を有し、生物の性質を有する。さらにはいのちの性質を有していよう。桜は、そういう他と共通の性質を有して、しかも梅や桃等々とは区別されるものである。桜はそうした何層もの一般者を携えて桜なのであり、逆にそうした一般者が限定されたものが桜である。この一般者は、一般者の方向にどこまでも広がっていく。こうして、一般者の方向により広い一般者を求めていくと、最後にはどうなるであろうか。

西洋では、その究極の一般者は、有（存在そのこと）と見るのであった。それを神とも絶対者とも言ってよいであろう。しかし仏教は、従来見てきたように、それを空性と見るのであった。それが法性でもあり、真如でもある。

一方、特殊の方向にそれをどこまでも突き詰めていくと、終極には個物ということになる。個物は代替不可能なものでなければならない。その個物は、どのように捉えられるべきであろうか。西田は、真の個物とはどういうものかについて、次のように論じている。

故にアリストテレスは個物的なるものを実在と考えた。そして主語となって述語とならないものを個物と考えた。表現的一般者の自己限定という如き立場から実在というものを考える時、かく考える外ない。かくしてロゴス的に個物というものが定義せられた。しかして我々の現実の世界と考えられるものはかかる個物の世界でなければならない。しかし個物というものはどこまでも一般者の限定として考えられねばならぬとともに、単にそれだけにて個物というものが考えられるのではない。個物は自己自身を限定するものでなければならない、働くものでなければならない、一般を限定する意味を有ったものでなければならない。単に一般的なるものに種差を加え、最後の種を越えてさらにその極限に主語となって述語とならないものを考えても、それだけにて自己自身を限定する個物というものは考えられるのではない。

（「現実の世界の論理的構造」、『哲学の根本問題　続編（弁証法的世界）』、『全集』第七巻、二二〇頁）

「単に一般的なるものに種差を加え、最後の種を越えてさらにその極限に主語となって述語とならないもの」がアリストテレスの個物であった。しかし西田は真の個物は、「自己自身を限定するものでなければならない、働くものでなければならない、一般を限定する意味を有ったものでなければならない」と言うのである。そういう個物とは、人間一般でもない、まさにこの自己そのもののことであろう。西田はこの真の個物がどのような論理構造の中で成立しているかをどこまでも探究し、最後に「場所的論理と宗教的世界観」を著したのであった。それは、本書第五章の最後あたり（一九五頁）にも言うように、自己とは何か、自己のありかはどこなのかが宗教に固有の問題であるからである。

絶対者の自己否定における自己

そこで以下、自己（個）とは何か、いかなる存在なのかの問題を、しばらく「場所的論理と宗教的世界観」を中心に見ていくことにする。

西田の哲学は『善の研究』の純粋経験にとどまるものではなかったように、西田の禅思想も単純な主客未分の体験にとどまるものではなかった。「場所的論理と宗教的世界観」では、禅の覚りについて、次のように言っている。

> 我国文化が多大の影響を受けたと思われる禅については、その道の人に譲りたい。私は、唯、禅に対する世人の誤解について一言して置きたいと思う。禅というのは、多くの人の考える如き神秘主義ではない。見性ということは、深く我々の自己の根柢に徹することである。我々の自己は絶対者の自己否定として成立するのである。絶対的一者の自己否定的に、即ち個物的多として、我々の自己が成立するのである。故に我々の自己は根柢的には自己矛盾的存在である。自己が自己自身を知る自覚ということが、自己矛盾である。故に我々の自己は、どこまでも自己の底に自己を越えたものに於いて自己を有《も》つ、自己否定に於いて自己自身を肯定するのである。かかる矛盾的自己同一に徹することを、見性というのである。そこには、深く背理の理というものが把握せられなければならない。禅宗にて公案というものは、これを会得せしむる手

段に他ならない。

（『全集』第十一巻、四四五～四四六頁）

このように西田は、「故に我々の自己は、どこまでも自己の底に自己を越えたものに於いて自己を有つ、自己否定に於いて自己自身を肯定するのである。かかる矛盾的自己同一に徹することを、見性というのである」としている。このことの背景には、「我々の自己は絶対者の自己否定として成立するのである。絶対的一者の自己否定的に、即ち個物的多として、我々の自己が成立するのである」という宗教的事実の自覚があるのであった。

自己の成立の究極の根拠は、絶対者の自己否定にある、という。このことは、述語の方向に述語を究め、一般者の方向に一般者を究明していって、無の一般者、絶対無にたどり着いたということでもある。東洋の思想では、神、絶対者は有ではなく無となるのである。あたかも、究極の普遍として、空性・法性・真如を考えているようである。しかもその真如は自性を守らず、随縁して諸法と作る（本書一〇五～一〇六頁参照）。そのこととまったく同じように、西田にあっては、絶対者は自己否定するという。西田は、「単に超越的なる神は真の神ではない。神は愛の神でなければならない。キリスト教でも、神は愛から世界を創造したと考えられるが、それは絶対者の自己否定ということであり、即ち神の愛ということでなければならない」（同前、四三六頁）とも言っている。

こうして、今もあったように、「我々の自己は絶対者の自己否定として成立するのである。絶対的一者の自己否定的に、即ち個物的多として、我々の自己が成立するのである」ということになる。このような立場から、「我々の自己は、どこまでも自己の底に自己を越えたものに於いて自己を有つ、自己否定に於いて自己自身を肯定するのである」と言われるのであった。この自己を、「超個の個」と呼んでよいであろう。

以下、同じことを説く西田の論をいくつか、引用しておく。

絶対はどこまでも自己否定に於いて自己を有つ。どこまでも相対的に、自己自身を翻す所に、真の絶対があるのである。真の全体的一は真の個物的多に於いて自己自身を有つのである。神はどこまでも自己否定的にこの世界に於いてあるのである。この意味に於いて、神はどこまでも内在的である。故に神は、この世界に於いて、どこにもないとともにどこにもあらざる所なしと言うことができる。仏教では、金剛経にかかる背理を即非の論理を以って表現している（鈴木大拙）。所言一切法者、即非一切法、是故名一切法という、仏仏にあらず故に仏である。衆生衆生にあらず故に衆生であるのである。私はここにも大燈国師の億劫相別、而須臾不離、尽日相対、而刹那不対という語を思い起こすのである。（同前、三九八〜三九九頁）

かかる絶対者の自己否定に於いて、我々の自己の世界、人間の世界が成立するのである。かかる絶対否定即肯定ということが、神の創造ということである。故に私は仏教的に仏あって衆生あり、衆生あって仏あるという。絶対に対する相対ということは、上にも言った如く、単に不完全ということではなくして、否定の意義を有っていなければならない。神と人間との関係は、人間の方から言えば、億劫相別、而須臾不離、尽日相対、而刹那不対、此理人々有之という大燈国師の語が両者の矛盾的自己同一的関係を言い表していると思う。否定即肯定の絶対矛盾的自己同一の世界は、どこまでも逆限定の世界、逆対応の世界でなければならない。神と人間との対立は、どこまでも逆対応的であるのである。（同前、四〇九頁）

これらには、絶対者の自己否定において多個が成立する、その一つが自己であることが繰り返し説かれている。このことが、今は大燈国師の句によって示されていた。一般に禅僧が悟境として示すところは、たとえば「遠山無限碧層層」、「山花開似錦、澗水湛如藍」、「不知何処寺、風送鐘声来」、「常憶江南三月裏、鷓鴣啼処百花香」、等々のように、むしろ純粋経験に近いものであることが多い。しかし後年の西田は、禅の悟りの真髄は、単なる主客未分の体験ではなく、明確に逆対応の事理を自覚し、その自己に徹するのだという。その論拠に、大燈国師の句を用いているわけである。ちなみに、この句は久松真一が西田あてに出した絵はがきに記されたものなのであった。西田は昭和一八年二月二四日付、久松真一宛の葉書に、「君のえはがきの億劫相別而須臾不離、尽日相接而刹那不接が来てちょうど私が今書いている矛盾的自己同一の論理をそのままに言い表わしたものの如くに感ぜられ、絶対の宗教即ち絶対の論理と感じました。私は人の考える如く唯歴史哲学をかいているのではありませぬ」と記している。

ともあれ、一般に禅においては、そのように「別れて離れず」「対して対せず」といった事理を説くことは、実際にはきわめてまれであると思うかもしれない。もしそうだとすれば、西田はそのきわめて特殊でまれである例を持ち出しているにすぎない、といわざるをえないことになる。しかし、事は必ずしもそうではない。たとえば、「鉄樹花開二月春」、「木馬嘶風、泥牛吼月」、「枯木裏龍吟、髑髏裏眼睛」等といった禅語は、大燈国師の句ほど明瞭ではないとしても、否定と肯定との不一不二の消息を示すものであり、直前の引用にあった「逆対応」の事態を描いたものといえると思われる。こうした語句は禅界においていくらも見られるのであり、禅の悟境として、逆対応に相当する事理を示す句は、けっしてまれとはいえないはずである。

田辺元の道元理解への疑義

やや本道をそれるが、たとえば道元の思想は、まさにこのような事理を指摘するものである。西田は禅に関しては臨済宗を重んじていたので、日頃あまり道元にふれることはなかったかと思われる。ところが、昭和一四年、田辺元が刊行した『正法眼蔵の哲学私観』(これは前年一〇月の『哲学研究』に掲載された「永平正法眼蔵の哲学」に加筆補正したもの)にふれて、西田は道元の思想について発言するようになる。田辺の、道元の思想に関する見解を、西田は肯うことができなかったのである。同年六月一三日付、鈴木大拙宛の手紙に、「田辺君のあの道元論というのはどうも私には受取れないものの様におもいますが、いかが。あれでは全く分別の立場ではなかろうか。それではかえって道元の立場と相反するものではなかろうか。もし道元があのようなものなら六祖の児孫と言い得るであろうか。臨済・徳山が棒喝を行ずるのを無思慮的（あの人の無媒介）とか、神秘的とかいうのは笑うべき外面的也、（児戯の如き）浅膚の見ではなかろうか。身心脱落が哲学となって現ずるでもあろうが、棒喝は直にその自由自在の真髄、学に徹し自由自在に働かしめる為めではなかろうか。道元がそこが分かっていて、そこから言っているのであろう（田辺君の如く言うは道元を歪めるのではないか）。しかし道元のあの如き家風が今日の曹洞をして禅の真髄を失わしめたとも言うことができないだらうか」と書きおくっている。

その田辺元の道元論に刺激を受けてなのであろう、「場所的論理と宗教的世界観」よりかなり前の『哲学論文集第三』「五　図式的説明」（昭和一四年一一月刊）において、西田は道元について次のように触れるのである。

全体的一と個物的多との絶対矛盾的自己同一として、世界はその成立に於いて自己矛盾的であり、かかる世界の個物として、我々の自己はどこまでも自己矛盾的である。ここに人生の最初のそして最終の深い問題があるのである。しかしてそれはまた直に世界の問題でもあるのである。我々はかかる自己の自己矛盾の根源に徹し、絶対矛盾的自己同一の立場から真の生命を得る。それが宗教である。そこには絶対否定がなければならない。喪身失命的な宗教の修行というものがあるのである。それは論理的に思惟するとか、道徳的に行為するとか言うことではない。故に道元は身心脱落の打坐とも言う、即ち宗教的行でなければならない（須学廻向返照之退歩という）。対象についての念想観的測量の立場とは、根柢的に異なった立場でなければならない。仏道は自己をならうことであり、自己をならうことは自己をわするることであるという。否定と言っても、道徳的行為によって絶対否定に触れる筈はない。将頭覓頭、頭上安頭に過ぎない。

（「図式的説明」、『哲学論文集第三』、『全集』第九巻、三三二頁）

ここには、「我々はかかる自己の自己矛盾の根源に徹し、絶対矛盾的自己同一の立場から真の生命を得る。それが宗教である。そこには絶対否定がなければならない」とあるなど、後の「場所的論理と宗教的世界観」の原点があるとさえ見ることができそうである。西田は、その「場所的論理と宗教的世界観」において、「しかし宗教的信仰とは、客観的事実でなければならない、我々の自己に絶対の事実でなければならない。大拙の所謂霊性の事実であるのである。我々の自己の底にはどこまでも自己を越えたものがある、しかもそれは単に自己に他なるものではない、自己の外にあるものではない。そこに我々の自己の自己矛盾がある。ここに、我々は自己の在処に迷う。しかも我々の自己がどこまでも矛盾的自己同一的に、真の自己自身を見出す所に、宗教的信仰というものが成立するのである。故にそれを主観的には安心と言い、客観的には救済という」（『全集』第十一巻、四一八〜四一九頁）とも説いている。

西田はここに、道元の『正法眼蔵』「現成公案」の「仏道をならうというは、自己をならう也。自己をならうというは、自己をわするるなり」の句を引きつつ、禅に否定即肯定の事理があることを指摘している。

西田の道元理解

この否定ということは、我々人間の側からいえば、自己を対象においてしかも否定するというようなことではなく、自己が自己に対象的にかかわることを徹底的に否定していくことにほかならない。対象的分別における自己の把得に死ぬのである。このとき、自己に死んで、しかも即今・此処のかけがえのない主体そのものを生きることになる。自我への対象的執着を脱して自己に生れるのである。身心脱落・脱落身心とは、そのことであろう。

西田はさらに、前の論文「図式的説明」の引用箇所に続けて、次のように説いている。


自己をはこびて万法を修証するを迷となすという。宗教の修行というのは、行為的主体を立してその媒介によってというのでなく、かかる主体を絶対矛盾的自己同一に転じ行くことでなければならない。しかして唯一挙にしてそこに達するとか、そこから全世界を直観するとかなどいうことではない。それはその方向として無限の進行である、釈迦弥陀も修行最中という。……

（『全集』第九巻、三三二〜三三三頁）

修行して仏になっていくというのではなく、即今・此処において自己を脱してしかも自己であるところの否定即肯定、無即有なる、絶対矛盾的自己同一なるいのちを生きていくのである。

しからばと言って、我々はかかる宗教的方向に於いて、世界を離れるとか、超越するとかいうのではない。そこから真に矛盾的自己同一として、物となって考え物となって行うのである。万法すすみて自己を修証するをさとりという。学問も道徳も、即宗教的行でなければならない。単なる超越は絶対ではない、単なる無は絶対無ではない。身心脱落、脱落身心（驢覷井、井覷驢）、絶対は一でなければならない、矛盾的自己同一でなければならない。絶対は力でなければならない、相対に相即的というものではない。論理とか倫理とかいうものが、宗教から離れたものというのではない。真も善も美も、絶対矛盾的自己同一の立場から成立するのである。しかしそこから宗教を考えるところに、誤があるのである。

（同前、三三三頁）

ここに、絶対は「相対に相即的というものではない」とあるのも、田辺の道元論への批判が意図されている。西田の場合、絶対と相対は否定を介して接するのであり、しかもその相対とは実は主体としての多個、むしろ主体としての各自己そのもののことである。ここではそのことが「絶対矛盾的自己同一」の語によって示されており、西田は道元の「身心脱落・脱落身心」もその事態を表したものと受け止めている。そのことが後には「逆対応」と表現されるようになるのであった。

なお、後の「場所的論理と宗教的世界観」においても、次のように説かれている。

仏教に於いては、すべて人間の根本は迷にあると考えられていると思う。迷は罪悪の根源である。しかして迷ということは、我々が対象化せられた自己を自己と考えるから起るのである。迷の根源は、自己の対象論理的見方に由るのである。故に大乗仏教に於いては、悟によって救われるという。私はこの悟という語が、一般に誤解せられていると思う。それは対象的に物を見るということではない。もし対象的に仏を見るという如きならば、仏法は魔法である。それは自己自身の無の根柢を、罪悪の本源を徹見することである。道元は仏道をならうことは、自己をならうなり、自己をならうというは、自己をわするるなりという。それは対象論理的見方とは、全然逆の見方でなければならない。元来、自力的宗教というものがあるべきでない。それこそ矛盾概念である。仏教者自身もここに誤っている。自力他力というも、禅宗と言い、浄土真宗と言い、大乗仏教として、もと同じ立場に立っているものである。その達する所に於いて、手を握るものがあることを思わねばならない。

（『全集』第十一巻、四一一頁）

道元の句を手がかりに、自己を対象的に捉える立場を透脱して、自己を超える根源においてしかも絶対主体としての自己として成立していることに徹することが覚りなのであり、ここにおいては、禅も真宗も同じだとしている。このことについては、後にもう一度、その理路を辿ってみたい（二六六頁以下以降）。

こうして、「逆対応」の事は、禅者・道元も説いていることと言いえる。特に『正法眼蔵』「現成公案」に出る、魚と水、鳥と空の譬喩は、この自己のあり方を巧みに説明するものだと私は思うのである。

うを水をゆくに、ゆけども水のきはなく、鳥そらをとぶに、とぶといへどもそらのきはなし。しかあれども、うをとり、いまだむかしよりみづそらをはなれず。只用大のときは使大なり。要小のときは使小なり。かくのごとくして、頭々に辺際をつくさずといふ事なく、処々に踏飜せずといふことなしといへども、鳥もしそらをいづればたちまちに死す、魚もし水をいづればたちまちに死す。以水為命しりぬべし、以空為命しりぬべし。以鳥為命あり、以魚為命あり。以命為鳥なるべし、以命為魚なるべし。このほかさらに進歩あるべし。修証あり、その寿者命者あること、かくのごとし。（道元著、水野弥穂子校注『正法眼蔵』（一）、岩波文庫、五八頁）

この描写は、まさに大燈国師の、「億劫相別、而須臾不離、尽日相対、而刹那不対」の句が指し示す一真実の事態を説き明かしたものと言えるであろう。しかも道元は自らの「坐禅箴」において、「水清《す》んで徹地なり、魚行いて魚に似たり、空闊透天なり、鳥飛んで鳥の如し」(同前、二五一頁)と謳うのであった。

超個の個の哲学

ちなみに、前に私が「超個の個」と述べた語は、実は禅者・鈴木大拙が言った語であることも添えておこう。大拙の『禅の思想』(昭和一八年九月)には、「超個即個」(詳しくは「超個即非個」)という関係について、盤山宝積の示衆をめぐって、次のように説いている。

個は個である。超個ではないが、超個は個で始めて用が可能となる。個は超個である、個だけでない、超個の個である。仏と人とは即非無異の論理である。

(『鈴木大拙全集』第十三巻、岩波書店〔旧版〕(以下、『大拙全集』)、一二一頁)

この「超個の個」の「即非無異の論理」は、西田が「故に我々の自己は、どこまでも自己の底に自己を越えたものに於いて自己を有つ、自己否定に於いて自己自身を肯定するのである」と説くことと、まったく軌を一つにしていよう。大拙は常にこの事を指摘したのであり、その二、三の例を挙げれば、次のようである。

超個の人（これを「超個己」と言っておく）が個己の一人一人であり、この一人一人が超個の人に外ならぬという自覚は、日本的霊性でのみ経験せられたのである。……経験と言えば個己の上でのみあり得る事象であるから、超個己的は意味をなさないとも考えられる。が、この経験は個己の限られた意識の上だけでは生じ得ないもので、どうしても超個己的なものを入れて見ないと解せられないのである。

（『日本的霊性』、『大拙全集』第八巻、八二頁）

面前聴法底の人《にん》は、「眼耳鼻舌身意」の個一者で、しかしてまた実に「無眼耳鼻舌身意」の超個者であるから、最も現実的具体性をもった実有なのである。臨済の人は、いつもこの角度から見て行かなくてはならぬのである。無依（衣）の道人は、個即超個・超個即個であるから、個一者としての衣裳は、いつもその用いるべき境に随って、自由に取り換えられるのである。

（『臨済の基本思想』、『大拙全集』第三巻、三六二〜三六三頁）

……臨済自身に得たものは、仏法の大意でも教外別伝でも何でもなくて、個一者としての彼の存在の基体をなしているところの人《にん》であった。この人は超個者であって兼ねて個一者である。

換言すると、臨済は臨済であって、また臨済ならぬものである。般若は般若でないから般若である。人は即非の論理を生きているものである。臨済はこれに撞着した。（同前、三五〇頁）

おそらく、よく見られる禅語の示すところも、このことと別ではないであろう。たとえば、いかにも「純粋経験」の境地を示す代表的な語、「柳緑花紅」という言葉も、単に主客未分というだけでなく、自我―世界の主客対立を透脱したときには、身心を脱落してしかも即今・此処のかけがえのない個のいのちとしてはたらいている、その現場のことを指しているのであり、すなわちそれは本来、「超個即個」ないし「即非」の一真実が現成しているそのありかを示すものというべきである。その意味では、実は「純粋経験」と「逆対応」とは、別ではないことも思うべきである。つまりその「純粋経験」にひそむ事理をあえて論理的に表現したとき、ひいては「逆対応」と自覚されたということなのである。

西田の真宗観

それにしても、こうした個と超個の間の関係を、西田は「逆対応」と呼んでいた。実際、「場所的論理と宗教的世界観」の主題は、「逆対応」と「平常底《びょうじょうてい》」と言って差し支えないであろう。ではいったい、ここにある関係を、なぜ「逆対応」と呼ぶのであろうか。

簡単に言うと、自己が修行等によって浄化され、仏の境地に近づいていくのは「対応」である。しかし自己の成立基盤の真実を知らずに、ただ聖なる仏に憧れ、そうなりたいと思うだけでは、宗教的な問題が課題になっているとは言えない。むしろ、自己がどうしようもない人間であり、あるいは死に限られた危うく空しい存在であることを自覚したとき、それゆえにこそ神なり絶対者に触れることになるのである。このことについては、私は善導の『観経疏』の二種の深信の説が解りやすい例示だと思う。それは、次のようである。

深心と言うは、即ち是れ深信の心なり。亦た二種有り。一は、決定して深く、自身は現に是れ罪悪生死の凡夫なり、曠劫已来、常に没し常に流転し、出離の縁無しと信ず。二は、決定して深く、阿弥陀仏の四十八願は衆生を摂受すること疑い無く慮無し、彼の願力に乗ずれば定めて往生を得と信ず。……

（大正三七巻、二七一頁上〜中）

自己が無明・煩悩にまみれた、どうにも救われない身であると深く自覚した時、阿弥陀仏こそがこの私を救ってくださると見えてくるというのである。西田は「場所的論理と宗教的世界観」において、この浄土教における「逆対応」の世界を、親鸞によって語っている。以下、いくつか引用しておく。

これに反し、絶対者はどこまでも我々の自己を包むものであるのである。どこまでも背く我々の自己を、逃げる我々の自己を、どこまでも追い、これを包むものであるのである。即ち無限の慈悲であるのである。……真の絶対者は悪魔的なるものにまで自己自身を否定するものでなければならない。そこに宗教的方便の意義がある。しかしてそれはまた絶対者が悪魔的なるものに於いても、自己自身を見るということでもなければならない。ここに浄土真宗の如き悪人正因の宗教があるのである。絶対愛の宗教が成立するのである。親鸞一人の為なりけりという、唯一的個的に意志的なればなる程、かく言わなければならないのである。絶対者はどこまでも自己自身を否定することによって、真に人をして人たらしめるのである、真に人を救うということができるのである。

（『全集』第十一巻、四三五〜四三六頁）

人間は原罪的である。道徳的には、親の罪が子に伝わるとは、不合理であろう。しかしそこに人間そのものの存在があるのである。原罪を脱することは、人間を脱することである。それは人間からは不可能である。唯、神の愛の啓示としてのキリストの事実を信ずることによってのみ救われるという。そこに我々の自己の根源に帰するのである。アダムに死し、キリストに生きるという。真宗に於いては、この世界はどこまでも業の世界である。無明生死の世界である。唯、仏の悲願によって、名号不思議を信ずることによって救われるという。それは絶対者の呼声に応ずるということに他ならない。かかる立場の徹底に於いては、生死即不生である

（盤珪禅師）。矛盾的自己同一的に、全仏即人、人仏無異である。空中剣を振廻す如くである。また急水上に毬子を打す、念々不停流である（趙州）。（同前、四三二〜四三三頁）

仏教に於いても、真宗に於いての如く、仏は名号によって表現せられる。名号不思議を信ずることによって救われるという。絶対者即ち仏と人間との非連続の連続、即ち矛盾的自己同一的媒介は、表現による外ない、言葉による外ない。……仏は我々の自己にどこまでも超越的なるとともに、しかもこれを包むものである。「念仏の申さるるも如来の御はからいなり」というに至りて極まる。ここに親鸞の横超の意義があるのである。横超は名号不思議によらなければならない。いかなる宗教といえども、それが真の宗教であるかぎり、入信とか救済とか言うには、絶対者と人間との間には、絶対矛盾的自己同一的なる背理の理というものがあるのである。（同前、四四二〜三頁）

このように、仏教の悲願、仏のはからい、仏の呼び声によって、この自己の究極のありかを見出すのである。親鸞の言う、「親鸞一人の為なりけり」の一人に、個の先端がある。この自己に徹した時に、絶対者の呼び声に接し、そこに一転して横超的に救われるのである。

西田のキリスト教観

なお、西田においては、キリスト教の救いにも、真宗と共通のものがあるとされている。そのためには、神が愛の神でなければならないであろう。キリスト教においても、絶対者と人間との間の絶対矛盾的自己同一の理を明かしていることは言うまでもない。このことについて、たとえば西田は、『哲学論文集　第四』「一　実践哲学序論」において、次のように述べている。

しかるにキリスト教の信仰では我側にある大工ヨセフの子、ヤコブの兄弟であるこの個人が神人であるというのである。それには同時存在の局面が属しているのである。これほどパラドックス的なことはない。故に人はこの信仰に躓く。神人は矛盾の符号であるという。しかし我側にいる大工の子が神である、このパラドックスが私は我々の行為の根本的原理であると思うのである。絶対矛盾的自己同一の個物的多として、我々の自己と絶対との関係は、大工の子が神であるということでなければならない。個人が自己矛盾的に神であるということである。

（「実践哲学序論」、『哲学論文集　第四』、『全集』第十巻、五四頁）

キェルケゴールがキリスト教的信仰の特質として掲げる「汝の側に立つものが神である」という神人のパラドックスも、単にキリスト教的信仰の特徴ではなくして、実は絶対矛盾的自己同一として歴史的世界成立の根本的事実でなければならない。ここに哲学と宗教との根本的事実に於いての一致があるのである。

（同前、一二〇〜一二一頁）

この事理が成立する背景には、神の愛があるはずである。西田は『善の研究』刊行当時、「愚禿親鸞」という小稿を書いているが、そこでは「同じく愛を主とした他力宗であっても、猶太教から出た基督教はなお正義の観念が強く、いくらか罪を責むるという趣があるが、真宗はこれと違い絶対的愛、絶対他力の宗教である。例の放蕩息子を迎えた父のように、いかなる愚人、いかなる罪人に対しても弥陀はただ汝のために我は粉骨砕身せりといって、これを迎えられるのが真宗の本旨である。歎異抄の中に上人が「弥陀の五劫思惟の願をよくよく案ずればひとえに親鸞一人がためなりけり」といわれたのがその極意を示したものであろう」（『思索と体験』、『全集』第一巻、四〇八頁）と述べている。キリスト教に対して、やや真宗と異なる側面に言及していたが、その後においては、真宗と共通の地平をキリスト教に見出すようになっていたのであった。

たとえば西田は、国内のキリスト教神学者・逢坂元吉郎宛てに一九三二年（昭和七年）七月十三日付で出した手紙の一節に、「……私の所謂「無」というものは、「無」という語によって人がすぐ想像する如き非人情的なものにあらず。私の「無」の自覚というのは、Agape の意味を有するものにて、三位一体的の Coequality の意味も出てくると思うのです」とある。西田は、自分が言う無とはむしろ絶対者の愛なのだと言っているわけである。これはキリスト教の神の解釈でもあるが、実は西田は昭和五年一月四日、和辻哲郎に宛てた手紙の中で、「私の『無』というのは、各人の自由を認め、いかなる罪人をも包む親鸞の如き暖かい心でなければならぬ（親鸞が果してそういうものかどうかは知らぬが）」と書いているので、西田のキリスト教理解の根底には、真宗があったのかもしれない。ともあれ、真の絶対者とはそういう大悲の存在、愛の存在である、という了解があり、西田は神について、「場所的論理と宗教的世界観」において、「単に超越的なる神は真の神ではない。神は愛の神でなければならない。キリスト教でも、神は愛から世界を創造したと考えられるが、それは絶対者の自己否定ということであり、即ち神の愛ということでなければならない」（『全集』第十一巻、四三六頁）と述べるのである。仏教的に言えば、真如随縁の背景にあるものは、大悲であるということである。

そこからキリスト教に対しても、次のような斬新な提言を行ったのであった。

かかる意味に於いて、私はイヴァン・カラマーゾフの劇詩に興味を有するものである。「主なる神よ、我等に姿を現し給え」と哀願する人類への同情に動かされて、キリストがまた人間の世界へ降って来た。場所はスペインのセヴィルャであり、時は十五世紀時代、神の光栄のために毎日人を焚殺する、恐ろしい審問時代であった。大審問官の僧正が、キリストがまた奇蹟をなすのを見て、たちまち顔を曇らせ、護衛に命じキリストを捕らえて牢屋へ入れた。……「何故今になって、我々の邪魔をしに来たか、明日はお前を烙き殺してくれる」というのだ。これに対しキリストは始終一言も言わない、あたかも影の如くである。その翌日釈放せられる時、無言のまま突然老審問官に近づいて接吻した。老人はぎくりとなった。始終影の如くにして無言なるキリストは、私の言う所の内在的超越のキリストであろう。無論、キリスト教徒は、否、ドストエーフスキー自身も、かく言わないであろう。これは私一流の解釈である。しかし新しいキリスト教的世界は、内在的超越のキリストによって開かれるかもしれない。中世的なものに返ると考えるのは時代錯誤である。自然法爾的に、我々は神なき所に真の神を見るのである。今日の世界史的立場に立って、仏教から新しき時代へ貢献すべきものがないのであろうか。

(『全集』第十一巻、四六一～四六二頁)

今日の欧米のキリスト教は、今や西田を追いかけている。キリスト教の未来を拓くものが、西田の宗教哲学にあると理解してきているのである。

西田の宗教哲学の核心

ともあれ、「逆対応」の根本には、絶対者の愛がある。それは、絶対者の自己否定のことである。それに気づくのは、自己の生死に対する苦悩を通してである。この苦悩は、自己自身を深く見つめるところに生まれる。かけがえのない、繰り返しのきかない、死をまぬかれないこの自己を極限まで突き詰めた時、かえって究極の絶対なるものに出会う。ここを西田は、「親鸞一人の為なりけりという、唯一的個的に意志的なればなる程、かく言わなければならないのである」等、自己が個を自覚すればするほど、絶対者に遇うことを述べていた。

個と一般者（特殊と普遍）の種差の階層がある中で、個が究極の普遍の方向に順に還元されていくのは「対応」である。しかし個の方向に進めば進むほど、かえって究極の一般者である絶対者に出会うのは、「逆対応」である。この個と絶対者の間には、絶対の否定を介しての不一不二の関係がある。絶対矛盾的自己同一の関係がある。そのことを含んで、「逆対応」なのである。こうして、「自力他力というも、禅宗と言い、浄土真宗と言い、大乗仏教として、もと同じ立場に立っているものである。その達する所に於いて、手を握るものがあることを思わねばならない」（本書二六二頁）とも言われたように、逆対応において、禅と真宗は手を握り合っている。のみならず、キリスト教もまたここにおいて手を握り合っているのである。

以上において、「我々の自己は、どこまでも自己の底に自己を越えたものに於いて自己を有つ、自己否定に於いて自己自身を肯定するのである」（本書二五三頁）という、真実の自己のあり方を理解することができたであろう。そこを簡潔に言えば、前にも言うように「超個の個」というべきである。

本章では、西田が人生最大の問題とした「自己とは何か」について、絶対者の自己否定という愛に基づき、「超個の個」として成立していること、その自覚への道は「逆対応」であることを確認した。ともあれ、ここで個（自己）とは、単に主語的なものであってはならない、「自己自身を限定するものでなければならない、働くものでなければならない、一般を限定する意味を有ったものでなければならない」こと、主体性を発揮してこそ自己であることには、深く思いをいたすべきである。その個は、実は多の個に対してはじめて個でありうることを、西田は明らかにしている。ここに他者との関係の中で初めて自己であること、その意味で他者の全体が自己であることが表明されている。その見方は、華厳の事事無礙法界や、空海のいう曼荼羅即自己につながっていよう。次章には、そのことについて、尋ねていくことにしたい。

第八章　西田の哲学（二）

自他間の根源的構造と当為

「平常底」の世界

西田の最後の論文、「場所的論理と宗教的世界観」の主題は、「逆対応」と「平常底」なのであった。「平常底」の底とは、ボトムのことではなく、ただ〜的というのと変らない。ただしそれを名詞化して用いているものであり、すなわち「平常的なること」「平常的なるあり方」の意である。前章には、主に「逆対応」における「超個の個」の事情について見たのであった。本章では、そのもう一つの主題、「平常底」について見ていくことから始めよう。

平常底ということは、禅の世界でよく言われることである。『無門関』第一九則には、南泉の「平常心是道」という公案がある。

南泉《なんせん》（七四八〜七九五）、趙州《じょうしゅう》（七七八〜八九七）の「如何なるか是れ道《どう》」と問うに因《よ》って、泉云く、

「平常心是れ道」。

州云く、「還《ま》た趣向すべき否《や》」。泉云く、「向わんと擬《ほっ》すれば即ち乖く」。

州云く、「擬せざれば、争《いか》でか是れ道なることを知らん」。泉云く、「道は知にも属せず、不知にも属せず。知は是れ妄覚、不知は是れ無記。若し真に不擬の道に達せば、猶お太虚《たいこ》の廓然《かくねん》として洞豁《とうかつ》なるが如し。あに強いて是非すべけんや」。

州、言下に頓悟す。

無門云く、南泉、趙州に発問せられて、直《た》だ得たり、瓦解《がげ》氷消《ひょうしょう》、分疎不下《ふんそふげ》なることを。趙州、縦饒《たと》い悟り去るも、更に参ずること三十年にして始めて得《よ》し。

頌に曰く、春に百花あり秋に月あり、夏に涼風あり冬に雪あり。若し閑事の心頭に挂《か》かる無くんば、便ち是れ人間《じんかん》の好時節。


（秋月龍珉『禅宗語録漢文入門』、秋月龍珉著作集一四、三一書房、一九八〇年、七四頁）


ちなみに、この「平常心是道」の句は、すでに馬祖《ばそ》（南泉の師。七〇九～七八八）の語録に見えるものである。

おそらく禅の伝統においては、この平常心とは、どんな大変な時にあっても平静を保つ心、というようなものではないであろう。悲しい時は泣き、うれしい時は笑う。安穏の場ではリラックスし、しかし緊張する場面ではドキドキする。苦難にあえば、苦しいといって頑張り、何かを達成すれば満足し安堵の思いに満たされる。相手次第で、惜しい・欲しい・憎い・可愛いの心にも徹底する。「心随万境転」（心は万境に随って転ず）である。

そうした心こそが禅の平常心是道であろうが、西田の平常底は、さらに独特なものとなっている。たとえば次のようである。

自己自身を超越することは、どこまでも自己に返ることである、真の自己となることである。諸心皆為非心、是名為心と言う所以である。心即是仏、仏即是心の義も、ここに把握せなければならない。対象論理的に我々の心と仏とが同一と言うのではない。般若真空の論理は、西洋論理的には把握せられないのである。仏教学者も、従来この即非の論理を明にしていない。我々の自己が自己自身の根柢に徹して絶対者に帰するということは、この現実を離れることではない、かえって歴史的現実の底に徹することである。絶対現在の自己限定として、どこまでも歴史的個となることである。故に透得法身無一物、元是真壁平四郎と言う。南泉は平常心是道と言い、臨済は仏法無用功処、祇是平常無事、屙屎送尿、著衣喫飯、困来即臥と言う。これを洒脱無関心とでも解するならば、大いなる誤である。それは全体作用的に、一歩一歩血滴々地なるを示すものでなければならない。分別智を絶するということは、無分別となることではない。道元の言う如く、自己が真の無となることである。仏道をならうというは自己をならうなり、自己をならうことは、自己をわするるなり、自己をわするるとは、万法に証せらるるなりと言っている。科学的真に徹することも、これに他ならない。私はこれを物となって見、物となって聞くと言う。否定すべきは、抽象的に考えられた自己の独断、断ずべきは、対象的に考えられた自己への執着であるのである。

（「場所的論理と宗教的世界観」、『全集』第十一巻、四二三〜四二四頁）

ここに、西田の平常底に関する考え方が、すべて籠められていよう。自己を超えたものにおいて自己を持つということは、自己の根源の無に徹することであり、その絶対者の自己否定としての無において即今・此処のかけがえのない自己として成立していることの自覚のなかで生き抜くということである。その意味で、宗教の根源に徹底したときには、かえって現実の歴史形成的世界に生きることになる。ここに、「我々の自己が自己自身の根柢に徹して絶対者に帰するということは、この現実を離れることではない。かえって歴史的現実の底に徹することである。絶対現在の自己限定として、どこまでも歴史的個となることである」とある句は、実に印象的な言葉である。

この現実世界を生きるのみであるがゆえに、何もそれまでと変わるところはない。しかし自我への執着を離れるがゆえに、物となって見、物となって聞くのであり、そこでは全身全霊のいのちが展開することになる。まさに全体作用的であり、一歩一歩、血滴滴的である。無分別の分別として、分別を尽くすのである。

自然法爾とはどういうことか

同じことだが、西田は次のようにも説いている。

しかもそれは絶対現在の自己限定として極めて平常底なる立場であるのである。臨済は仏法無用功処、祇是平常無事、屙屎送尿、著衣喫飯、困来即臥、愚人笑我、智乃知焉と言う。しかしかかる語も誤解してはならない。終末論的なる所、即ち平常底であるのである。心即是仏、仏即是心という如き語も、世界を主観的に考えることではない。諸心皆為非心、是為心と言う。般若即非の論理的に、心と仏との（個と全との）矛盾的自己同一の義に解せられなければならない。禅についての誤解は、すべて対象論理的思惟に基くのである。（同前、四四六頁）

こうして、宗教的自覚は、超個の個として、どこまでも即今・此処を離れないが故に、かえってこの現実世界での活動として現成することになる。「逆対応」から「平常底」の立場がただちに成立することになる。否、むしろ「逆対応」即「平常底」、「平常底」即「逆対応」なのである。

このことと関連して、西田はたとえば親鸞の自然法爾の意義について、独自の解釈を示していることは参考になろう。西田は、真宗を深く敬愛していたが、その解釈は西田自身の己証とも言うべきものであった。

親鸞の自然法爾という如きことは、西洋思想に於いて考えられる自然ということではない。……それには事に当って己を尽すということが含まれていなければならない。そこには無限の努力が包まれていなければならない。唯なるがままということではない。しかし自己の努力そのものが自己のものではないと知ることである。自らしからしめるものがあるということである。……宗教的体験の立場からは、我々の道徳的行為は義務の為の義務というよりも、寧《むし》ろ知本報恩となるのである。親鸞の自然法爾というのは、深くこの意に徹したものでなければならない。……我々の自己が歴史的世界の個物として個物的なればなるほど、右の如き自覚に達せなければならない。そこには絶対の受働が即絶対の能働であるのである。かく言えば、神秘的直観と考えられるかも知らぬが、それは抽象論理的に推理するからである。逆に絶対他力とは現実即実在ということでなければならない。すべての物の上に生命の躍動を感ずることでなければならない。

(『日本文化の問題』、『全集』第十二巻、三六九〜三七〇頁)

自然法爾ということは、創造的でなければならない。我々の自己が創造的世界の創造的要素として、絶対現在の自己限定として働くということでなければならない。

(「場所的論理と宗教的世界観」、『全集』第十一巻、四三七頁)

このような立場の背景には、自己成立が超個の側から（絶対者の自己否定）であることがある。このことを深く了解したとき、そこに報恩の思いとその実践とがおのずから生まれて来るであろう。そこでは、「絶対の受働が即絶対の能働である」立場が見出されてくるであろう。

報恩から当為へ

西田はそれが当為につながるという。報恩から当為へ、である。そのことが次のように論じられている。

単に超越的なる神は真の神ではない。神は愛の神でなければならない。キリスト教でも、神は愛から世界を創造したと考えられるが、それは絶対者の自己否定ということであり、即ち神の愛ということでなければならない。これに反し、我々の自己が絶対愛に包まれるということから、真に我々の自己の心の底から当為というものが出て来るのである。……仏教的に、仏の悲願の世界から、我々の自己の真の当為が出て来ると考えるものである。絶対愛の世界は、互いに鞫《さば》く世界ではない。互いに相い敬愛し、自他一となって創造する世界である。この立場に於いては、すべての価値は創造的立場から考えられるのである。創造はいつも愛からでなければならない。愛なくして創造というものはないのである。念仏の行者は非行非善的である。ひとえに他力にして自力を離れたる故にと言う。自然法爾ということは、創造的でなければならない。我々の自己が創造的世界の創造的要素として、絶対現在の自己限定として働くということでなければならない。キリスト教的に言えば、神の決断即ち人間の決断的に、終末論的ということである。無難禅師は生きながら死人となりてなり果てて心のままにする業ぞよきと言う。かかる立場に於いて、我々の自己は絶対現在の自己限定として、真に歴史的世界創造的であるのである。（同前、四三六〜四三七頁）

ここに、「仏教的に、仏の悲願の世界から、我々の自己の真の当為が出て来ると考えるものである」とある。仏の悲願とは、各個を成り立たしめかつ十全ならしめたいという永遠・無限の悲心のことであろう。実はここから、西田の言う「平常底」の哲学が語られていたと見るべきであると思われる。

なお、その現実世界への関与の背景には、自己を成り立たしめているものが、絶対者の自己否定であり、絶対無であって、そこの何ものの束縛もない、絶対自由の立場がある。このことが今の引用にあった「創造的」ということにもつながっている。この自由と創造のことを、西田はその時代にあってもっとも大事にしていたのであった。そのことはまた、次のように説かれている。

絶対現在の自己限定として我々の行動の一々が終末論的ということは、臨済の所謂全体作用的ということであり、逆にそれは仏法無用功処ということであり、道は平常底ということである。故に私の終末論的というのは、キリスト教のそれと異なっている。対象的超越的の方向に考えられたものではなくして、絶対現在の自己限定として内在的超越の方向に考えられたものであるのである。我々の自己自身の底に、何物も有する所なく、どこまでも無にして、逆対応的に絶対的一者に応ずるのである。我々の自己がどこまでも自己自身の底に、個の尖端に於いて、自己自身を越えて絶対的一者に応ずるということは、そこに我々の自己がすべてを超越するということである、絶対現在の自己限定としての、この歴史的世界を超越するということである、過去未来を超越することである。そこに我々の自己は絶対自由である。そこに盤山宝積の如擲剣揮空である。ドストエーフスキイの求めた自由の立場も、かかる立場でなければならない。自己の底に自己を限定する何物もない。主語的に本能的なものもなければ、述語的に理性的なものもない。どこまでも無基底的である。故に祇是平常無事、即ち平常底と言う。しかして随処作主、立処皆真と言うのである。ここにどこまでも西洋的なるものの極限に於いてのカントの人格的自由と、東洋的なるものの深奥に於いての臨済の絶対自由との対照を見ることができる。……

（同前、四四八〜四四九頁）

このように、あくまでもかけがえのない、一回限りの自己を追究し、自己の根源に徹するとき、絶対に無にして自己をなりたたしめているものに逢着する。そこに絶対自由の自己を見る。その意味では、これほど深遠な自由はない。しかもその自由に、従来の歴史的世界を超越して歴史を創造する主体を見出すのである。自己の根源から、既存の世界を裁ち直し、新たな世界を形成していくことになるのである。このことこそ前に見た、「我々の自己が自己自身の根柢に徹して絶対者に帰すると言うことは、この現実を離れることではない。かえって歴史的現実の底に徹することである」云々のことでもあろう。そのことをまた、次のように言う。

故に我々の自己は、いつも時間空間を超越して、絶対現在の世界を、即ち永遠の過去未来を自己に表現することによって自己自身を限定すると考えられるのである。そこに我々は永遠の生命を有つのである。念々に生死してしかも生死せない生命を有つのである。……我々の生命に於いて、いつも即今即絶対現在的ということは、唯抽象的に時を超越するということではない。一瞬も止まることなき時の瞬間は、永遠の現在と逆限定的に、逆対応的関係に於いてあるのである。故に生死即涅槃である。（同前、四二二〜四二三頁）

絶対の無において自己が成立するということは、絶対現在の自己限定として、過去・未来・現在の三世を超えて三世を規定する主体が即今・此処に成立するということでもある。ここに、絶対自由なる主体がはたらくのである。しかもこのことは、刹那刹那、いつでもそうであり、むしろ日常的である。その日常的な世界が、絶対者の自己否定において運ばれているのである。ここでは、一歩一歩絶対の死に面して終末論的であると同時に、即今・此処を離れないあり方において平常底であり、しかもその主体は絶対自由なるものとして全体作用する。ここに、即今即永遠の今、生死即涅槃ということがあるのであり、それが終末論的に平常底ということである。

このような西田の立場は、「場所的論理と宗教的世界観」の後半に、繰り返し、強調されている。その文章はいくつもあるが、あと一つだけ、西田の立場を簡潔にまとめていると思われるものを掲げておく。

絶対否定即肯定的に、かかる逆対応的立場に於いて、どこまでも無基底的に、我々の自己に平常底という立場がなければならない。しかしてそれが絶対現在そのものの自己限定の立場として、絶対自由の立場ということができる。そこに、一々の点がアルキメデスのプー・ストウとして、立所皆真と言うことができるのである。我々の自己が個なれば個なるほど、絶対自由的に、かかる平常底の立場に立つものでなければならない。……絶対的否定から個が成立するというところに、私の場所的論理と神秘哲学とが逆の立場に立つのである。私の哲学を神秘的と考える人は、対象論理の立場から考える故である。私の場所的論理の立場に於いては、絶対否定即平常底であるのである。

（同前、四五〇頁）

西田の哲学の出発点の概念、「純粋経験」は、時に神秘主義的に考えられやすいものである。しかし「純粋経験」はそこに純粋経験そのものの自発自展があり、実は一般者の自己限定の論理が胚胎していた。そこに場所の論理が掘りだされ、さらに個物の真義を追究しぬく中で、「逆対応」の真実が明瞭になった。ある意味では、「純粋経験」も、「逆対応」と異なるものでもなかったのである。しかもその「逆対応」は「平常底」と一つである。この立場は、対象論理のみの地平は脱却しているが、けっして単に個が絶対者に埋没するような神秘主義なのではなく、むしろどこまでも自ら意思決定する主体そのものである個として、現実世界に創造的に関わっていくことを説くものなのであった。

個は個に対して個である

ところで、前章において西田は個物を、自己自身を限定し、かつ一般を限定するものでなければならないと見ていることを確認した。それはいわば、近代的な主体性を保証するものである。と同時に、西田は真の個物にも他ならない自己を「超個の個」と見ていることも確認した。本章においてはこれまで、その「超個の個」が現実世界で全体作用すべき個であることを見てきた。しかし西田の個は、それだけにとどまるものではない。個をめぐってもう一つの命題がある。それは、「個物は個物に対して個物である」というものである。この命題は、西田が個物の個物たる所以を徹底して追究し抜いたところに自覚された論理である。しかも「個は個に対して個である」において、原子論的な個人観を超克し、しかし全体主義的な体制は打破して、本来の自他の関係ないし共同体を復元する可能性を秘めているように思われる。以下には、ようやくこのことを尋ねていくことにしたい。なお、西田の主張をよく理解するために、今後もかなり長文の引用を重ねていくことになってしまい、まことに恐縮ではあるが、ぜひそれらの文章をじっくり読んでいただければと思う。

西田哲学は、『善の研究』以来、大きな進展を遂げているが、この「個物は個物に対して個物である」ということに関して、ここでは後期哲学のほぼ入り口にあたる時期に書かれた、「一、現実の世界の論理的構造」（『哲学の根本問題　続編（弁証法的世界）』所収）を中心に見ていくこととする。共同体を主題とするのであれば、まずは「私と汝」の論文が関心の的になろうが、『哲学の根本問題　続編』の「序」においては、「「私と世界」は主として行為的自己の立場から論じたものであり、従っていくらか一般的限定の意義を含めたものであるが、「無の自覚的限定」の中に収めた「私と汝」に於いて論じた所は個物的限定、ノエシス的限定の立場が主となったものであった、従ってなお個人的自己の立場から世界を見るという立場を脱していない」（『全集』第七巻、二一〇頁）としており、その『哲学の根本問題　続編』以降はむしろ歴史的世界から個物（私・汝）を見る立場へとさらに深化しているという事情がある。そこで以下、前述の「現実の世界の論理的構造」等から見ていくこととする。

まず、個物というものの特質について、再確認しておこう。西田は個物について、「個物は自己自身を限定するものでなければならない、働くものでなければならない、一般を限定する意味を有ったものでなければならない。単に一般的なるものに種差を加え、最後の種を越えてさらにその極限に主語となって述語とならないものを考えても、それだけにて自己自身を限定する個物というものは考えられるのではない」（本書二五二頁参照。「現実の世界の論理的構造」、『哲学の根本問題続編（弁証法的世界）』、『全集』第七巻、二二〇頁）と語っていたのであった。さらにこの論に続けて、次のようにも説くのである。

……個物は単に自己自身を限定するものではない。個物は唯個物に対して限定せられるのである。真に個物というものが考えられるには、非連続の連続ということがなければならない。互いに独立なものの結合ということがなければならない。かくして真に働くということができるのである。そして現実の世界は物と物とが相い働く世界でなければならない。ロゴス的に実在を考えたギリシャ哲学は、かかる世界を考えることはできなかった。（同前、二二一頁）

いったい、なぜ個物は個物に対して個物なのか。西田は別に、「個物は一般の限定として考えられるとともに、逆に個物は一般を限定すると考えられる。しかし単にそれだけにて個物というものが考えられるのでない。個物は個物に対すると考えられねばならない。個物は唯個物に対することによって個物と考えられるのである。唯一つの個物というものは考えられない」(「弁証法的一般者としての世界」、『哲学の根本問題　続編(弁証法的世界)』、『全集』第七巻、三〇六頁)とも説くように、唯一つの個物は考えられないという。確かに、ただ一つ個物があるとして、それは個の意味さえ持たないであろう。では、二つあるときはいかがか。その場合は、「しかし二つの個物の相互限定というのは、直にこれを翻して一つのものの自己限定と考えることもできるのである。個々なる性質は各相い異なると言っても、何物かに属して一つの物の性質たるに過ぎない」(同前、三一一頁)ということになり、個物の意味はやはり有り得ない。こうして、西田は次のように論じている。

真の弁証法的限定というべきものは、少くも三つのものの相互限定から考えられねばならない。甲が乙に対すると同じく丙にも対する。乙が甲丙に対し、丙が甲乙に対するも同様である。私が汝に対する如く彼に対する。汝が私に対し、彼が私や汝に対するも同様である。かく三つのものの相互関係をかく考えるということは、無数の個物を考えるということに外ならない。かくして始めて真に相い独立するものの相互限定、個物と個物との相互限定ということが考えられるのである。

(同前、三一三〜三一四頁)

個物は三個以上あって(私と汝に彼が入って)、ということは無数の個物があって、しかもそれらが真に独立する者同士として相互に関係しあい、作用しあう時、個物の意味は十全になる、という。

というわけで、互いにまったく独立な主体同士がしかも相互を限定しあうところに、個物の世界があることになる。その自他間に非連続の連続があることになるが、そのことは個物が自己の外に絶対の否定に面するということでもある。つまり、ともに絶対に自由であり主体であるおのおのの個物は、他の個物とは絶対の断絶において相対するのでなければならず、故に相互に絶対の否定に面するということになるわけである。しかもこのことはすなわち、ともに自他を規定・束縛するものの一切ない絶対の無において成立しているということでなければならないことでもある。絶対の否定とか、非連続の連続とかの語には、自己の底に対してと、自己の外の他個に対しての、その双方の意味が含まれているであろう。

汝を認めることによって自己である

自己自身を限定するという個物とは、人間としての主体のことなのであり、もっといえば自己なのであった。したがって、個物が個物に対するということは、自己が他の自己に対し人格的に対することにほかならない。つまり真の個物としての自己とは、汝に対する私の意味を持つものでなければならないのである。このことを、西田は次のように明かしている。

……個物は唯個物に対することによって個物となるのである。しかも単に一つの個物というものがあるのではなく、そこに非連続の連続というものが考えられねばならない、個物は絶対の否定に面しているのである。個物を否定するものは一般的なものでなければならない、個物は絶対の一般者に対しているのである。私は汝を認めることによって私である、汝は私を認めることによって汝である、私と汝とは絶対の否定に対しているのである。しかも絶対の否定は即絶対の肯定でなければならぬ。私と汝とがノエシス的に相限定するということは、ノエマ的に絶対の否定即肯定的なるものに面するということでなければならぬ、創造的なるものに接するということでなければならぬ。私が汝を認めることによって私である。私が人格的となるということは、創造的なるものに接するということでなければならぬ。人格的となればなる程、創造的なるものに接するということができる。逆に創造的なるものに接すれば接する程、私は人格的となる、即ち私は汝を認めるという意味を有つのである。

（「現実の世界の論理的構造」、『全集』第七巻、二六二～二六三頁）

このように、真の個物とは、汝を認め、それに相対する私としての自己のことなのであった。私があくまでも私を追求し、汝はどこまでも汝を追求して相い対する時、そこに絶対の断絶（否定）を認めるのでなければならず、しかもそのことを認めることが私を生かし汝を生かすこととなる。この根本的な構造に立つとき、まさにそれぞれの主体が創造的にはたらくことが出来るというのである。このことに関して、西田は、「私は従来右の如き考え方に於いて、汝というものの役目が考慮せられていないではないかと思う。個物は唯個物に対することによって個物であるということが閑却せられていないかと思う」（同前、二六八頁）と言っている。この指摘は大変重要なことである。と同時に、この原構造が、社会の根底にあることに、深く思いを致すべきであろう。

一が自己自身を否定するということは、それが絶対に多となることでなければならない。一般者が自己自身を否定するということは、無数に独立なる個物が成立するということでなければならない。そしてその一々が一般的なるものを否定する意味を有つことでなければならない。是の故に弁証法的一般者の自己限定としての非連続の連続というものが考えられなければならない。社会的・歴史的実在の根柢に我と汝というものが考えられねばならないという所以である。（同前、二五四頁）

今の最初の「一が」の一は、絶対者としての一である。華厳にいう一入一切・一切入一の一は、多個の中の一個である。それはほぼまぎれがない。西田の場合は、一が普遍の一であることも多く、その区別に注意が必要である。その後に出る、「その一々が」の一は、言うまでもなく多個の中の一個である。ともあれ、この時期の西田は、その世界の原構造、弁証法的一般者の側から、自己（個物）を捉え返そうとしていたのであった。そうして、その論理構造からして、「社会的・歴史的実在の根柢に我と汝というものが考えられねばならない」と指摘するのであった。

こうした私と汝の真の個物の世界では、個物は自己をどこまでも保存しようとせず、むしろ「汝の汝としての私」に立つべく自己を否定して自己に死ぬとき、かえって創造的世界の個物として肯定されてくることになる。このことを西田は別に、次のように説いている。

しかし私と汝とは単に相い対して相い了解するということによって、私と汝とであるのではない。私が汝を認めることによって私であり、汝が私を認めることによって汝であると言うのは、そういうことを意味するのではない、汝が私の存在条件となり、私が汝の存在条件となるということでなければならない。……私が汝を認めることによって私であり、汝が私を認めることによって汝であるということは、私が私自身を否定することによって私であり、汝は汝自身を否定することによって汝である、我々は互いに自己否定によって我々であるということを意味していなければならない。そこに当為というものが考えられねばならぬ。

（同前、二七一～二七二頁）

趣旨は非常に解りやすいであろう。あるいはまた、次のようにも説いている。

しかもかかる意味に於いて我々の自己は、一面に否定に面すると共に、死することによって生きるという意味に於いて、即ち非連続の連続として、一面に当為に面している。当為というのは、我々の死することによって生きる途である。我々は当為によって絶対の他と結合することによって生きるのである。当為というのは私と汝との引力である。単に私というものでも、私の一歩一歩が独立・自由と考えられるかぎり、自己に対する当為というものがなければならない。我々の真の人格的統一は当為によって成立するのである。

（同前、二九七頁）

こうして、私と汝が絶対の否定を介してつながる、その絶対の否定をふまえることそのことが、当為である。我々は、一般者の規定を超えて絶対に自由であるが、絶対に自由であるがゆえに、汝の絶対自由と直面し、それを尊重してこそ私なのであり、汝に対することにおいて、それも複数の、無数の汝に対することによって、自己に死んで真に生れる。そのとき、絶対に自由であると同時に、どこまでも当為ということを自覚せざるを得ない。言われてみれば、まったく当然のことのようであるが、このことを宗教哲学の深みから明瞭に自覚して論じたのは、おそらく西田が初めてであったであろう。

自他間での当為を自覚する道

では、それにしても、そこに現れる当為というものは、どのようなものと考えられようか。前に西田は、いわば「報恩としての当為」を述べていたことを見た。それは自己が自己を越えるものにおいて成立していること、「超個の個」であることに基づくものであった。しかしそれだけでは当為の根源的な根拠は知られても、当為の内容、その方向性は、まだ見えていないように思われる。自己の底に対してだけでなく、他の人《にん》に対した時に、いったいどのような当為が現れてくるのであろうか。

今、その手掛かりを、西田における表現の問題から考えてみたい。おのおのが真に自由であり、根底において何物にも縛られず、互に独立している私と汝が、しかもそのように絶対の否定を介しつつしかも相互にはたらきあうことは、表現においてであるというのが西田の考えである。たとえば、「私と汝とを結合するものは客観的・主観的なるものでなければならない、即ちそれは表現の世界と考えられるものでなければならない。我々は表現を通じて相い結合するのである」(同前、二六七頁)とある。では、その表現とは、どういう意義を有しているものなのであろうか。西田は、今の文章に続けて次のように説く。

表現の世界というのは単なる客観の世界ではない、単なる物の世界ではない、さらばと言って単なる主観の世界ではない、単なる意識の世界ではない。また表現の世界というのは単なる私の世界でもなく、汝の世界でもない、私と汝との世界である。表現の世界は了解の対象界と考えられる。了解というには、私と汝というものが予想せられていなければならない。表現の内容というのは我々の了解の対象である。そこに意味の客観性というものが考えられるのである。私がかく言うのは、表現的に私に対するものがすぐ汝であるというのではない。私に対する汝というものは、なおそれ以上のものである。唯意味の世界という如きものが考えられるには、社会という如きものが考えられねばならない。例えば社会という如きものなくして、言語というものは考えられない。意味の世界という如きものは共同団体の対象界でなければならない。……私が考える如く汝も考えざるべからず、私が了解する如く汝も了解するという所に、真理や意味の客観性というものが考えられるのである。

（同前、二六七〜二六八頁）

私が表情、言葉、動作、もの作り等を実現する（すなわち働く）としよう。それらは、種々の局面での表現であるが、内的な心や意志等が外にある形をもって表出されたものである。それは単なる主観でもないし、独立の客観でもない。それは汝の心に受け止められ、それが汝を動かして、汝の表現を生んでいくであろう。それがまた、私および他の主体に影響を及ぼしていくであろう。およそ我々が住んでいる世界は、そのように無数の表現されたものの堆積した世界であり、その中で私と汝の相互の表現的限定がなされていくわけである。単なる客観的な物質界というものは、この歴史的世界において抽象されたものにすぎない。

その相互に表現しあう中に、客観的な意味というものの自覚ももたらされてくる。「私が考える如く汝も考えざるべからず、私が了解する如く汝も了解するという所に、真理や意味の客観性というものが考えられる」とあるように、そのように共有されるべき了解は、誰もがうなづけるところに見いだされるべきものであろう。それは一般者の方向にあるものであるから、個物を否定するものというべきかもしれない。しかしそれがまた、個々の私と汝をつなぎ、生かしていくものともなる。私と汝とは、それに出会うことによって、私となり汝となる。否定即肯定という焦点をめぐって、世界は展開していくことになるのである。こうして、私と汝は、相互の絶対否定における表現活動によって結合するのである。

その際、くどいようであるが、その根底にはどこまでも独立の主体としての各自己が確保・保証されていなければならない。このことは、どんな時でも忘れるべきではなく、それ自身が当為の根本とみるべきであろう。このことを西田は、前に見た引用の箇所（本書二九五頁）の中略部分等にあるものであるが、次のように説いている。

表現の世界は了解の対象界と考えられる。しかしかく考えられる時、唯私と世界とが対立している、個物と一般者とが対立している、個物が個物に対するという意味はない、私が汝に対するという意味はない。従つて私というものもない。それは唯共同意識の世界である。故に私と汝とが互いに了解する事実があつても、それはまだ私と汝とではない。……絶対に他なるものの結合には当為の意味がなければならぬ。……私と汝とが否定によって結合する世界は、単なる共同意識の世界ではなくして、絶対に相反するものの自己同一として主客合一的に自己自身を限定する世界でなければならぬ。従来、表現の世界というのは単に了解の対象界と考えられていたが、表現の内容と考えられるものは単に了解の内容たるのみならず、命令の意味を有っていなければならない、我々に対し客観的当為の意味をも含んだものでなければならない。

（同前、二七一～二七二頁）

単なる共同意識においては、かけがえのない各人の尊重という視点が抜け落ちかねない。「絶対に他なるものの結合」というあり方、「絶対に相反するものの自己同一」を見失ってはならないのである。そこにおいてこそ、しかもまさになすべき事柄が自覚されてくる。それは世界の本来的なあり方に基づく課題として、「命令の意味を有っていなければならない、我々に対し客観的当為の意味をも含んだものでなければならない」（同前、二七二頁）と説かれる。また、「当為の内容というものは、もと表現的世界の自己限定の内容でなければならぬ。弁証法的世界即ち無の自己限定の世界の個物的限定の意味を有する我々は、これによって客観的に生きるのである」（同前、二九七～二九八頁）ということにもなるのである。

現実世界の原構造

とはいえ、その当為の内容、あるいは真理や客観的意味の内容は、いまだ明瞭とは言えない。西田はあくまでも原理的な構造を明確にしようとしているのであって、その当為の具体的なありかたは、さらに追究されなければならないであろう。ただしこのような「個物の哲学」でも、権力による一元的な抑圧には、根本的に対抗する社会像を提供していよう。哲学等の人文学に基づいて、法学・政治学や経済学等々の社会科学が展開されなければならない。その課題は自覚しておかなければならないに違いない。そのことをふまえたうえで、西田の説く当為の内容をさらに探れば、たとえば次の説が多少なりとも参考になろう。

しかし弁証法的一般者の自己限定の世界に於いて死が生である。我々は弁証法的世界の自己肯定の方向に於いて無限の生を見る。この方向に於いて現れる無限なる表現の内容と考えられるものが当為である。真の当為の内容というものは、表現的世界の自己限定の底に見られる無限なる生命の内容でなければならない。単に抽象的なる当為というものは、真の当為の意味を有するものではない。かかる弁証法的一般者の自己肯定の方向というのは、個物と個物とが相い限定する世界である、個物と個物とが絶対否定を通じて相い限定する非連続の連続の世界である。

（同前、二九八～二九九頁）

当為は、私と汝とが人格的に相互に表現し合う中で自覚される「無限なる生命の内容」を内容とするものなのである。結局、相互にどこまでも独立・自由である人格・主体が互に表現し合い、制作しあい、はたらきあう中で、「無限なる生命の内容」を汲み出していくことに、真の当為があるということになると思われる。このことを言いかえれば、創造性の発揮ということでもあろう。すなわち私と汝のはたらきあいは、いのちの根本にある創造性の発動に基づいてのものなのである。

なお、表現と行為をめぐって、次の言葉もある。

我々は人格的自己として、どこまでも自己矛盾的存在である。しかして我々はどこまでも無に面しており、無から限定せられるという意味に於いて常に不安であり、限定するものなくして限定するという意味に於いて自由と考えられる、任意的意志と考えられる。しかも弁証法的一般者の自己限定というのは個物的限定即一般的限定、一般的限定即個物的限定として世界が世界自身を限定する形成作用という意義を有するを以って、個物が個物自身を限定するということは一般が一般自身を限定するということであり、我々の自己は行為的であり、行為によって客観的に物を形成し行くのである。我々の行為的自己は形成作用という意義を有っている。そこに自己の客観的存在の意義があるのである。故に我々の行為はすべて表現作用という意味を有っている。

（同前、二九九〜三〇〇頁）

ここでは、表現が行為としてとらえ返されている。ここまでくると、西田が好んで用いたポイエシスの世界にまで射程に入れていることになろう。我々は身体を通じて、何らか客観的なものとして自己の意思を形に表わしていく。それには具体的な物だけでなく、論文や音楽等、思想・芸術の作品も含まれよう。それらは、また自他の心にはたらきかけ、自他の具体的な生活をもたらしていくことであろう。西田において歴史的ということは、何も時代がかったことを言うものではない。現実世界における自他の表現的・形成的行為の積み重ねとその展開をいうものなのである。

以上をあらためて整理して示したものとして、次の文章が適当かと思う。それは、今まで見てきた「現実の世界の論理的構造」の論文の最後に、結びとして置かれているものである。

弁証法的一般者の自己限定に於いては、どこまでも個物が個物自身を限定すると考えられねばならず、個物が個物自身を限定するということは、個物は個物に対し、個物と個物とが絶対否定を隔てて相い限定することであり、個物的限定即一般的限定、一般的限定即個物的限定として場所が場所自身を限定することである。かかる世界の自己限定として形成作用と考えられるものは、表現的と考えられるものであり、個物は表現的に自己自身を限定する。個物が表現的に自己自身を限定するということは、個物が客観的に物を造ることである。それは単なるゲネシスの世界、生物的生命の世界ではなくして、ポイエシスの世界でなければならない、私と汝との社会的・歴史的世界でなければならない。……しかして我々は表現的に自己自身を限定することによって、即ち物を造ることによって、この現実の世界に生きて行く。しかして造られたものはまた表現的に我々を限定するのである。従来、表現の世界といえば、単に了解の対象物として、行為の世界と表現の世界は相い対立する如く考えられた。しかし我々の行動はどこまでも表現的でなければならぬ。また逆に我々の行動は表現的世界の自己限定として考えられねばならない。そこに弁証法的一般者の自己限定として、創造的世界と考えられるものがあるのである。我々はかかる世界に於ける個物的限定として、これに於いて生れ、これに於いて働き、これに於いて死にゆくのである。（同前、三〇三～四頁）

仏教の課題と西田哲学

以上、多く引用に頼りながら、西田の「個は個に対して個である」という真実、自己と他者に関する議論の一端を見てきた。ここでその内容を、私なりに簡単にまとめてみよう。

個物は単に一般者に種差を加えた極限のものではない。個物は自己を限定してはじめて個物なのであり、そういう個物が成立するのは、絶対的一者の自己否定においてである。すなわち絶対無においても成立しているのであり、そこに絶対自由の世界が有る。ただし、絶対者の自己否定においては、多個が成立しているのであり、そこでは個物は個物に対して個物である。この個物と個物とが相対するということは、それぞれが絶対の主体であるべきであるが故に人格的に相対することにほかならず、すなわち自己と他者との関係は、根本的に私と彼（彼・彼女）の関係ではなく、私と汝の関係にほかならない。このことが、社会の根底にある人間存在の原構造である。

この非連続の私と汝の結合（連続）は表現に基づくことになる。表現はしばしば制作のことにほかならず、世界は制作的活動の総体である。ということは、真の社会とは歴史的創造的であるということである。我々は、汝と人格的に対し、その表現に対することの中でこそ、深い生命の内容を自覚し表現していくことができる。その相互のはたらきあいの中で、それぞれが真の自己となり、その方向に当為も自覚されることになる。

概略、以上のような見方が可能であろうと考える。もちろん今のことは、西田の主張のごく一部を切り取ったにすぎず、西田の考えの詳細を尽くしたものではない。また、いまだ抽象的で具体的とは言いがたいであろうが、その具体策を考究することは、社会科学の務めとなろう。しかしこれだけでも、現実社会のあるべきあり方を根本的に考えるに、きわめて豊かなものを提供してくれているのではないであろうか。

ともあれ、西田の自己理解は、「超個の個」と「個は個に対して個」の結び目にあるのであった。「超個の個」は、いわば宗教的実存の論理であった。そこには、「逆対応」という事態があるのであり、そのことがおのずから「平常底」の立場ともなるのであった。その個はそのまま「個は個に対しての個」である。すなわち、その宗教的実存はそのまま歴史において形成されかつ形成し行く場に生きる社会的実存である。ここに、宗教の深みは直ちに現実社会と結合されざるをえない。それが西田の言う「平常底」にほかならない。

その「超個の個」を仏教でいえば、『般若心経』の「色即是空・空即是色」、唯識思想の依他起性と円成実性の不一不二、華厳思想の「理事無礙法界」に相当しよう。一方、「個は個に対して個」は、華厳の「事事無礙法界」に相当し、密教の曼荼羅世界に相当しよう。西田が「超個の個」の背景にあると説く「絶対者の自己否定において多個が成立する」という事態は、華厳思想において、「真如は自性を守らず、随縁して而も諸法と作る」と軌を一にしている。ただしこの事態は、先に一元的な世界があり、後にそこから現象世界が形成されてくるということではない。もとより真如と諸法とは不一不二のあり方にあることを、今の言い方で表わしているのみである。

西田はこれらを学び、摂取して自己の哲学を形成したわけではなかったであろう、しかし何らか日本人のものの見方・考え方、東洋思想の世界の受け止め方に深く留意する中で、しかも西洋哲学と対峙する中で、このような哲学に至ったのだと思われる。少なくともこうした西田の個物の哲学、絶対の否定を介してつながる多個の存在を見る立場が、一元的な社会体制であるはずもないことは、もはや明白であろう。

と同時に、西田の哲学には、仏教には見出すことがむずかしかった一面が具わっていることを指摘しておきたい。それは、個物は自己自身を限定し、すなわち自他の関係を規定しかえす、かけがえのない主体であるということである。仏教はよく縁起を説く。その場合、往々にして、他との関係に規定される側面、受動的側面しか語られず、この、関係を創造していく主体性の発揮という点を語ることは少ないと思われる。しかし西田は自己が自己であるためにこそ、このことを強調したのである。しかも絶対受動がそのまま絶対能動なのである。ゆえに私は、西田哲学は「場所の哲学」であると同時に、むしろ「個物の哲学」であると思うのである。

もちろん、仏教にその側面がないわけではない。特に大乗仏教においてであるが、「衆生無辺誓願度」から始まる仏道は、実はまさにその道なのであろう。しかし特に日本の仏教においてというべきか、他者を汝と見て、その他者にかかわっていく道は、あまり語られることはなかったのが実情であろう。はたして華厳において事事無礙法界を語る時、私と汝の相互に表現的に関係しあい、歴史創造的に働いていく世界が語られたであろうか。密教において曼荼羅を明かすとき、そこに絶対に独立する諸仏・諸尊の間で、しかも三密が「互相に加入し彼れ此れ摂持し」つつ歴史を創造する世界を、説明したであろうか。

西田は言う、「その源泉を印度に発した仏教は、宗教的真理としては、深遠なるものがあるが、出離的たるを免れない。大乗仏教といえども、真に現実的に至らなかった」と（「場所的論理と宗教的世界観」、『全集』第十一巻、四三七〜四三八頁）。確かに日本仏教は大乗仏教といえども出世間的で、現実世界に対して不足の面があることは批判されざるをえないものがある。あるいは仏教者、仏教教団の、主体性に欠けてただ時代に流されるという、深刻な問題があった。しかしながら、そういう状況にあって、西田のどこまでも自己の主体性と他者とを重んじる「個物の哲学」には、華厳思想や密教思想（曼荼羅思想）をふたたび活かしていく内容が、多分にあると思うのである。

西田は、「場所的論理と宗教的世界観」を執筆していたとき、昭和二〇年三月一一日、心友・鈴木大拙に次のように手紙を書いた。

私は今、宗教のことをかいています。だいたい従来の対象論理の見方では宗教というものは考えられず、私の矛盾的自己同一の論理すなわち即非の論理でなければならないということを明にしたいと思うのです。私は即非の般若的立場から人《にん》というものすなわち人格を出したいと思うのです。そしてそれを現実の歴史的世界と結合したいと思うのです。

（『全集』第十九巻、三九九頁）

その「場所的論理と宗教的世界観」の最後には、国家と宗教の関係について短く言及している。その中に、「故に私は民族的社会が自己自身に於いて世界の自己表現を宿すとき、即ち理性的となる時、国家となると言うのである。この如きもののみが国家である。かかる意味に於いて国家は宗教的である」（『全集』第十一巻、四六三頁）と述べている。それは、一国の覇権を否定し、世界において各国家が共生しうる公正な立場を求めるものであった。ここに、ひそかに時の体制への抗議の意思を込めていたことは容易に察せられる。

何かと問題とされる『日本文化の問題』には、「……しかも今日は極めて容易に学問に日本的という語が冠せられるのではなかろうか。学問は理論を有たねばならない。しかしてそれは単にある民族の民族性というだけのものでなくして、世界的に働き得るものでなければならない。……」（『全集』第十二巻、二九〇頁）と述べている。これを収録する『全集』第十二巻の「後記」は、「当時極右的立場からなされた執拗な西田哲学攻撃に対する自己主張とアポロギアが一つの動機となって居り、時流に抗してあくまでも学問的立場が擁護されている」（同前、四七〇頁）と記している。

その戦時中の西田の動向については、上田閑照『西田幾多郎——人間の生涯ということ』（同時代ライブラリー二四三、岩波書店、一九九五年）、大橋良介『京都学派と日本海軍——新史料「大島メモ」をめぐって』（PHP新書一八五、二〇〇一年）、同『西田幾多郎——本当の日本はこれからと存じます』（ミネルヴァ日本評伝選、二〇一三年）が参考になる。また、藤田正勝の近著『人間・西田幾多郎——未完の哲学』（岩波書店、二〇二〇年）は、その辺の事情をかなり克明に描いている。西田はその国家至上主義に与さない立場によって逮捕されるかもしれないような状況にあって、自己の学問を、世界に開かれた立場から構築することを、毅然として貫いていた。

はたして西田の「逆対応」と「平常底」の宗教哲学から、さらに「超個の個」と「個は個に対して個である」が切り結ばれる「個物の哲学」から、西田の国家論はどのように進められるべきものであったのだろうか。今日、それをどう再現し、それを今後のグローバルな現実社会に向けてどう吟味し直し、生かしていくかは、我々に大いに問われている課題であると思われるのである。

付篇

鈴木大拙の華厳学

霊性的日本の建設

はじめに――大拙および華厳思想について

鈴木大拙（一八七〇〜一九六六）は禅者であったが、けっして禅籍の研究のみならず、大乗経典等の研究も広く行った。中でも『華厳経』には深い共感を寄せ、その可能性を追究した。『華厳経』の霊性を尊ぶと同時に、華厳宗の教理を高く評価し、それを理想社会形成の理論に据えようとした。そこには、戦後の新たな民主的日本建設への悲願があった。

いったい鈴木大拙とは、いかなる人物なのであろうか。大拙は明治三年（一八七〇）、金沢に生まれ、青年時代に鎌倉円覚寺で参禅修行の生活を送り、釈宗演《しゃくそうえん》の指導の下、明治二九年の臘八接心にて見性を果たした。その翌年春、アメリカに渡り、イリノイ州のラサールにあるオープン・コート社において社員を務めるとともに、東洋学者のポール・ケーラスの助手を務めた。

アメリカ在住時代に、「ひじ外に曲がらず」の句で大悟徹底し、また宗教の核心は「衆生無辺誓願度」にあると深く自覚した。これらのことは、大拙の禅の原点ともいえることなので、その内容について、若干の資料を挙げておきたい。まず、「ひじ外に曲がらず」の悟りについてである。

先生はまた別の機会に、私の問いに答えて、みずからこの「ひじ、外に曲がらず」の句を説明して、「外から客観的に見る限り、人は業の支配から逃れられない。いわゆる「不昧因果」で「因果歴然」の世界、「必然」の世界がそこにある。しかしこれを内面から見るというと、ここに超然とした那一著が厳存する。その必然の中に「自由」の世界があるのだ。いわゆる「不落因果」で、そこに真の自由の世界、主体的創造的な世界が開けてくる。ひじは外に曲がらない――「花は紅で、柳は緑」だというのだ。まことになんの造作もない。きわめて端的な、それはまったく自明の真理なんだ。「なあんだ、当たり前のことじゃないか」。そこに臨済のいう「黄檗の仏法多子なし！」という仔細がある。ひじは外に曲がらぬところに、その不自由な必然のところに、真の自由があるというのだ。……室内で「無字」を見た時よりも、ラサールでこの体験があってから、ほんとに「禅」がはっきりした。これですべてが尽きるではないか！」と、力強く結ばれた。

（『人類の教師・鈴木大拙』、秋月龍珉著作集六、三一書房、一九七八年、一四二頁）

次は、衆生無辺誓願度の悟りについてであり、これは生涯の心友・西田幾多郎への手紙を紹介する。

予は近頃、「衆生無辺誓願度」の旨を少しく味わい得るように思う。大乗仏教が此の一句を四誓願の劈頭にかかげたるは、直に人類生存の究竟目的を示す。げに無辺の衆生の救うべきなくば、此の一生、何の半文銭にか値いすとせん。……真誠の安心は衆生誓願度に安心するに在り。之をはなれて外に個人の安心あることなし。（明治三四年一月二一日付け 西田幾多郎宛手紙）

参考までに、この手紙は西田のもとに、明治三四年二月一四日に到着した。その頃、西田は参禅に取り組み、初関を何とかして突破したいと、精神的にかなりもがいていた頃である。この手紙を受け取った日、西田は日記に、「大拙居士より手紙来る。衆生誓願度を以って安心となすとの語、胸裡の高潔偉大可羨可羨。余の如きは日々に私欲のためこの心身を労す。慚愧慚愧。余は道を思うの志薄くして、少欲のためまたは些々の肉欲のため道を忘るること日々幾回なるを知らず。特に今日は大いに誤れり誤れり。今後、猛省奮発すべし。これも一に余が克己の意力に乏しきによる」と書いている。大拙の手紙に深く感銘を受けて、大拙の胸中の高潔さ・偉大さを「可羨可羨」といっている。宗教の世界に関しては、西田は大拙に対して一目置き、常に大拙を鏡として反省するというようなところがあった。

大拙は在米時代に、仏教思想を広く欧米人に伝えたい思いから、『大乗起信論』英訳や『大乗仏教概論』を出版している。在米十余年を経て、明治四二年に帰国し、学習院の教授となり、釈宗演への参禅も再開した。やがて学習院の状況が軍国主義化してきたり、釈宗演が遷化したこともあったりして、佐々木月樵の慫慂、西田幾多郎のあっせんにより、大正一〇年、大谷大学に転じている。大谷大学では、仏教学を講じるかたわら、英文雑誌『イースタン・ブッディスト』の刊行に携わり、仏教の国際発信に努めた。

その後、大谷大学で、『楞伽経』研究により博士の学位を得るとともに、『禅の思想』その他、禅の立場、禅の論理を明かす著作を数多く刊行した。特に盤珪の不生禅を高く評価し、また臨済の「人《にん》」の思想を究明したりした。また、大拙は禅者であったが、大谷大学に奉職したことにより、法然―親鸞の浄土教をも深く研鑽し、妙好人も発掘し、また禅と浄土教とが一致する地平を追究し、『浄土系思想論』『日本的霊性』などの著作も刊行した。

戦争中は、日米の若者が互いに戦う戦争の愚かさ・悲惨さを深く憂い、戦後は新たな日本社会形成に真摯に発言するとともに、平和な地球社会の実現を目指した。その立場から、昭和二四年以降、アメリカはコロンビア大学を主な拠点として、禅思想や仏教思想の国際社会への伝道に努めた。昭和三三年に帰国し、その後も、たびたび海外で活躍するとともに九〇歳まで大谷大学教授の職にあり、晩年に『教行信証』の英訳も完成させた。昭和四一年に逝去している。

一方、華厳思想という、その「華厳」とは何を意味していようか。華厳とは、『華厳経』に由来する言葉である。では、『華厳経』とは、どのような経典であろうか。『華厳経』のサンスクリット原本全体は残っていない。全訳としては、漢訳に仏駄跋陀羅訳六十巻本と、実叉難陀訳八十巻本とがあり、かなり大きな大乗仏教初期の経典である。もちろん、チベット語訳もある。それは、釈尊成道の光景を描写するとともに、菩薩の修行の階梯につき、信の修行から始めて、十住・十行・十回向・十地と進むように読める説明があり、総じて菩薩道の解説が主たる内容となっている。このことを、後半三分の一くらいを占める「入法界品」では、善財童子の求道遍歴物語によって描いている。善財童子は五十三人の善知識を訪問して、一生のうちに仏道修行を完成させるのである。初め文殊菩薩の導きにより求道の旅に出立し、少年少女や、大工、貿易商らや、遊女や、観音菩薩等々、数々の善知識を訪ねて道を深め、特に最後から三番目には弥勒菩薩の楼閣に入って神秘的な光景を体験し、最後に普賢菩薩にお会いして修行を完成させ、仏となるのである。この部分のみの漢訳が般若訳四十巻本である。

古来、「因分可説、果分不可説」といって、菩薩の修行の道筋は説けるが、仏果の世界は説けない、それで菩薩道について詳しく明かす、というのがこの『華厳経』の基本となっている。

この中に、空の思想、唯心の思想、如来蔵思想等々が説かれており、また一入一切・一切入一、一即一切・一切即一といった、重重無尽の縁起思想も譬喩等によってしばしば語られている。また、「初発心時、便成正覚」という有名な言葉もあり、この句から「信満成仏」の語も生れた。経典全体の分量が長くて、日本人には『法華経』のように一般に浸透したわけではないが、聖武天皇が造立した大仏は、『華厳経』の教主・盧舎那仏（毘盧遮那仏）であり、その他、日本仏教にも大きな影響を与えたことも否定できない。一例に、親鸞は信決定して救われた者は、「如来等同」であると説いたが、これは「入法界品」末尾の偈頌、「此の法を聞いて歓喜し、信じて心に疑うこと無き者は、速やかに無上道を成じて、諸の如来と等しからん」によるものである（ただし親鸞の読み方は、「この法を聞きて信心を歓喜して、疑いなきものは、すみやかに無上道を成らん。もろもろの如来と等し」）。

この『華厳経』に基づきながら、そこに含まれている思想を体系的に整理したのが、唐の智儼であり、その弟子の法蔵である。彼らによって、一入一切・一切入一、一即一切・一切即一の世界の論理が、十玄門等によって示された。そこに華厳宗が成立するが、いわば智儼がその創唱者、法蔵がその大成者である。華厳思想の体系を遺漏なくしかも簡潔にまとめているのは、法蔵の『華厳五教章』であろう。自ら法蔵の流れを汲むと主張した澄観は、四法界の説を唱えた。それは、事法界・理法界・理事無礙法界・事事無礙法界というものである。『五教章』の中に説かれる十玄門は、この事事無礙法界の論理構造を多角的に解明したものである。

日本では、良弁《ろうべん》の要請により、その法蔵の弟子という審祥が、金鐘寺において、法蔵の『華厳経探玄記』によって『華厳経』の講義をしたのが、日本華厳宗の始まりとされている。金鐘寺が、やがて東大寺になっていくのであった。

華厳思想というときは、これら、『華厳経』および華厳宗の教理の全体を包含するものということになるわけである。

大拙の華厳研究について

初めに、大拙の華厳研究の全容について、まとめておきたい。昭和三〇年一二月、法蔵館より『華厳の研究』が杉平顗智の訳により刊行された。その「訳者あとがき」(一九五五年九月二五日)には、以下のようにある。


本書は鈴木大拙先生英文『禅論文集』第三巻(*Essays in Zen Buddhism, Third series*, London : Luzac and Company, 1934, 昭和九年)の最初の四つの論文をその内容としている。……これらを一纏めにした本書を「華厳の研究」と題したわけである。……

大正九年、先生は東京の学習院から京都の大谷大学に来られて、英文仏教雑誌 *Eastern Buddhist* を発行せられたが、その第一巻・第一号からすでに『華厳経』の抄訳が出され、第一巻・第三号には"Notes on the Avatamsaka Sutra"(「華厳経覚書」)が書かれている。

爾来、先生の『華厳』の研究は、『華厳』の三つの漢訳について、またその梵本の原典について続けられ、昭和九年には、『禅論文集』第三巻に含まれ、ここに訳出せられた四つの論文が発表せられ、昭和十年には、梵本『華厳経』が校訂発刊せられた。その後も、英文『仏教の大意』（和文版は、本全集第七巻所収）などが『華厳』の思想を広く世界に宣揚している。

現在、先生はアメリカ紐育のコロンビヤ大学で、東洋の思想に心を傾けるアメリカ学生たちに『華厳』を中心とする東洋の思想を講じておられるが、やがて帰朝せられた時は、『華厳経』の英訳に全力を注がれると聞いている。

（『鈴木大拙全集』、岩波書店（以下、『全集』）、第五巻、三六一頁）

ここに、大拙の華厳研究の初期の様子がまとめられている。右にあるように、昭和九年（一九三四）には、泉芳璟とともに、『華厳経入法界品』（*The Gandavyuha Sutra*）のサンスクリット本の校訂出版を行っていることも、忘れることはできない。このほか、「東洋的直観の世界――『華厳経』の妙処と考へ方」（『東洋的一』所収、昭和一七年一〇月、大東出版社刊）もあるが、これはごく小さなものである。

一方、前に出てきた『仏教の大意』は、昭和二一年四月二三、二四日、天皇・皇后両陛下に「仏教の大意」の御進講を行った草稿がもとになったものである。その御進講について、塚崎直樹「鈴木大拙の御進講「仏教の大意」と禅者の姿勢」（『思想史研究』二四、二〇一七年一二月）は、この御進講が天皇の「人間宣言」に関ったレジナルド・ホーラス・ブライスと山梨勝之進の配慮によりなったこと、大拙は禅者として天皇と対し、困難を通じて霊性的世界に突破すべきことを説いたことなどを詳しく明かしている。

その後、この英語版が、昭和二二年に *The Essence of Buddhism*（London：The Buddhist Society）として出版され、またその日本語版『仏教の大意』も法蔵館より、昭和二二年九月に出版された。

昭和二一年九月、『霊性的日本の建設』を刊行（大東出版社）、さらに、本稿でもふれる『自主的に考へる』は、昭和二二年二月の刊（日高書房）である。

なお、同年一一月の刊に、『日本の霊性化』（法蔵館）がある。この本は、大拙が昭和二一年六月一七日から二一日まで、京都大谷大学において五回にわたって行った講演を基にしたものである。大拙はその中で、「私は戦争中に『日本的霊性』を書き、戦争直後に『霊性的日本の建設』を書きました。後者は前者の続篇のようなものでありますが、敗戦と無条件降伏ということで、私の考えは直ちに新日本の建設をいかにすべきかということに向けられました。そうしてそれが霊性的でなくてはならぬということは論をまたないので、『霊性的日本の建設』は書かれたものです」（『全集』第八巻、二五六頁）と述べている。またその「序」では、「この書は大体後者（『霊性的日本の建設』）を補修したものである。三書（『日本的霊性』＋『霊性的日本の建設』＋本書）あいあわせて研究せられると、著者の意のあるところは了解せられると信ずる」（同前、二二八～二二九頁）と述べている。特にこの本では、戦時中の日本の体制に対する厳しい批判が展開されている。

以上はすべて、華厳思想により日本の民主的社会の構築を真摯に提言するものであった。この頃、大拙は必死になって、戦争中の神道と結びついた国家主義、全体主義批判の展開と、華厳思想に基づく新日本建設への道を訴えるのであった。

ちなみに、『鈴木大拙全集』第九巻には、このほか、「国家と宗教」(『知と行』第二巻、三・四号、昭和二二年三月、『宗教大系』第三巻、昭和二三年九月の二篇)、『青年に与ふ』(昭和二三年五月)、「戦争―人間生存―仏教」(『世界人』第二号、昭和二三年五月)が収載されている。特に「戦争―人間生存―仏教」の終わりには、華厳の事事無礙界の特質と重要性が強調されている。

昭和三〇年刊の『華厳の研究』にニューヨークから寄せた「序文」において、大拙は、「実際をいうと、『華厳』のことは、ずっと昔から気にかかっていて、今でも「それを何とかしないと、死にきれぬ」といふ心持になっている」(『全集』第五巻、一三七頁)と述べている。大拙にとって、華厳研究は生涯の課題であった。

以下、大拙の華厳研究に関するいくつかの評をまとめておく。山口益は、佐々木月樵(一八七五~一九二六)の影響があったろうと言っている。佐々木月樵は大谷大学で、『華厳経』(六十巻本)の講義を担当していたのであり、著書に『華厳教学』(一九一九)、『華厳経の新しき見方』(一九二三)があったりする。山口益は、大拙は「晩年まで、華厳経入法界品の英訳を、その弥勒閣の章たりとも完遂しなければならぬと言い続けられていられた」とも言っている。金倉円照も、「そもそも華厳経の研究は博士の年来の素志であった。そしてその英訳もくわだてておられたと聞く」と言っている。鎌田茂雄は、「先生は「入法界品」の英訳を畢生の願いとされていた。入法界品にかけられた並々ならぬ情熱は「大乗思想の最高潮に達したもので、印度的表現形式の巧妙を極めたものを『華厳経』とする。この経の研究はなかなか容易ではないが、六十巻、八十巻といっては大変であるから、その中の「入法界品」だけでよい。これをよく読みたい」(『東洋的一』)というお言葉の中に脈うっている」等と言っている。

また、末綱恕一は、「華厳の中で入法界品には特別の興味を持っておられたようであり、特に菩提心に関して種々の解説がある弥勒の箇所に、非常な関心があったようである」といい、「法蔵の主著である『五教章』や『探玄記』について先生が語られたことはないようである。『妄尽還源観』は、上掲の『華厳の研究』や『現代に於ける華厳思想の意義』(鈴木大拙全集第八巻所収)において援用され、『華厳経旨帰』もどこかで援用されていたようである。けれども十玄・六相に関しては殆どお話がなく、ただ御前講演から出来た『仏教の大意』(一九四七、鈴木大拙全集第七巻)の中で珍しく『金師子章』によって十玄を解説しておられる。『金師子章』は法蔵が、唐の則天武后の前で華厳思想を講じたことから出来たもので、先生が御前講演で『金師子章』を援用されたことは、偶然でないように思われる。私が先生から最初に華厳思想についてうかがったとき、先生はこの『金師子章』と宗密の『註華厳法界観門』とを読むように勧めてくださった」と述べている。

さらに、秋月龍珉は、「先生は晩年いつも「わしは最後に、必ずしも伝統の祖師のそれではない、自分自身の華厳思想を、英文で書いてみたい」といわれていた。先生の禅学は、思想的に深く華厳の哲学によって基礎づけられている。……先生自身の手で、最後の大作が世に出る日がついに来なかったことが、憾《うら》まれてならない」（前掲『人類の教師・鈴木大拙』、一五五〜一五六頁）と語っている。

以上により、大拙が生涯、『華厳経』ないし華厳思想に深い関心を懐いていたことがわかるであろう。詳しくは拙著『西田幾多郎と鈴木大拙』（大東出版社、二〇〇四年、八四〜九一頁）を参照されたい。

大拙の華厳思想研究としてまとまったものは、『華厳の研究』が随一である。しかし本稿は、大拙の『華厳の研究』等の詳細な分析に取り組むものではない。本稿では、主には昭和二一〜二二年刊行の『霊性的日本の建設』、『仏教の大意』および『自主的に考へる』を中心に、大拙が華厳思想により戦後の民主的社会を展望した様子に焦点をあてて、そこに大拙の華厳学の一端を見ようとするものである。決して尽くしたものではないが、仏教の社会的貢献の道を考えるに、何らか参考になるかと思うのである。

『華厳経』および華厳思想への高い評価

大拙は数ある大乗仏教経典の中、『華厳経』も研究の対象としていた。前にもふれたように、『鈴木大拙全集』（岩波書店）では、第五巻に『華厳の研究』が収められている。大拙が『華厳経』

のどこに惹かれていたのかは、精査が必要であるが、特に「入法界品」に深い関心と共鳴を懐いていたことは間違いないと思われる。実際、大拙は、前に鎌田茂雄がふれていたように、『東洋的一』の中の「東洋的直観の世界――『華厳経』の妙処と考へ方」において、「大乗思想の最高頂に達したもので、印度的表現方式の巧妙を集めたものを『華厳経』とする。この経の研究はなかなか容易ではないが、六十巻、八十巻といっては大変であるから、その中の「入法界品」だけでよい。これをよく読みたい」と述べている（『全集』第七巻、四三一頁）。

大拙は「入法界品」の中でも、とりわけ弥勒による菩提心の説明を、重要視していたと思われる。弥勒菩薩はそこで、大乗仏教徒にとって菩提心とはどのような意味のものかを詳しく説いている。たとえば、今はわずかの引用であるが、次のようである。

菩提心は大地の如くである、一切の諸々の世界はこれによって支持せられるから。浄水の如くである、一切の煩悩の垢はこれによって洗い浄められるから。……

菩提心は蓮華の如くである、この世界の事物によって汚されることが決してないから。象の如くである、従順であるから。良馬の如くである、悪性を離れているから。御者の如くである、一切の大乗の真理に眼を配るから。……

（『華厳の研究』、『全集』第五巻、三一四～三一九頁参照）

これらの説に、大拙はいたく感動し、この「入法界品」の英訳の必要性を訴えもしたのであった。しかも大拙は、こうした菩提心が生まれる背景をさらに尋ねている。そして次のように語るのである。

一、菩提心は大慈悲心から生ずる。大慈悲心は、若しそれがなかったとしたら、仏教そのものがまた全くないものになる程の大事なものである。この様に大慈悲心を強調するのが大乗仏教の特色で、大乗仏教の諸教義の全景《パノラマ》の展開はこの大慈悲心を枢軸として回転するものといえよう。『華厳経』があの様に美しく画き出した相即相入の哲学も、事実はこの生命力の発現に外ならない。冷ややかな知性の領域に低回逍遥している限りでは、空（śūnyatā）の教義も、無我（anātmya）の教義も、その他の教義も、すべてみな、抽象的な響きを伝えるのみであろう、霊的な迫力に欠け、熱狂的な情熱に人をよび醒すことができないでもあろう。ここで考えるべき重要なことはこうだ、仏教の教えは一切衆生を抱きしめる暖かい心の所産であって、存在の秘密を論理によってあばきいだそうとする冷ややかな知性の結晶ではない、仏教は個個の人《にん》の経験であって、人を離れた哲学ではないということである。（『全集』第五巻、三三八〜三三九頁）

このように大拙は『華厳経』の根本に、仏の私たちに対する大悲心が流れていることを看取していた。この仏の大悲心があってこそ、その働きを受けて私たちの心にも浄らかな菩提心が生れて来るということを見て取っているのである。大拙は仏の大悲心をおそらく実際に体験していたのであり、それを中心として仏教というものを見ていたということがわかる。と同時に、仏教の知的に整理された論書の教理より、経典自身に横溢する霊性にじかに参じるべきであるとし、『華厳経』はその点においてきわめて豊かなものがあると評価していた。大拙は霊性の生き生きとした経典を重視したのであり、これまた大拙の宗教的境涯を物語るものである。特に「入法界品」にはそのことを強く感得したようである。

そういう意味では、大拙はたとえば法蔵の『華厳五教章』などはあまり援用しなかった。ただし、一方でそこに含まれている理路を高く評価したことも間違いない。たとえば大拙は、次のように説くのである。

『華厳経』に盛られてある思想は、実に東洋――印度・シナ・日本にて発展し温存せられてあるものの最高頂です。般若的空思想がここまで発展したということは実に驚くべき歴史的事実です。もし日本に何か世界宗教思想の上に貢献すべきものを持っているとすれば、それは華厳の教説に外ならないのです。

（『仏教の大意』、『全集』第七巻、四五頁）

大拙はなぜこのように華厳思想を高く評価したのであろうか。般若的空思想が最高度に発展した地平（ここまで発展した）は、いったいどのようなものなのであろうか。その一端を示すのが、次の説であろう。

法界の真相は事事無礙を会するときに始めて認覚せられるのである。理事無礙としての法界は哲学者にも神学者にも略々通ずると思われるが、事事無礙の法界は彼らの未だ到り得ざるところであると信ずる。この最後の法界観は汎神論でもなければ、汎一神論でもない、また神秘論と同一視せらるべきでもない。心すべきである。（同前、五五頁）

事とは、もろもろの事象・事物、理はそれらの一切を貫く究極の普遍のことで、仏教では空性ということになる。その空性そのものを、別の言葉で法性とも真如ともいうが、変わるものではない。また、事は相対、理は絶対ともいえるであろう。仏教では、諸法とその法性とは、不一不二である。そこを『般若心経』は、「色即是空・空即是色、受想行識、亦復如是」というわけである。華厳ではここを理事無礙法界という。絶対と相対が融け合っているところと言えるであろう。ここまでは、西洋でも説かれないことはない。ヘーゲルの哲学に、そうした趣旨を見出すこともできるようである。

しかし華厳思想では、理は空性であるがゆえに消えて、さらに事事無礙法界に進んでいく。事と事とが無礙に融け合うというのである。たとえば、松は竹であり、竹は松であって、しかも松は松、竹は竹だという。私は汝であり彼・彼女であり、汝や彼・彼女は私であって、しかも私は私、汝は汝、彼・彼女は彼・彼女だというのである。このことが成立するのは、究極の普遍（絶対者、神）が、空性そのものであるからである。このような、事事無礙法界の思想は、もはや西洋には見られない、東洋の仏教の精華であるという。このような立場から、大拙は華厳思想を高く評価するのであった。大拙は別の個所では、後に見るように、「事事無礙に突入することによりて、東洋思想の絶巓に攀《よじのぼ》ったと言える」（『霊性的日本の建設』、『全集』第九巻、一二九頁）とまで言うのである。

華厳思想による現実社会構築への構想

大拙はこのように華厳思想を高く評価しただけでなく、それが明かす事事無礙の論理を現実社会に応用し実現しようとするのであった。前に引用した「般若的空思想がここまで発展した」云々の句の後に、「今までの日本人はこれを一個の思想として認覚していたのですが、今後はこれを集団的生活の実際面、すなわち政治・経済・社会の各方面に具現させなくてはならないのです」（『仏教の大意』、『全集』第七巻、四五頁）と述べている。第二次世界大戦という無残な戦争が終わって、大拙は日本の将来と世界の将来を真剣に考え、新たな社会秩序の形成について仏教思想を基盤に構想していこうとするのであった。

大拙はおそらく戦争中から、今後の日本社会のあり方を真剣に追求していた。戦後になって、戦前の滅私奉公を強制する国家主義と一転して、アメリカ流デモクラシーの尊重が世を席巻していったとき、大拙はその民主主義を日本人にとっての伝統思想の深みから捉え返そうとするのであった。それでこそ、東洋の伝統の中で自覚されてきた本来の人間を実現できると考えたのである。そのことを、次のように説明している。以下、煩わしいようであるが、重要な点なので、一、二、引用しておく。

今後の日本はもはや天皇を雲の上の「現神」として仕舞いこんでおくべきではない。平田篤胤流の神道はこの方式をいやが上に高調した。それで天皇は「神」様になられたが、人間――「万民」又は「億兆」、又は「青人草」なるものからは益々退却せしめられた。これからは「神」の面を極度に削り去って、「人」の面に極度に近寄られることによりて、天皇と万民とによりて形成せらるべき法界曼陀羅は、本来の妙用を発揮するに相違ない。これが今日いうところの民主主義であるかないかは、今必ずしも問うことをもちいぬ。自分等は日本の国体がこのようなものであるべきだというに過ぎないのである。他律的に形成せられるものは、いつかはまた崩潰の瀬戸際に立たなくてはなるまい。国家も個人と同じく自主性を完全に把握していなければならぬ。法界曼陀羅の国家的実現は日本に課せられた世界的使命である。今後の吾等はこのような国体を作り上げて、その護持に務めなくてはならないのである。

（『霊性的日本の建設』、『全集』第九巻、一四七頁）

天皇が高天原から降りて、この大地の上に、人間として青人草の仲間入りをなされると同時に、青人草の国民の方では、いつまでも淤泥の中に沈滞して行くというような奴隷的自卑根性を放擲しなければならぬ。個己の自主性を樹立し、人格的価値の他に換うべきもののないということを十分に認識し、自ら尊ぶはまた大いに他を尊ぶ所以であることを覚悟しなければならぬ。個個円成であると同時に事事無礙である。或はこういってもよい――個個円成の故に事事無礙である。事事無礙の故に個個円成であると。これが実に法界の様相である。東洋的思想、東洋的感覚、東洋的生活の基底に流れている根本原理である。多くの場合、今まではこれを十分に意識しなかったということはあろう。これからはこの方面に対する認識を、あらゆる方向に、深めつまた明らめつして行かなくてはならぬ。霊性的日本は、この如くにして建設せられる。これが自分の確信である。そしてこれに先だって霊性的自覚の必要であるは言をまたないであろう。

（同前、一四七～一四八頁）

戦前の日本では、上に天皇がいて、国民は上からの統制に従う以外、生きていくことができなかった。しかし戦後になったので、大拙は国民自身が、一人ひとり主人公になるべきだということを強調する。それを、どこまでも華厳の事事無礙の思想によって論理づけたのである。個々人がそれぞれ円成にしてしかも相互に尊重し合う社会の基盤を、華厳の事事無礙法界の思想をもとに描き出そうとしたのであった。それは、全体主義でないことはもちろん、単なる個人主義でもない。本来の人間存在にとってあるべき社会の姿なのである。しかも、それら相互に尊重し合う個人の背景には、自他を超えるものの存在を自覚する必要がある。大拙はその辺を同書の別の箇所で、もう少しわかりやすく、次のように説いている。

個己の人格的自主的価値性を認識して、これを尊重することは、力の世界では不可能なことである。力より以上のものに撞著しない限り、そのような余裕は力のみの中からは出てこない。自らの価値を尊重するが故に他のをもまた尊重するということは、自と他とがいずれもより大なるものの中に生きているとの自覚から出るのである。自と他とはそれより大なるものの中に同等の地位を占めて対立しているのである。より大なるものに包まれているということは、自をそれで否定することである。換言すると、自の否定によりて自はそのより大なるものに生きる。そして兼ねてそこにおいて他と対して立つのである。自に他を見、他に自を見るとき、両者の間に起こる関係が個個の人格の尊重である。仏者はこれを平等即差別、差別即平等の理と言っている。

（同前、一三八頁）

自他を超えるものの中に包まれていて初めて自他であるという。そのことが認識されたとき、自己は自己のみで成立していたという考えは否定され、すなわち自己が否定されることになる。この否定を経て自己を超えるものに生きるとき、そこにおいて成立している他をも自己と見ることになろう。あるいは、自己に他者を見、他者に自己を見ることになる。これは事事無礙法界の論理であり、その事事無礙ということを人人に見た場合のことに他なるまい。相互に人格を尊重しあう世界は、こうして仏教の華厳的世界観から説明されるのである。

大拙はここで、「平等即差別、差別即平等の理」と言っていたが、それは実は理事無礙法界のことであろう。しかしここはもはや明らかに事事無礙法界のことの説明にほかならない。実際、大拙はこのあと、

これをまた他の言葉で現わすと、事事無礙法界である。……差別即平等・平等即差別というよりも、事事無礙法界と言う方がよい。前者は理事無礙法界に相当するが、それだけでは法界の実相に徹しないきらいがある。理事無礙では汎神論と取違えられないでもない。否、実際そのように解しているものもある。それでは華厳思想の真髄を知悉しえないであろう。事事無礙に突入することによりて、東洋思想の絶巓に攀《よじのぼ》ったと言える。(同前、一三八〜一三九頁)

と語っている。このように大拙は、どこまでも華厳思想を尊重するのであった。

実はこの大拙の説明は、西田の難解な宗教哲学のきわめてわかりやすい解説になっていると思われる。西田は、「故に我々の自己は、どこまでも自己の底に自己を越えたものに於いて自己を有つ、自己否定に於いて自己自身を肯定するのである」(『西田幾多郎全集』〔旧版〕、第十一巻、四四五

〜四四六頁）と説いている。もちろん、他者の自己も、その自己を超えたものに於いて成立しているであろう。なぜそうなのかといえば、結論のみ示すことになるが、「我々の自己は絶対者の自己否定として成立するのである。絶対的一者の自己否定的に、すなわち個物的多として、我々の自己が成立するのである」（同前、四四五〜四四六頁）、「絶対はどこまでも自己否定に於いて自己を有つ。どこまでも相対的に、自己自身を翻すところに、真の絶対があるのである。真の全体的一は真の個物的多に於いて自己自身を有つのである。神はどこまでも自己否定的にこの世界に於いてあるのである」（同前、三九八頁）からである。自ら自己を絶対に否定する絶対者において、自他の人人が成立しているというのである。

しかも西田は、「個は個に対することによって個である。それは矛盾である。しかしかかる矛盾的対立によってのみ、個と個とが互いに個であるのである。しかしてそれは矛盾的自己同一によってと言わざるを得ない。何となれば、それは絶対否定を媒介として相対するということである。個と個とが、各自に自己自身を維持するかぎり、相対するとはいわない。従ってそれは個ではない。単なる個は何物でもない。絶対否定を通して相関係する所に、絶対否定即肯定として、矛盾即同一的なる、矛盾的自己同一が根柢とならなければならない。それは絶対無の自己限定と言ってもよい。……」（「予定調和を手引きとして宗教哲学へ」、同前、一一五頁）と説いているのであるが、大拙の今の句の中の「自の否定によりて自はそのより大なるものに生きる。そして兼ねてそこにおいて他と対して立つのである」等の句は、まさにそのことを述べたものと考えられる。実に西田と大拙は同じ人間存在の真実を見ていたのであった。
なお、参考までに、『日本の霊性化』では、もっぱら神道に結び付いた国家主義への舌鋒鋭い批判が展開され、華厳思想への言及は、「普賢菩薩の十大願」の紹介（『全集』第八巻、二八九頁以下参照）のほか、「矛盾は、知性にいる限り、なくなりませぬ。それからここではその止揚も可能ではありません。どうしても霊性的自覚の世界に超出しなければなりません。この世界を華厳哲学では事事無礙法界と言います。これが体得によりて新たなる世界観の開展が可能になり、霊性的日本の基礎が確立し、一般世界に対して人間更生の福音を伝えることが出来ると信じます」（同前、二八六～二八七頁）とあるのを除けばわずか（同前、三九八頁など）であるが、その「序」の中には、次のような大拙の基本的な立場が披瀝されている。

各種の自由が頻りにいいふらされるが、本当の自由は霊性的なものである。政治面及び社会面に現れるものは、その末端であると言って差し支えない。末端の正しき運用は、その根源において正しき把握のあることを意味する。日本の霊性化をいうときには、必ず自主・自在・自由の問題にふれなくてはならぬ。政治的には民主主義なるものがあるが、その本は人格を中心としている。そうしてその人格の中心は、自主的に考えるところ、自主的に行動するところ、自主的に責任を持つところにあるのである。この中心が安定せられるときが、日本霊性化への道が開けるときであり、「自由のもたらす恵沢の確保」せられるときである。（同前、二二八頁）

このことについては、別途、『自主的に考へる』（昭和二二年刊）という著作が用意されて、さらに詳しく強調されたのであった。これも『霊性的日本の建設』の翌年に刊行されたものである。大拙はこの『自主的に考へる』において、戦後の日本社会の状況に鑑み、「自主的に物事を見ること考えることは、今日の日本人にとって一大喫緊事である。政治的に経済的に民主主義といわれるが、その「民」の一人一人に自主的考え方の持合せがないと、これもまた一種の日本的「全体主義的」なものになって、何のわけもなく、民主民主と叫んで、その実はその逆の手を打っていることになるであろう」（『自主的に考へる』、『全集』第九巻、三五〇〜三五一頁）という危機意識を訴えるのであった。やはりどこまでも戦前の日本社会のあり方を否定するとともに、国民の一人ひとりが自主的であるような社会を実現することを重視していたのである。そこでまずは若者たちに、上からの指示や周りの傾向に流されないよう、自主的、主体的に考える姿勢がいかに大事かを説くのであった。

自由性は絶対服従の要請せられる政体の下では、それがいかなる形態を取るにしても、そこでは生長し発展しない。封建主義、忠君愛国主義、親心主義、承詔必謹的態度、限りなき御《み》恵《めぐみ》の感謝せられるところ、道徳的行為・政治的思索・経済的社会的施設などが垂直線的に天降りするところ、青人草の卑人根性が強調せられるところ、君は風、臣は草で、只吹かれるままに個性も道徳的人格も、捨てて顧みないところ――大体、このような思想の流行する国民の間では、自主的考え方はとうてい芽生えの機会を得ないものである。
（同前、三五二頁）

このように、戦後の大拙は、ひたすら全体主義と戦っていた。大拙は、国民の一人ひとりが主体性を発揮し、自らの主人公になるべきであることを強調するのであるが、ただしその際には、他者を尊重してこそ、自己も本来の自己を実現しうるということを、孔子の言葉によって語っている。たとえば、次のようである。

孔子は、「己立たんと欲して人を立つ」というが、当時はいかなる意味に解せられたにしても、今日自分等の解釈によれば、「己立つ」は自家の道徳的人格を意識することである。そうしてこの意識は自家底のみで成立するものでなくて、まず「人の立つ」ことが要請せられる。人が立てば己も自《おのずか》ら立つことになる。己だけを立てんとすると、ついには人を立たしめざることになるのである。事実、己だけが立ち得べき理由はないのである。孔子は又「己達せんと欲して人を達す」ともいい、また、「己に克ちて礼を復《ふ》む」とも言う。いずれも他の人格を尊重するの義に外ならぬのである。自主的の考え方はこれでないと本当に成立しない。……
（同前、三一一頁）

と同時に、この孔子の考え方は、仏教の立場によってさらに補強されていく。まず、次の説示がある。

こうなると、自ら主人公となることは、他をしてまた他自らの主人公たらしめることでなくてはならぬ。これはどのような意味かというに、自らを重んずるはまた他を重んずるものであるということである。即ち自分が道徳的人格であることを自覚するものは、またよく他の道徳的人格たることを認むるものである。（同前）

さらに大拙は、華厳の法界縁起の見方を重視して次のように説く。

自主性は個人的自由主義と同意味である。これは全体主義の絶対性に対する対蹠的立場に在ることを認むるものである。しかし自主と自由とは共に全体を否定しない。何となれば個と全、全と個とは重重無尽の法界における一連環だからである。一をのみ立てて他を排することは、法界の真相に徹しない見方である。（同前、三五一頁）

ここに出る全体（全）とは、全的に一なる世界というより、多個のすべてという意味であろう。一方、「一のみを立てて他を排する」云々の一は、個としての一である。重重無尽の関係を織りなす事事無礙法界が、一元的な世界であるはずもないであろう。このように、やはり大拙は華厳思想の立場から、社会のあるべきありかたを基礎づけようとするのであった。

華厳思想と仏の大悲心

大拙は、「特に華厳思想を政治・経済・社会の各方面に具現させる」ことによって、「霊性的日本の建設」を構想したのであったが、この際、重要なことは、その根本に仏の大悲がはたらいていることを見失わないことである。それが、自他を超えて自他を成立せしめているものの当体にほかならない。大拙はこのことについて、次のように述べている。

二元的対象の世界にいて、分別的論理の圏外に出ることができぬと、大悲の事事無礙法界に透徹することができぬ。これができぬと苦悩の世界は日夜に我を圧迫してくるのです。われら日本人はいずれも過去数十年間というものは、全体主義とか個人主義とか国家至上主義とかいうものに制圧せられて言い知れぬ悩みを受け、その結果今日もなおその禍を受けなくてはならぬようになっています。これは畢竟ずるに大悲心の現前がなかったからです。事事無礙法界からの消息が絶えたからです。今日の科学も、この大悲を欠くと必ず人間の禍《わざわ》いとなるのです。国際間の紛糾もその源は大悲願の有無にかかるのです。民主主義なるものもまたこれに根を下ろしていないと結実はしないのです。政治も財政も法律も社会生活も、この一著子《いちじゃくす》を見失うことによって測り知られぬ禍いを招来することになります。

（『仏教の大意』、『全集』第七巻、六一頁）

華厳の事事無礙法界を動かしている力は大悲心にほかならぬのです。この大悲心の故で、人間の個我（または個己）はその限界を打破して他の多くの個我と偏容摂入することができるのです。悲心は光りに耀く天体のようです。それから出て来る光明はすべてのほかの形体を照らしてそれを包みます、そうしてそれと一体になります。それ故、それらのものが傷めば自分もまた傷むようになるのです。これはわざわざ意識して爾《し》かするのではなくて、自然に爾かるのです。睦州と王常侍との問答におけるように、非情の露柱、打毬を解しない露柱もまた、人や馬のように疲れなくては、事事無礙の法界に徹するわけに行かないのです。法界の動力は大悲心のほかにはないのです。

（同前、五八頁）

こうして、事事無礙の世界が成立する根底は、大悲心であることをも明かしている。いわば、華厳の理事無礙法界の理は、大悲心なのである。まさに「初めに大悲ありき」（秋月龍珉）である。だからこそ、事事無礙法界において、個と個とは、互いに他を自己とするのみならず、現実に他のために働くことにもなるのであり、大拙はそのことまでも展望していたのであった。

なお、我々に自覚される大悲心のあり方について、『日本の霊性化』では、次のような趣旨を展開している。まず、普賢の十大願の第九願「恒衆生」の内容を詳しく説明し、その最後にある「菩薩はかくの如くにして随順衆生の願を果たさんとするのであるが、この随順は、たとい虚空界が尽きても、衆生界が尽きても、衆生の業が尽きても、衆生の煩悩が尽きても、究尽することはなかろう。〔この願は〕念念に相続して間断あることはないであろう。身と語と意との業において疲厭することはないであろう」(『全集』第八巻、二九二頁)をふまえて、次のように説いている。

とにかく、仏教の世界は始もなく終もないので、この点では神道ともキリスト教とも違っているのです。始もない終もない世界とは、絶対現在――永遠の今――ということです。吾等はこの一点に生きているのです。それで「念念相続して間断あることなし」と言えるのでありま す。大悲は、時間的に始まりを定め終わりをきめて動くのではないのです。また空間的に広がりを量って宇宙のはてまでなどというのではないのです。念念不断の大悲、絶対一心の大悲なのです。諸仏如来はいずれもこの大悲を体としているのです。この大悲体が即ち霊性的生活の中軸をなすものであります。吾等はこの境地に到達するとき始めて宗教を説くことができます。すべての道徳は、ここから発足するのです。道徳をいくら引き上げても引き延ばしても、この霊性的境地に到達することは不可能です。

この「虚空界尽くるも、衆生界尽くるも、衆生の業尽くるも、衆生の煩悩尽くるも、我がこの願は尽くることなかるべし、念念間断なかるべし」という、この甚深甚大甚遠な大悲願がないと、どうしても島国根性に限られてしまわざるを得ないのです。

(『全集』第八巻、二九二～二九三頁)

さらに、「平等の平等たる所以に徹するとき、差別の差別なる所以に徹する。そうしてこの徹したところから世間に出るのです。そうすると、世間は一面に平等でありながら、また一面に不平等があることがわかる。これがわかると、人間の一生は不断の努力であり、永劫に聞かれぬ祈りであり、無限に到り得ない完全性の追求であると言えるのです。政治的生活がそのままに宗教的生活となるのはこの故であります」(同前、三二九頁)と述べている箇所は、大悲心の特質をよく解明しているであろう。

実際、大拙は禅者にしてまた深く浄土教を理解した仏教者なのでもあった。大拙の浄土教は、死後の浄土への往生を楽しみとするものではありえず、阿弥陀仏の大悲に浴した自己がいかにこの世を生きるか、いかにこの世を変えるかにあったといってよい。自己に対象的に関わり、とらわれ、もがき苦しむ。そういう自己が、阿弥陀仏のはたらきにすべて任せることによって、自己へのしがみつきを手放し、自然法爾に生きることになる。このとき、自己と他者との関係も今まで見えなかった側面が見えてきて、他者との共感の中に生きることになるであろう。そうであれば、浄土はこの世に現前することにもなるわけである。阿弥陀仏の誓願は、人の死後、その人を自分の仏国土、極楽浄土に引き取るのが主目的ではなく、その救いを自覚した者が、阿弥陀仏の大悲のままに生きることを通じて、この世をも浄土化していくことにこそあるのだというのである。このような見解は、大拙ならではの浄土教の深い了解である。

このことに関して、たとえば大拙は、次のように述べている。まず、「阿弥陀の四十八願中には近代生活から見て縁遠いものもありますが、結局は一切の衆生を知性的分別の桎梏――従って妄想・煩悩の繋縛から救い出さんとするのです」とある（『仏教の大意』、『全集』第七巻、六一頁）。凡夫の衆生も往生させ（第十八願）、必ず仏とならしめる（第十一願）との願もあり、衆生を仏にならしめるということは、「妄想・煩悩の繋縛」すなわち「知性的分別の桎梏」から救い出すことに他ならない。しかしこのことは仏になってはじめて成就するというより、その仏と私一人の関係を自覚して、すっかり安心して、もはやあくせくはからいわずらうことが息《や》んだとき、すでに実現しているであろう。

このとき、どういうことが実現するのであろうか。逆に、知性的分別の桎梏はどういうことをもたらしているのかから見て、大拙は、『仏教の大意』の前の言葉に続けて、

分別は我を真実と認めています。この我は種々の形態で現れます。個己我・国家我・民族我などいうものもあります、いずれも分別我の種々相でありますが、これが分別的に固守せられ

ると、一即多、多即一、即摂即入などと言われる事事の同時互即の法界が全く忘れられます。これが忘れられるとこの世界は如実に修羅の巷となるよりほかないのです。弥陀の浄土は跡形もなく消え去るでしょう。弥陀の誓願は華厳の法界を此土《しど》に現前せんとするのです。霊性的直覚の法界は弥陀の浄土の義です。そうして弥陀はわれらの一人一人にほかならぬのです。事事無礙法界を打して一丸とすれば弥陀となる、弥陀の大悲が分裂して個個事事の真珠となれば、われら衆生もまた一一に浄土の荘厳《しょうごん》であるのです。（同前）

と説明している。要は、分別的知性は、実は我執と深く結びついているのであり、それは単に個人レベルだけでなく、国家、民族等の我とも現われてくる。しかし個々人の我執が息めば、その人にはありのままに自他の重重無尽の関係が見えてきて、そのあり方に沿って行動していくことになろう。このとき、もはやその一人一人が阿弥陀仏のいわば分身であり、あるいは阿弥陀仏そのものである。多くの人がそのようになれば、この世に平和で豊かな社会が実現する、というわけである。なお、ここに掲げた句において、私たち一人一人を「個個事事の真珠となれば」とも表現しているが、それは美しい詩的な表現である。

興味深いのは、大拙が阿弥陀仏の極楽浄土を、霊性的直覚の世界であり、華厳の事事無礙法界であると見ていることである。阿弥陀仏の国土については、浄土三部経（『無量寿経』、『観無量寿経』、『阿弥陀経』）に詳しく描写されている。きらびやかなさまざまな宝石で大地が出来ていたり、宝石でできた木々が風に吹かれて軽やかな音色を響かせていたり、涼しげな水が湛えられていたりと、要は身体的、感覚的苦痛の一切ない快適で安穏な世界と示されている。しかし大拙は、そこは人人が平和に創造的に暮らす世界のはずで、そこでは自他相互に尊重しあい、すべての人が他者のためにこそはたらく世界であるはずと見たのである。しかもその世界が、阿弥陀仏との出会いを通して、この世に実現してくると見たところに、一般の浄土教家では指摘しえない仏教の奥義を明かしえていると言わなければならない。

以上をまとめてみれば、大拙の次の句に帰着することと思われるのである。

事事無礙法界は為人度生の場所で、大悲の働きを見なくてはならぬのです。自利利他とも自覚覚他とも衆生無辺誓願度ともいうことがあって、仏教にはこれを菩薩道と申します。これは独善主義の羅漢道を一歩進めたもので、人間の社会性に基づくものです。弥陀の誓願及び諸仏諸菩薩の誓願はいずれもこれから出ています。

（『仏教の大意』、『全集』第七巻、六四頁）

まとめ

大拙は、明治三〇年から、十数年、アメリカはイリノイ州ラサールで過ごしたのであった。オープン・コート社での生活は、辛酸をなめるようなこともあったようである。十数年もいれば、西洋文明・文化の内実等も深く知るところとなったことであろう。そうした立場からすれば、国内で推察のみの下で国際状況を論じている輩の言動は、うすっぺらなものと思わずにはいられなかったに違いない。実際、西洋文化が、ただ物質的のみのはずもないであろう。芸術・哲学・宗教、そうした深い精神文化も背景にあることはいうまでもないことである。このことについて大拙は、昭和二二年（一九四七）五月に刊行された『玄想』誌に載った「明治の精神と自由」において、次のように述べている。

明治三十年頃から十有余年間を、海外――主として米国――で放浪生活したことも、もとを質せば、何か西洋文化に親しく接して見たいという心持が動いていたものであろう。今日のところでは、自分は世界人としての日本人のつもりでいる、そうして日本に――東洋に――、世界の精神的文化に貢献すべきものの十分に在ることを信じている。これを世界に広く伝えなくてはならぬ、伝えるのが日本人の務めだという覚悟で生きている。……西洋文化の精神を体得することは中々容易なことでない。日本文化のみが保存に価するものだと考えたり、西洋文化は、物質的だ、経済的だ、政治的だとのみ考えたりして、今度の戦争を起こしたような人たちには、とうていわかるものでない。そのような狭き考えで、これからの日本を背負って行けるなどと信ずるものがあったら、大変だ。それからまた、日本は敗けた、アメリカはえらい国だ、何でも彼方の真似さえして跳ったりはねたりして行けば、若いものの能事畢《おわ》れりとすまして行

くものが多くなったら、これまた大変だ。　（『新編　東洋的な見方』、岩波文庫、二八三〜二八四頁）

ここに大拙は、欧米の事情を深く知ることが大事であり、単純な日本至上主義は避けるべきだと強調するとともに、日本や東洋にある伝統的な文化・思想で世界に貢献できるものを訴えていきたいと述べている。その「世界人としての日本人」の立場は、単なる観念なのではなく、つぶさに国際社会を体験してのものであり、また日本文化、東洋文化に、世界に貢献しうるものがあるといえるのは、世界の実情をつぶさに知っていたからこそである。大拙という人を一言で語るなら、この日本・東洋文化でもって世界に貢献したいという願に生きぬいた人というべきである。しかも大拙は英語に堪能であった。日本文化の真髄を深く体得し、西洋文化の内実を深く理解し、加えて巧みな語学力を持ち合わせていて、日本文化の特質を世界に発信しえた者は、大拙以外にほとんど見当たらない。実に貴重な存在であった。

我々もまた、アメリカやヨーロッパの偉大なる点と足りない点とを深く理解し、また日本や東洋古来の文化の汲むべき点と克服すべき点、捨てるべき点とを精確に理解して、新しい地球社会の文化の創造に貢献すべきであろう。

＊本章は、拙稿「鈴木大拙の華厳学」、『中央学術研究所紀要』第四七号、平成三〇年一一月一五日、を、一部補正して収載したものである。

あとがき

西洋において、哲学の営みはギリシア以来、現代にいたるまで脈々と受け継がれていよう。その優れた業績は、翻訳を通じて日本の人々にも紹介され、多くの方々がその解読に取り組む軌範的な作品も少なくない。プラトンから始まって、アウグスティヌスやカント、ハイデガーやヴィトゲンシュタイン、デリダ等々、高度な知性が緻密に凝縮された哲学書は、日本人で、哲学・思想に関心のある人々の愛読の的となっている。しかし概してそれらの翻訳は、真意をつかみかねる場合もしばしばであり、私には時にその難解さにお手上げの場合もないわけではなかった。

一方、東洋にも古代より、それらの思索の営みに勝るとも劣らない、高度で優れた哲学体系が存在していた。インドが東洋か西洋かは微妙な問題を含むであろうが（サンスクリット語はインド・ヨーロッパ語族の根源である）、無我の思想を説く仏教は古代インド思想界の中では異端であり、やはり東洋の枠組に組み込んでよいであろう。その仏教は漢訳を通して中国に入り、そのまま日本にもたらされ、日本人による懸命な読解を経て日本文化の中に広く浸透し、やがては日本人自身の宗教意識に基づく日本仏教各宗派を産み出している。

その仏教には哲学的な思想も豊かに存在しており、それらはその実体論批判、関係主義的世界観等の先進性のゆえに、実に現代哲学とも十分、対話できるものである。したがって、人がもしも哲学に関心をいだいているとしたなら、西洋哲学にだけでなく、東洋思想、とりわけ独自の形而上学的究明をも展開する仏教思想にも、ぜひ眼を向けてほしいと思うのである。禅家では、古来、「脚下照顧」と言っている。

仏教は言葉がむずかしいと、よく言われる。確かに仏教の経論は術語によって構成されている側面があり、それらをよく理解するためには、それぞれの術語の本来の意味を正しく押さえておくことは必要であろう。しかしこのことは、西洋哲学においても同様のことではなかろうか。哲学一般の術語というものはさほど多くはないかもしれないが、それぞれの哲学者の用いる言葉（単語）の独特の意味は、まずは押さえる必要があるはずである。また、我々が日本において目にする仏教の多くは、漢文によって語られており、とっつきにくいとの印象があるかもしれない。しかし奈良・平安時代より学僧らが訓《よ》み方を定着させてきた書き下し文は、日本語そのものであり、文語調ではあるものの、けっして解りにくいものではない。古今の欧文の翻訳の、時に意味不明な文章よりは、はるかに了解しやすいものである。我々の足下に、西洋にも劣らない優れた哲学的思索の営みが埋蔵されているのであるから、哲学書を読む際のある種の困難さを乗り超えて、ぜひその世界に親しみ、愛好の対象を見出していただきたいと念願している。

今日は、まさにグローバリゼーションの時代である。それはむしろ個々の文化・価値観を尊重するダイバーシティが実現した地球社会になるべきであろう。そうした中では、異文化理解・活用力とともに、自文化理解・発信力がぜひとも必要である。そのためには、日本で展開されてきた哲学・思想の営みについても、ひととおりの理解を有しておくことはきわめて重要なことであると考える。まして現代哲学とも対話しうるほどに高度な思想をふり返れば、未来の地球社会に貢献できるものも何らか発掘できるかもしれないのである。西洋に発した近代合理主義の延長上に、地球社会に種々の問題を招来している現代にあって、その困難な状況を打開し、未来世代の人々の誰もが本来のいのちを実現して行けるためにも（No one will be left behind.）、空と縁起において超越的な視点を失わず、かつ現実世界のあり方を深く掘り下げている仏教の哲学は、大いに参考になるものと信じるものである。

本書で私が論じたことは、ごく簡単に言えば、「人はひとりではなく、他者の存在を認めてこそ自分たりえる」ということであり、それは「自分本位（個人の地平のみならず民族や国家の単位もふくめて）のあり方は、ひるがえって自らをも存立しえなくさせる」ということであった。今日のグローバリゼーション下においては、よりいっそう異質の他者の存在を受け入れること、さらには相互の理解を深めることがきわめて重要であるが、実は東洋思想の伝統の中に、そうしたあり方の指針がすでに深く存在していたのである。しかも仏教においては、その自他の問題の背景に、ものや心、内在や超越等を徹底的に究明する哲学が存在している。おそらく今後は哲学・思想の世界において、東洋の歴史的遺産、心の世界遺産がもう一度、新たな光のもとに顧みられていくことであろう。

そのような意味からも本書において、私はインドから日本へ、古代から近代への、東洋の精粋ともいうべき極めて高度な哲学として、唯識・華厳・空海・西田を取り上げ、それぞれの核心とそれに関わる論理、その特質と意義を解説すると同時に、根源においてそれらを通貫しているものへの視点と、その未来への可能性について追究してみた。この本は、確かに平易な啓蒙書とは言い難いであろう。かといって、克明な学術書というわけでもない。言ってみれば、哲学の営為に関する東洋の伝統に照明をあててみた教養書ということになろうか。一見、難解のようではあるかもしれないが、その理路や意旨については、できる限り解りやすく説明したつもりである。

井筒俊彦は、「意味分節理論と空海」の論文において、「西洋思想界のこのような現状に比べれば、東洋思想、東洋哲学の世界は沈滞している、と言わざるを得ない。……それらの思想文化の遺産を、己の真に創作的な思惟の原点として、現代の知的要請に応じつつ、生きた形で展開しているといえるような、つまり東洋哲学の古典を創造的に「誤読」して、そこに己の思想を打ち建てるような、独創的な思想家は、残念ながら我々のまわりには見当たらない」と書いている(『意味の深みへ　東洋哲学の水位』、二三九頁)。まったくその指摘のとおりであり、そういう状況の中で、私としてはそのほんの幾分なりとも実現すべくこの本を書いたつもりである。

私としてはこの拙い本書を、むしろ西洋哲学に関心のある多くの方々にぜひ読んでいただきたいと思っている。自分が目当てとする思想の他の思想を知ることは、当の哲学の理解をより深く豊かにすることであろう。さらにはまた、地球社会の将来を根源的な地平から考えたい各方面の方々にも、ぜひ読んでいただければと思うのである。

私が仏教を学ぶ中で目指すところは、ある断片的な事柄の緻密で実証的な考証ではなく、自己をめぐる存在構造の論理の可能な限りの探究以外にない。もちろん本書はそのいまださささやかな試みにすぎないが、人間存在の原構造の自覚という点で、それでも何らか参考になるものがあったならば幸甚である。

本書の中、唯識と華厳とは、基本的な教理の解説であるし、前にもいろいろ書いてきた。もとよりそれぞれ広大な領野を有しており、本書の叙述はその教理全般の一端であることは免れない。まして空海と西田とは、私自身、いまだ参究の途上にあり、私の現時点での限定的な領解の披瀝にすぎないと言わざるをえない。「遠山無限碧層層」とも言う。それぞれの高峰の頂上に立ち、あるいはそれぞれの深海の底を行くには、あとどれほどのいのちの持続が必要となろうか。まさに山上なお山ありである。残生の中、さらにどの程度、歩を進められるかは、自分にも不明である。この課題は、ぜひ後学の若い人々に受け継いでいただけたらと思うばかりである。

最後になってしまったが、本書の刊行にご尽力くださった青土社編集部・菱沼達也氏及び青土社に深く感謝申し上げるものである。

令和三年一月二四日

つくば市・故道庵にて

竹村　牧男　誌す

著者　竹村牧男（たけむら・まきお）
1948年東京生まれ。1971年東京大学文学部卒業、75年同大学院印度哲学専修博士課程中退。三重大学助教授、筑波大学教授、東洋大学教授、東洋大学学長を歴任。東洋大学名誉教授。専門は仏教学、宗教哲学。唯識思想研究で博士（文学）。著書に『唯識の構造』（春秋社、1985）、『華厳とは何か』（春秋社、2004）、『西田幾多郎と鈴木大拙』（大東出版社、2004）、『入門　哲学としての仏教』（講談社現代新書、2009）、『『大乗起信論』を読む』（春秋社、2017）、『空海の哲学』（講談社現代新書、2020）、『空海の言語哲学』（春秋社、2021）ほか多数。

唯識・華厳・空海・西田
東洋哲学の精華を読み解く

2021年 4月30日　第1刷発行
2021年12月10日　第2刷発行

著者――竹村牧男

発行者――清水一人
発行所――青土社

〒101-0051　東京都千代田区神田神保町1-29　市瀬ビル
［電話］03-3291-9831（編集）03-3294-7829（営業）
［振替］00190-7-192955

印刷・製本――シナノ印刷

装幀――菊地信義

ISBN978-4-7917-7367-1　C0015